START UP

憲法 HANREI 判例50！

［第3版］

上田健介
尾形　健
片桐直人

有斐閣

第3版はしがき

　本書の第2版も多くの読者の方が手に取ってくださりました。みなさんの憲法判例学習のスタートアップのお役に立てているのだとしたら，著者として本当にうれしいことです。もっとも，時代の流れは速く，この間にも法令改正が頻繁に行われ，多くの判例が登場しています。掲載判例をふるいにかけること，また解説中の法令，（裁）判例の情報を更新すること，そして解説それ自体を見直すことが必要であると判断して，ここに第3版を公刊することとなりました。

　もっとも，執筆方針は初版から揺らいでいません。「事案をみてみよう」では背景事情や法律の内容も含めて事実関係をできるだけ丁寧に説明すること，判決文の本文をできるだけ長く引用すること，「解説」では判決文の理解に必要な知識をできるだけ簡明に説明することなどです。第3版では，とくに「読み解きポイント」と「この判決が示したこと」との対応関係をより明確にするよう手を入れています。この本を読んでくださるにあたり，みなさんにお願いしたいことも同じです（詳しくは，「初版はしがき」をご覧ください）。また，より詳しく学習したいという方には『憲法判例百選』に進んでいただくため，第7版の番号を付しています。さらに，新判例を中心に2件の判例を差し替えるとともに，解説や注の随所で新しい（裁）判例を補いました。

　第2版を出した後に，新型コロナウイルス（COVID-19）のまん延によって世界中が甚大な影響を受けました。第3版の刊行準備でも，恒例となっていた合宿を行えない事態が起きました。著者紹介の写真は，1月の最終段階で撮影したものです。当日は雪が積もったものの撮影時は穏やかな日差しに恵まれました。今回も有斐閣書籍編集部の中野亜樹さんには大変お世話になりました。本書の誕生は編集者のアイデアによるところが大きく，その後も第3版まで大切に育ててくださったことに心からの感謝を申し上げます。

2023年2月

上田健介
尾形　健
片桐直人

初版はしがき

「今の時代に合わせて，判例の読み方を丁寧に教える教材を作りませんか」というお話をいただいたのは，2014年の夏でした。判例集は巷に溢れており，有斐閣のものだけでも，『憲法判例百選Ⅰ・Ⅱ』『憲法判例』『憲法判例集』『判例憲法』などが思い浮かびます。また，判例の数を50件に絞った教材も，『憲法の基本判例』など，以前になかったわけではありません。しかし，続々と重要判例が生まれる中でこれらを思い切って整理し直すことは学習の便宜上必要なのではないか。また，時代の変化に応じて，比較的学生に歳の近い私たちの世代が私たちなりの書き方をすることにも意味があるのではないか。私たちは，そのような思いから，上記のコンセプトに共鳴してこの本の執筆に取り組みました。

　私たちは，同じ時期に同じ大学院の研究室で学び，近隣の大学で授業内容に対するツッコミの厳しい学生を相手に悪戦苦闘しながら授業をしてきたという共通の経験をもっています。憲法に対する基本的な理解を共有しながらも，執筆にあたり気づいた細かな疑問点を議論し，またそれぞれが授業をする中で培った工夫・アイデアを持ち寄って，何度も検討を重ねました。

　その中で生まれた本書の特徴は，次のような点にあります。まず，〔事案をみてみよう〕の内容の充実です。この事案がなぜ，そしてどのような憲法問題になるのかを，読者のみなさんに少しでも実感してもらえるよう，当事者が置かれた立場，背景の時代状況や法律のしくみを丁寧に描こうとしました。次に〔読み解きポイント〕を明確にする一方，〔この判決・決定が示したこと〕をそれに対応させ，かつ簡潔にまとめたことです。そして〔解説〕では，学説の詳細には立ち入らず，憲法全体の中でのこの判決の位置づけや判決文の内容について，できるだけかみ砕いて説明を施しました。また，随所で欄外に注を置いているのも本書の特徴です。参照条文や難しいと思われる法律用語のほか，時代背景な

ど，かなり多くの事項について説明を行っています。

　読者のみなさんには，ぜひ，〔事案をみてみよう〕から目を通してほしいと思います。この箇所で，具体的な事件のありようを想像し，当事者の立場で怒りや悩みを共感したうえで，大きな論点の所在（たとえば，なぜ，どのような基本的人権の問題になっているのか）をつかむことは，判例の生き生きとした理解にとって大切となります。そして〔読み解きポイント〕で，判決文に対応した，より正確な論点を知ったうえで，判決文にチャレンジしてみて下さい。さらに〔この判決・決定が示したこと〕〔解説〕を読んでこの判決の意味を確認した後にも，その内容を頭に置きながら繰り返し判決文を読んで下さい。プロの裁判官が書いている判決文は，法律家に特有の用語や文章で書かれているので，初学者にとっては難解で，極端にいえば日頃使う言葉と同じ日本語だと思えないでしょう。それゆえ，判決文の内容と論理を身につけるためには，外国語学習と同じように，「習うより慣れろ」で，実際の判決文を何度も丁寧に読み返すことがよい方法になるのです。本書で仕込んださまざまな工夫が，判決文を理解するための助けとなっていれば，うれしいです。

　本書の執筆にあたっては，有斐閣書籍編集第一部の中野亜樹さん，三宅亜紗美さんに大変お世話になりました。編集会議の日程調整や資料の整理のみならず，草稿に対し読者の立場から忌憚ないご意見をお寄せ下さったことは，執筆の大きな助けになりました。また最終段階には琵琶湖畔で合宿を企画してくださいました。このような合宿は私たちにとって初めてのことであり，作業の合間に眺めた，夏の終わりの静かな湖と空の佇まいは良い思い出となりました。細かな心配りと絶妙の締め切り設定で，比較的短期間のうちに完成まで導いて下さったことに心から感謝を申し上げます。

2016年11月

上田健介
尾形　健
片桐直人

Contents

目次

Chapter

Ⅰ － 人権総論・包括的基本権　　　　1

Chapter

(V) — 統治機構 **137**

本書の使い方

① ## タイトル

この項目で学ぶことを示しています。

② ## サブタイトル・事件名

この項目で取り上げた判例を指してよく使われる事件名がある場合には記載しています。

③ ## 判例

この項目で取り上げる判例です。この場合，最高裁判所で平成 20 年 3 月 6 日に出された判決のことです。詳しくは，「凡例」（p.x）を参照してください。

④ ## 出典

ここに掲げた書誌に，この項目で取り上げた判決文・決定文の全文が載っています。「出典」と呼ばれます。「民集」などの略語については「凡例」（p.x）を参照してください。

事案

この事件のおおまかな内容です。

---

① ②

| 05 | 個人情報を開示・公表されない自由と憲法 13 条 | 住基ネット訴訟 |

最高裁平成20年3月6日判決（民集62巻3号665頁）　　　　　▶百選 I-19

③ ④

事案をみてみよう

携帯電話の契約や通信販売を利用するときに，住所がないと困る。住所は，このような私生活の上での利便だけでなく，選挙権を行使したり社会保障を受ける際にも必要となる。それゆえ，住所は公的に把握されることになっている。

住所の把握は，主として，市町村の役割である。引っ越しなどで市町村の役場に，転出・転入届を提出したことのある人もいるだろう。市町村長は，住民票を編成して，住民基本台帳を整備し，住民に関する正確な記録が行われるように努めなければならない（住民基本台帳法3条1項など参照）。

もっともこのような住民や住所に関する記録を編成する事務には大変な手間がかかる。そこで，1999（平成11）年から，氏名・生年月日・性別・住所，住民票コードおよびこれらの変更情報を加えた本人確認情報を，市町村・都道府県・国の機関等を結ぶネットワーク上で共有・管理する仕組み（「住基ネット」）が構築され，運用されている。

このような住基ネットは，行政を効率化する反面，個人情報が電子化された上で大量に集められることから情報流出などのおそれもある。また，そもそも人間を「データ」として処理し管理するというのはあまりにも人間味がないともいえる。

そこで，X らは，このような住基ネットによって，憲法13条の保障するプライバシー権やその他の人格権が侵害されたと主張し，台帳を保管する Y 市に対して，損害賠償と住基ネットからのみずからの住民票コードの削除を求めた。第 1 審は X らの請求を棄却したが，控訴審では反対に請求の一部である住民票コードの削除が認められたため，Y 市が上告した。

*1|
2013（平成25）年にマイナンバー関連4法が成立し，2016（平成28）年からマイナンバー制度（後述）が実施されている。これにともない住基ネットにおける本人確認情報に個人番号（マイナンバー）が追加されている。

☑ **読み解きポイント**

① 憲法13条は，個人情報が開示・公表されない自由を保障しているか。
② 住基ネットが管理する情報はどのような性質のものであるか。
③ 住基ネットの安全性に問題はないか。

判決文を読んでみよう

(1) 「憲法 13 条は，国民の私生活上の自由が公権力の行使に対しても保護されるべきことを規定しているものであり，個人の私生活上の自由の一つとして，何人も，個人に関する情報をみだりに第三者に開示又は公表されない自由を有するものと解され

016

ふきだし：
どんな事案に対してどんな判断が示されたかを順番に確認することが大事！ まずは事案を丁寧に読んでみよう！

読み解きポイント

以下の判決文・決定文を読むときにどのようなところに着目すればよいか，意識するとよいポイントを説明しています。

エンピツくん

性別：たぶん男子。
年齢：ヒミツ。
モットー：細く長く。
シャーペンくんをライバルと思っている。

判決文・決定文

ここが，裁判所が示した判断をまとめた部分です。全文は実際にはもっと長いものですが，ここでの学習に必要な部分を抜き書きしています。判決文・決定文の中でも，特に大事な部分に下線を引いて，「Point」マークを付けています。

判決文・決定文は，この事件について裁判所がどう判断したか，という部分。言い回しや言葉づかいが難しいところもあるけれど，がんばって読んでみよう！

る［京都府学連事件（［判例 04］）参照］。
(2) 「そこで，住基ネットが X らの上記の自由を侵害するものであるか否かについて検討するに，住基ネットによって管理，利用等される本人確認情報……のうち4情報は，人が社会生活を営む上で一定の範囲の他者には当然開示されることが予定されている個人識別情報であり，変更情報も，転入，転出等の異動事由，異動年月日及び異動前の本人確認情報にとどまるもので，これらはいずれも，個人の内面に関わるような秘匿性の高い情報とはいえない。」
(3) 「また，……住基ネットによる本人確認情報の管理，利用等は，法令等の根拠に基づき，住民サービスの向上及び行政事務の効率化という正当な行政目的の範囲内で行われているものということができる。住基ネットのシステム上の欠陥等により外部から不当にアクセスされるなどして本人確認情報が容易に漏えいする具体的な危険はないこと，受領者による本人確認情報の目的外利用又は本人確認情報に関する秘密の漏えい等は，懲戒処分又は刑罰をもって禁止されていること，住基法は，都道府県に本人確認情報の保護に関する審議会を，指定情報処理機関に本人確認情報保護委員会を設置することとして，本人確認情報の適切な取扱いを担保するための制度的措置を講じていることなどに照らせば，住基ネットにシステム技術上又は法制度上の不備があり，そのために本人確認情報が法令等の根拠に基づかずに又は正当な行政目的の範囲を逸脱して第三者に開示又は公表される具体的な危険が生じているということもできない。」

⇩ この判決が示したこと ⇩

① 憲法13条は「個人に関する情報をみだりに第三者に開示又は公表されない自由」を保障している。
② 住基ネットが管理・利用する氏名などの情報は通常の社会生活では他人に公開されている。
③ 住基ネットは，住民サービスの向上，行政の効率化といった正当な目的で利用されていること，システム上も外部への漏えいなどの危険は高くないことなどから，住基ネット自体は違憲・違法なものではないとした。

👆 解説

京都府学連事件（［判例 04］）のあと，外国人登録の際に指紋を強制的に押させる制度（指紋押なつ制度）の合憲性が争われた事件（最判平成 7・12・15 刑集 49 巻 10 号 842 頁［百選Ⅰ-2］）や，役所がある人の前科について弁護士の問い合わせに応じて開示した事件（最判昭和 56・4・14 民集 35 巻 3 号 620 頁［百選Ⅰ-17］）などで，最高裁は「みだりに指紋の押なつを強制されない自由」や「前科等をみだりに公開されない自由」が保障されるとしつつ，これらへの制約の合憲性，合法性を個別に検討するのみで，プライバシー権一般が憲法上の保護を受けているかを明らかにしてこなかった。本件でも，「プライバシー権」という言葉は用いられず，「個人に関する情報をみだりに第三者に

017

*2
住基ネットは，専用回線で構築され，インターネットには接続しないなど厳重な管理がなされていると言われている。

Point

*3
マイナンバー制度の施行に関する番号関連4法制定による住民基本台帳法の改正以前は本人確認情報処理事務を行う者が総務大臣により指定されていた。これを指定情報処理機関制度という。現在は上記の改正により，地方公共団体情報システム機構が同様の業務を行っている。

*4
［判例 04］④ 参照。

*5
2012（平成24）年以前は，わが国で暮らす外国人の住民を把握するため，市町村等が外国人の住民に関する記録を作成していた。これを外国人登録制度という。

この判決・決定が示したこと

ここまでに読んだ判決文・決定文が「結局何を言いたかったのか」「どんな判断をしたのか」を簡単にまとめています。〔読み解きポイント〕にも対応しています。

解説

用語や考え方，背景，関連事項など，この判例を理解するために必要なことを説明しています。

解説を読むと，この判例の意義や内容をより深く理解できるよ！

左右のスペースで，発展的な内容や知っていると役立つことを付け加えています。余裕があれば読んでみましょう。

Chapter Ⅱ 人権総論・包括的基本権

凡例

 ## 判例について

略語

〔裁判所〕

最大判（決）……… 最高裁判所大法廷判決（決定）

最判（決）………… 最高裁判所判決（決定）

高判（決）………… 高等裁判所判決（決定）

地判（決）………… 地方裁判所判決（決定）

〔判例集〕

民集 ………………… 最高裁判所民事判例集

刑集 ………………… 最高裁判所刑事判例集

下民集 ……………… 下級裁判所民事裁判例集

下刑集 ……………… 下級裁判所刑事裁判例集

判時 ………………… 判例時報

表記の例

最高裁平成 29 年 12 月 6 日大法廷判決（民集 71 巻 10 号 1817 頁）

最大判平成 29・12・6 民集 71 巻 10 号 1817 頁

「最高裁判所」の大法廷で，平成 29 年 12 月 6 日に言い渡された「判決」であること，そしてこの判決が「民集」（最高裁判所民事判例集）という判例集の 71 巻 10 号 1817 頁に掲載されていることを示しています。

 ## 法令名について

略語

憲 ……………… 憲法

民 ……………… 民法

刑 ……………… 刑法

裁 ……………… 裁判所法

自治 ………… 地方自治法

所税 ………… 所得税法

郵便 ………… 郵便法

＊以上のほかの法令名の略称は，有斐閣『ポケット六法』巻末の「法令名略語」によりました。

 ## 判決文・条文などの引用について

「 」で引用してある場合は，原則として原典どおりの表記としていますが，字体などの変更を行ったものや，濁点・句読点，ふりがな，下線，傍点などを補ったものがあります。引用の「 」内の〔 〕表記（小書き）は，著者による注であることを表します。

 ## その他

＊有斐閣『憲法判例百選 I・II〔第 7 版〕』の引用は，「百選 I -1」のように巻の番号と項目番号のみを示しました。

＊本文中，刑罰の名称として「懲役」あるいは「禁錮」とある箇所は，令和 4 年刑法等改正法（法 67 号）施行後は「拘禁刑」となります。

著者紹介

雪残る京都・哲学の道にて（2023年1月28日撮影）

片桐直人
Katagiri Naoto

尾形　健
Ogata Takeshi

上田健介
Ueda Kensuke

大阪大学教授

① 1977年・しし座，東京都
② テレビっ子です。とくにスポーツ中継をよく見ます。
③ エネルギッシュで実は繊細な方〔上田〕ガッツと思いやりのある憲法学界のホープ〔尾形〕
④ 抽象的で理念的になりがちな憲法論ですが，事案を通じて，身近に感じることが上達の近道です。

執筆担当：Chapter I Introduction, Chapter V Introduction, 判例 04-08, 11, 13, 14, 26-29, 43, 45, 46, 50

学習院大学教授

① 1972年・おうし座，福島県
② 洋楽中心に音楽を聴くのが好きで，ロックフェスにも行きます。
③ とても温厚だがハートが熱い方〔上田〕剛毅木訥，仁に近し〔片桐〕
④ 憲法も，人々が悩み，苦しんだ具体的な出来事の中で，その意味が問われてきたといえます。その一端をぜひ感じ取って下さい。

執筆担当：Chapter III Introduction, Chapter IV Introduction, 判例 01-03, 09, 12, 25, 30-33, 37-39, 44, 47-49

上智大学教授

① 1974年・かに座，愛媛県（大阪府育ち）
② 寄席芸能（落語・漫才・曲芸など）を見るのが好きです。
③ 関西人ソウルにあふれる新進気鋭の憲法学者〔尾形〕明朗闊達，謹厳実直〔片桐〕
④ 憲法の生きた姿を学ぶのに，判例はよい材料です。判決文は難解ですが，法律家をめざす人はもちろん，そうでない人もぜひチャレンジしてみて下さい。

執筆担当：Chapter II Introduction, 判例 10, 15-24, 34-36, 40-42

☞ ①生年・星座，出身地　②趣味　③2人からみるとこんなひと　④読者へのメッセージ

LET'S START UP!!

雪だるまにはしゃぐ筆者

Chapter I

人権総論・包括的基本権

日本国憲法第3章は、「国民の権利及び義務」について定めており、一般に「権利章典」や「権利カタログ」、「人権カタログ」などと呼ばれる。憲法で人々の権利を保障するというやり方は多くの国の憲法でみられ、わが国でもすでに明治憲法（大日本帝国憲法）のときから憲法典に権利章典が定められている。

それぞれの憲法典で保障される「権利」の多くは、自由権や平等、所有権など、人が生まれながらにして有すると考えられている自然権を中心とする。実際、日本国憲法をみてみると、平等原則（14条1項）、信教の自由（20条）、財産権保障（29条）などが保障されていることに気がつく。日本国憲法は、憲法が保障する「基本的人権」は、「侵すことのできない永久の権利」だという（11条参照）。

では、憲法が「基本的人権」を保障するというのは、どのような意味なのだろうか。言い換えれば、憲法は「誰の」基本的人権を、「誰からの」侵害から、「どのように」守ってくれるのだろうか。このような問題を考えるのが、人権総論のテーマである。

憲法が保障する基本的人権のうち、最も基礎的なものとして理解されているのが、個人の尊重や幸福追求権を保障する13条と法の下の平等を保障する14条1項である。

また、憲法で定められていないようにみえる権利であっても、重要なものがあるかもしれない。たとえば、情報化社会が進展するにつれて、個人情報保護の重要性が認識されるようになったが、日本国憲法には、「個人の情報を公権力に取得されない自由を保障する」という条文は存在しない。このような場合にはどうすればよいだろうか。

Contents

1. 人権総論

> 熱心に環境保護運動をやっている外国人留学生の A さんが，ある会社の採用試験を受けたら，「環境保護運動をやる学生なんて，わが社の社風に合わない」って言われちゃったんだって。憲法は思想・良心の自由や表現の自由を保障しているのにおかしいんじゃないかな？それに，この会社，実は外国人を差別しているのかもしれないよね？

　日本国憲法は，「国民」の権利を保障している（11条参照）。しかし，日本で暮らしている人の中には，外国人も存在する。また，我々の社会には，学校や会社のように，あたかも人と同じように契約を結んだり，不動産を所有したりする団体も存在する。これらの人や団体は，「国民」ではない。そうすると基本的人権が保障されないのだろうか。

　しかし，憲法が保障する基本的人権の多くは，人が生まれながらに有すると考えられている権利なのだから，外国人だというだけで基本的人権が保障されないというのはおかしい。また，団体に基本的人権が保障されないというのもおかしい。たとえば新聞社に表現の自由（21条1項）が保障されないとか，宗教団体に信教の自由（20条1項）が保障されないのはどう考えてもヘンである。

　もっとも，憲法が保障する基本的人権の中には，外国人や団体に保障するのが難しいものもある。たとえば，憲法は選挙権（15条）や苦役からの自由（18条）を基本的人権として保障しているが，外国人に選挙権が保障されているとは考えにくいし，団体が「苦役」を強制されることも考えられない。

　そこで，外国人や団体に基本的人権の保障が及ぶとしても，一般の日本国民に対する保障とは何らかの違いがあると考えざるをえない。それではどのような違いがあるのだろうか。これが「人権の享有主体性」という論点である。〔判例 01〕では外国人の人権享有主体性が，〔判例 02〕では団体（法人）の人権享有主体性が問題となっている。

　また，憲法が基本的人権を保障するということは，言い換えれば，憲法は国や地方公共団体（公権力）に人々の人権を侵害するなと命じているということでもある。

　しかしながら，憲法が保障しようとしている基本的人権は，公権力以外の誰かによって傷つけられることもある。憲法 14 条 1 項は，法の下の平等を保障し，差別を禁じているが，たとえば就職の際の女性差別など，公権力ではない私人によって惹き起こされている差別はたくさんある。

　憲法は，このような私人による人権侵害からも私たちを守ってくれるのだろうか。この点は，人権の「私人間効力」の問題として論じられてきた。〔判例 03〕ではこの点が議論されている。

　憲法に反する法律，命令などは，その効力を有しない（98条1項）。しかし，憲法が基本的人権を保障すると定めたからといって，その保障が自動的に実現するわけではなく，その実効性を確保するための仕組みが必要となる。中でも重要なのが，裁判

所が，国の法律や地方公共団体の条例などが憲法に違反していないかをチェックする仕組み（違憲審査制）である。日本国憲法 81 条は，最高裁判所が違憲審査権を有すると定めている（→**Chapter Ⅴ Introduction**）。

2. 包括的基本権

> 警察官が無断で自分の生活を監視しているなんてことがあったらぞっとする。プライバシー侵害だよ。でも，憲法のどこにも「プライバシー」なんて書いてないんだよね。

憲法 13 条は，すべての国民が個人として尊重されること，それぞれの人が自分の幸福を追い求めること（幸福追求）を権利として保障してもいる。

憲法が保障する幸福追求権の意味については，学説上の対立があるが，通説的には，「それぞれの人が自分らしく生きる（難しい言葉で「人格的自律」という）ために不可欠な権利」を意味すると考えられている。具体的には，自分の名誉（名誉権），自己決定権などがそこに含まれるとされる。

また，憲法には明確に定められていない権利や利益であっても，「それぞれの人が自分らしく生きるために不可欠」なものであると考えられるようになれば，そのような権利や利益は憲法 13 条が保障するものと考えられている。その意味で，憲法 13 条には新しい権利の母体となる性質があるとされる。これを包括的基本権性という。そのような権利として，プライバシー権などが憲法 13 条で保障されるのではないかが議論されてきた〔→判例 **04**，判例 **05**〕。

憲法 14 条 1 項は，「すべて国民は，法の下に平等であって，人種，信条，性別，社会的身分又は門地により，政治的，経済的又は社会的関係において，差別されない」と定めている。

もっとも，現実には，国の法律などでは，ある人とある人とを何らかの形で区別して取り扱わなければならない場面が多々ある。そこで，何らかの区別があることが常に憲法 14 条 1 項違反となると考えるのではなく，「合理的な理由のない」区別（差別）が憲法違反となると考えられている（相対的平等）〔→判例 **06**〕。

しかし，自分の力で克服することのできない人種，性別や社会的身分などを理由として区別されることは過酷である。憲法 14 条 1 項が「人種，信条，性別，社会的身分又は門地により……差別されない」と定めているのは，これらの観点からの区別がとりわけ問題だと考えている証だということもできるだろう。そこで，このような観点からの区別などは，厳しく審査するべきだと考えられている〔→判例 **07**〕。また，この領域では，近年，違憲判断を含む重要な判決が出されている。その多くが現代の家族関係の変化を重視した議論を行っていることも興味深い〔→判例 **07**，判例 **08**，判例 **09**，判例 **10**〕。

外国人の人権保障

マクリーン事件

最高裁昭和53年10月4日大法廷判決（民集32巻7号1223頁）　　▶百選Ⅰ-1

👓 事案をみてみよう

　X（ロナルド・アラン・マクリーン氏）は，アメリカ合衆国国籍の者である。Xは，1969（昭和44）年5月，わが国での在留期間を1年とする上陸許可を受け，来日した。[*1]Xは，大学で日本美術などを専攻したこともあり，日本の古典音楽に強い関心を持っており，外国語学校で英語教師として勤務するかたわら，琵琶・琴の修練など日本の音楽文化を研究してきた。1年後の1970（昭和45）年5月，Xは，日本で英語教育を行いつつ，琵琶・琴などの研究を継続する必要があったので，Y（法務大臣）に対しさらに日本に滞在できるよう，1年間の在留期間の更新を申請した。ところがYは，これに応じず，「出国準備期間」として120日間の在留期間更新の許可をしたにとどまった。Xは同年8月，再更新の申請をしたが，やはりYは更新を許可しなかった。その理由は，①Xが，A外国語学校での英語教師として在留資格を認められたのに，入国後に（無届で）別の英語教育機関に転職したこと，②Xは，わが国在留中に，「外国人べ平連」[*2]に所属し，主にベトナム戦争・安保条約等への異議を申し立てる定例集会に参加したり，ビラ等を配布したりするなどの政治活動を行った，という点にあった（更新が許可されなかったことについては，特に②が重視された。ただし，Xは実際にはこれらの政治活動で主導的役割を果たしたわけではなかった）。そこでXは，更新不許可処分の取消しを求め，訴えを起こした。Xは，集会への参加などの政治活動は，憲法21条が保障する基本的人権の行使なのだから，これを理由に在留期間更新を不許可とすることは許されない，などと主張した。第1審は，政治活動を理由として更新不許可処分にしたことは違法であるとして，処分を取り消したが，控訴審はXの主張を退けたので，Xが上告した。

☑ 読み解きポイント

① 外国人は，日本に在留すること（または引き続き在留すること）を求める権利をもっているだろうか。

② 裁判所は，法務大臣が行った在留期間の更新を判断する際，どのような姿勢で審査すべきだろうか。

③ 日本に滞在する外国人は，どの程度，日本国憲法の基本的人権が保障されるだろうか。

[*1]
外国人がわが国に在留しようとする場合，一定の在留資格が必要とされている。「在留資格」とは，わが国に在留するための資格のことであり，日本における活動の目的に応じて，「外交」，「公用」，「経営・管理」，「法律・会計業務」，「永住者」など29種類に区別されている。在留期間は一定の場合を除き5年を超えることはできない（出入国管理及び難民認定法2条の2，別表第1の1〜第1の5，第2）。当時は，「出入国管理令」に基づいて運用されていた。

[*2]
1969（昭和44）年，在日外国人数名によって，アメリカのベトナム戦争介入反対などの目的のために結成された団体。「べ平連」とは，「ベトナムに平和を！市民連合」として1965（昭和40）年に結成された，ベトナム戦争に反対する市民団体の略称である。「外国人べ平連」は「べ平連」からは独立した組織だったようである。当時，ベトナム戦争反対の運動が盛り上がっていた。

📖 判決文を読んでみよう

(1) 憲法は，日本国内における居住・移転の自由を保障するにとどまり（22条1項），外国人がわが国に入国することについてはなんら規定していない。このことは，国際慣習法上，国家は外国人を受け入れる義務を負わず，特別の条約がない限り，外国人の受入れまたはその条件について，自由に決定することができるとされていることと，考えを同じくするものと解される。「したがって，憲法上，外国人は，わが国に入国する自由を保障されているものでないことはもちろん，……在留の権利ないし引き続き在留することを要求しうる権利を保障されているものでもないと解すべきである。」

Point

(2) 出入国管理制度（当時の「出入国管理令」）では，法務大臣は，在留期間の更新を適当と認めるに足りる相当の理由がある場合に限り，更新を許可することができるとされているが，その判断の裁量は広範なものとされている。「裁判所は，法務大臣の右判断についてそれが違法となるかどうかを審理，判断するにあたっては，右判断が法務大臣の裁量権の行使としてされたものであることを前提として，その判断の基礎とされた重要な事実に誤認があること等により右判断が全く事実の基礎を欠くかどうか，又は事実に対する評価が明白に合理性を欠くこと等により右判断が社会通念に照らし著しく妥当性を欠くことが明らかであるかどうかについて審理し，それが認められる場合に限り，右判断が裁量権の範囲をこえ又はその濫用があったものとして違法であるとすることができるものと解するのが，相当である。」

(3) 本件更新不許可処分では，Xの政治活動が重視されたものと解される。「憲法第3章の諸規定による基本的人権の保障は，権利の性質上日本国民のみをその対象としていると解されるものを除き，わが国に在留する外国人に対しても等しく及ぶものと解すべきであり，政治活動の自由についても，わが国の政治的意思決定又はその実施に影響を及ぼす活動等外国人の地位にかんがみこれを認めることが相当でないと解されるものを除き，その保障が及ぶものと解するのが，相当である。しかしながら，……外国人の在留の許否は国の裁量にゆだねられ，わが国に在留する外国人は，憲法上わが国に在留する権利ないし引き続き在留することを要求することができる権利を保障されているものではなく，ただ，出入国管理令上法務大臣がその裁量により更新を適当と認めるに足りる相当の理由があると判断する場合に限り在留期間の更新を受けることができる地位を与えられているにすぎないものであり，したがって，外国人に対する憲法の基本的人権の保障は，右のような外国人在留制度のわく内で与えられているにすぎないものと解するのが相当であって，在留の許否を決する国の裁量を拘束するまでの保障，すなわち，在留期間中の憲法の基本的人権の保障を受ける行為を在留期間の更新の際に消極的な事情としてしんしゃくされないことまでの保障が与えられているものと解することはできない。」Xの政治活動は憲法の保障が及ばないものとはいえないが，その活動には，わが国の外交政策を非難し，日米関係に影響を及ぼすおそれがないとはいえないものも含まれており，Yが，当時の情勢に鑑み，在留期間更新を適当と認めるに足りる相当の理由があるといえないと判断したとしても，違法であるとはいえない。

Point

*3|
「裁量」とは，自身の考え
によって判断・処理する
ことをいうが，ここでの
「裁量」は，行政が具体
的な行為（行政行為）を，
いつ，どのようにするか
（しないか）について基
本的には行政の自由な
判断に任されている状
態を意味している。

*4|
2019（平成31）年4月よ
り，人材を確保すること
が困難な状況にあるた
め，外国人により不足す
る人材の確保を図るべき
産業上の分野（特定産
業分野）の技能労働者
を受け入れるため，新た
な在留資格として，「特
定技能」1号・2号が設
けられた。1号は相当
程度の知識・経験を必
要とする技能を要する
業務に従事する外国人
のための在留資格であ
り，2号は熟練した技能
を要する業務に従事す
る外国人のための在留
資格とされる（出入国管
理及び難民認定法別表
第1の2の「特定技能」の
欄参照）。

⇩　この判決が示したこと　⇩

① 外国人には，憲法上，わが国に在留することを要求する権利は保障されないと判断した。

② 法務大臣には，在留期間の更新を判断することについて広い裁量があり，裁判所は，その判断が，全く事実に基づくものでない場合や，社会的にみて著しく妥当でないことが明らかであるような場合に限り，違法とすることができる，とした。[*3]

③ 憲法が保障する基本的人権は，権利の性質上日本国民のみを対象とするものを除き，日本に滞在する外国人にも同じように及ぶが，これは，外国人在留制度の枠内で与えられているにすぎない，とした。

解説

　Ｘの在留期間の更新（延長）が認められなかった主な理由は，Ｘの政治活動であった。このため，本件では，Ｘの政治活動を理由に在留期間の更新を認めないのは憲法違反ではないのかが争われた。

　この判決は，まず，誰を自国に受け入れるかは，国家が自由に決定できるという国際慣習法上の原則をふまえ，憲法上，外国人がわが国に在留する権利は認められないとした（判決文(1)）。そうすると，どの外国人がどの程度日本に滞在できるかは，制度上，法務大臣の判断にかかってくる。最高裁は，その判断が法務大臣の広い裁量に任されていることを確認した上で，それが違法となるかどうかの判断枠組みを示した（判決文(2)）。これは，行政に対する裁判所の審査のあり方としては極めて緩やかなものといわれる（「社会観念審査」と呼ばれる）。そして判決は，権利の性質上日本国民のみを対象としているもの（たとえば国政選挙での選挙権・被選挙権など〔公選9条・10条〕）を除き，外国人にも基本的人権が保障されるが（このような考え方は「権利性質説」と呼ばれる），これらの権利も，在留制度の枠の中で認められるにすぎないので，政治活動をしたことを，在留期間更新の際にマイナス要素としてカウントしても許される，と判断している（判決文(3)）。外国人に基本的人権が保障されるとはいうものの，それがどの程度保障されるかは，結局，法務大臣がその外国人をどのような形で日本に在留させるかの判断に左右されてしまい，しかもその判断については，裁判所の審査が及ばない部分が極めて多い，という構図が，この判決からは読み取れる。

　しかし，新型コロナウイルスの影響はあったものの，わが国を訪れる外国人は増加しており，また，人材確保が困難な産業分野での外国人の受入れを促進する施策が実施されるなど[*4]，さまざまな法的地位にある外国人が，わが国社会で生活するケースが増えてきている。このため，仮に本判決の趣旨が一般的には妥当するとしても，問題となる外国人の法的地位や在留の状況に応じて，より個別的な司法審査をしっかりと行うことが重要との指摘のほか，そもそも，問題となる法務大臣の裁量権は，憲法や国際人権条約等の下にあるというべきであるから，こうした観点からも，裁量統制を行うことが必要であるとされる。

02 会社による政治活動の自由　八幡製鉄献金事件

最高裁昭和45年6月24日大法廷判決（民集24巻6号625頁）　　▶百選I-8

 事案をみてみよう

　Xは，八幡製鉄株式会社（現在は日本製鉄株式会社）の株式500株を所有する株主で
あったが，かねてより，金のかかる政治のあり方に疑問を持っていた。八幡製鉄株式
会社の代表取締役であったY1・Y2は，1960（昭和35）年3月，同会社名で，自由民
主党に対し，政治資金として350万円を寄付した。これに対しXは，この寄付は，
八幡製鉄株式会社の定款に定める事業目的の範囲外の行為であり，商法所定の取締役
の忠実義務にも反しているため，会社は寄付金相当額の損害を被っている，と主張し，
会社に対し，Y1・Y2に対して取締役の責任を追及する訴えを提起すべきことを請求
した。しかし，会社は訴えを起こさなかったので，Xは，会社のために，Y1・Y2に
対し，同会社に対し連帯して寄付金相当額の金員を支払うべき旨の請求をして，訴え
を起こした。

　Xは，①定款で定めた事業目的に照らし，政党への寄付は目的の範囲外であること，
②会社の行う政治資金の寄付は，政治団体の主義・政策を支持する目的を持ち，参政
権に直結する政治活動といえるが，参政権は自然人である日本国民のみに認められ，
法人には認められていないので，会社の政治資金の寄付は国民・株主の参政権を侵害
するので，公の秩序を乱すものである（民法90条に反する），といった主張をした。第
1審はXの訴えを認め，Y1・Y2に対し同会社への損害額の支払を命じたが，控訴審
はこれを覆したので，Xが上告した。

✅ **読み解きポイント**

① 政治資金の寄付は，会社の定款で定めた事業目的の範囲に属するといえるだ
　ろうか。

② 会社が行う政治資金の寄付は，憲法との関係ではどのような意味をもつだろ
　うか。

📖 判決文を読んでみよう

(1)「会社の活動の重点が，定款所定の目的を遂行するうえに直接必要な行為に存
することはいうまでもないところである。しかし，会社は，他面において，自然人と
ひとしく，国家，地方公共団体，地域社会その他（以下社会等という。）の構成単位
たる社会的実在なのであるから，それとしての社会的作用を負担せざるを得ないので

*1｜
「定款」とは，株式会社
などの法人の（事業）目
的・組織・業務執行など
について定めた根本規
則をいう。当時の八幡製
鉄株式会社の定款には，
事業目的として，「本会
社は鉄鋼の製造及び販
売並びにこれに附帯す
る事業を営むことを目的
とする」と規定されていた。

*2｜
「忠実義務」とは，会社
の取締役等が，法令・定
款等を遵守して会社の
ために忠実にその職務
を遂行する義務をいう
（現在の会社法355条
等）。

*3｜
Xの訴えは，（株主）代表
訴訟の手続でなされた。
会社の取締役等は，その
任務を怠ったとき，株式
会社に対して損害賠償
をする責任を負うとされ
ており，会社の株主で6
か月前から引き続き株式
を有する者は，会社に対
し，役員等の責任を追及
する訴えの提起を請求
することができる。会社が
この請求の日から60日
以内（本件当時の商法
では30日以内）に訴え
を提起しない場合は，株
主自らが会社のために
責任追及の訴えを提起
することができる（現在
の会社法423条1項，
847条1項・3項）。

あって，ある行為が一見定款所定の目的とかかわりがないものであるとしても，会社に，社会通念上，期待ないし要請されるものであるかぎり，その期待ないし要請にたえることは，会社の当然になしうるところであるといわなければならない。そしてまた，会社にとっても，一般に，かかる社会的作用に属する活動をすることは，無益無用のことではなく，企業体としての円滑な発展を図るうえに相当の価値と効果を認めることもできるのであるから，その意味において，これらの行為もまた，間接ではあっても，目的遂行のうえに必要なものであるとするを妨げない。災害救援資金の寄附〔寄付と同じ〕，地域社会への財産上の奉仕，各種福祉事業への資金面での協力などはまさにその適例であろう。会社が，その社会的役割を果たすために相当な程度のかかる出捐をすることは，社会通念上，会社としてむしろ当然のことに属するわけであるから，毫も，株主その他の会社の構成員の予測に反するものではなく，したがって，これらの行為が会社の権利能力の範囲内にあると解しても，なんら株主等の利益を害するおそれはないのである。」

「以上の理は，会社が政党に政治資金を寄附する場合においても同様である。憲法は政党について規定するところがなく，これに特別の地位を与えてはいないのであるが，憲法の定める議会制民主主義は政党を無視しては到底その円滑な運用を期待することはできないのであるから，憲法は，政党の存在を当然に予定しているものというべきであり，政党は議会制民主主義を支える不可欠の要素なのである。そして同時に，政党は国民の政治意思を形成する最も有力な媒体であるから，政党のあり方いかんは，国民としての重大な関心事でなければならない。したがって，その健全な発展に協力することは，会社に対しても，社会的実在としての当然の行為として期待されるところであり，協力の一態様として政治資金の寄附についても例外ではない」。「要するに，会社による政治資金の寄附は，客観的，抽象的に観察して，会社の社会的役割を果たすためになされたものと認められるかぎりにおいては，会社の定款所定の目的の範囲内の行為であるとするに妨げないのである。」

(2) 「会社が，納税の義務を有し自然人たる国民とひとしく国税等の負担に任ずるものである以上，納税者たる立場において，国や地方公共団体の施策に対し，意見の表明その他の行動に出たとしても，これを禁圧すべき理由はない。のみならず，憲法第3章に定める国民の権利および義務の各条項は，性質上可能なかぎり，内国の法人にも適用されるものと解すべきであるから，会社は，自然人たる国民と同様，国や政党の特定の政策を支持，推進または反対するなどの政治的行為をなす自由を有するのである。政治資金の寄附もまさにその自由の一環であり，会社によってそれがなされた場合，政治の動向に影響を与えることがあったとしても，これを自然人たる国民による寄附と別異に扱うべき憲法上の要請があるものではない。〔X〕は，会社が政党に寄附をすることは国民の参政権の侵犯であるとするのであるが，政党への寄附は，事の性質上，国民個々の選挙権その他の参政権の行使そのものに直接影響を及ぼすものではないばかりでなく，政党の資金の一部が選挙人の買収にあてられることがあるにしても，それはたまたま生ずる病理的現象に過ぎず，しかも，かかる非違行為を抑制するための制度は厳として存在するのであって，いずれにしても政治資金の寄附が，

＊4

民法90条は，「公の秩序又は善良の風俗に反する法律行為は，無効とする。」と定めている。なお〔判例03〕＊3参照。

選挙権の自由なる行使を直接に侵害するものとはなしがたい。」「株式会社の政治資金の寄附はわが憲法に反するものではなく，したがって，そのような寄附が憲法に反することを前提として，民法90条に違反するという論旨は，その前提を欠くものといわなければならない。」

⇩ この判決が示したこと ⇩

① 憲法は，政党の存在を想定しており，それは議会制民主主義を支える不可欠の要素であって，政党の健全な発展に協力することは，国・社会を構成する存在（社会的実在）として当然の行為と考えられるから，会社もそのような存在である以上，会社には政治資金を寄付する能力がないとはいえない，と判断した。

② 憲法が定める基本的人権は，性質上可能な限り法人にも適用され，会社は，自然人である国民同様，政治的行為を行う自由を有するので，会社も政治資金の寄付の自由があり，会社の政治資金の寄付は違法であるとはいえない，と判断した。

☝ 解説

　この判決は，会社による政党への寄付は違法（公の秩序〔民90条〕に反して無効）である，とのＸの主張に対し，会社であっても，憲法が保障する基本的人権を「性質上可能なかぎり」持ち，会社には政治資金の寄付をする自由がある，と答えた（判決文(2)）。この部分は，法人には基本的人権がどこまで認められるか（「法人の人権享有主体性」と呼ばれる論点である）を説明した部分として有名である。学説は，本判決のこの部分をふまえつつ，法人の「性質」上，どのような基本的人権が認められるかについて論じ，自然人と結びつく権利（選挙権や生存権，人身の自由など）は認められないが，その他の権利は広く認められる，などと考えてきた。しかし，判決文を注意深く読むと，それは，会社の基本的人権を積極的に認めた，というよりも，会社が，ある政党を支持・反対するといった政治的活動をしたとしても，憲法はそれを特に禁止していない（わが国の法の下では違法ではない），という，消極的な意味で言及したにすぎないものとも読める。つまり，本判決は，「法人の人権享有主体性」を積極的に論じたものではない，ともいえる。そうしたこともあってか，この部分は，後の最高裁判例でも参照されることがなく，いまでは「傍論」として扱われているのではないか，とも指摘されている。

　また，ここでは，会社が行う政治資金の寄付が，定款の目的の範囲内といえるか，という，商法学上の問題も争われた（この判決には，定款の目的や会社の権利能力をめぐって，商法学者としても高名な松田二郎裁判官と大隅健一郎裁判官の各意見が付されている）。最高裁は，会社が「社会的実在」であることを手がかりに，その社会的役割を果たすための寄付も定款の目的の範囲内にある，とした。その中で，憲法における政党の意義について言及し，その観点から，期待される社会的役割の一つとして政党への寄付を位置づけている（判決文(1)）。この部分は，政党をめぐる論点に関わる別の事件で，再び用いられている。

＊5｜
「傍論」とは，判決文のうち，判決の判断の論拠（判決理由）には直接関わらない部分をいう。後の判決に事実上の影響を与えることがあるが，先例としての力（拘束力）を持つものではない，といわれている。

＊6｜
たとえば，最高裁は，小選挙区制の合憲性が争われた事件（最大判平成11・11・10民集53巻8号1704頁〔百選Ⅱ-152②〕）で，政党本位の選挙制度が採用されたことに関係して，政党の意義を，この判決とほぼ同じ趣旨で説明している。また，党員に対する政党の処分を裁判所が審査できるかが争われた事例でも，政党が議会制民主主義にとって極めて重要な存在であることが指摘されている（最判昭和63・12・20判時1307号113頁〔百選Ⅱ-183〕）。

私人間における人権保障

三菱樹脂事件

最高裁昭和48年12月12日大法廷判決（民集27巻11号1536頁）　▶百選Ⅰ-9

事案をみてみよう

　Y（三菱樹脂株式会社。現在は三菱ケミカル株式会社）は，合成樹脂の製造販売等を業と
する株式会社である。Xは，大学在学中，1962（昭和37）年に実施されたYの社員
採用試験に合格し，翌年の大学卒業と同時に，管理職要員として，3か月の試用期間
を設けてYに採用された。[*1] しかし，Yは，同年6月，Xに対し，試用期間満了とと
もに本採用を拒否する旨を口頭で伝えた。Yは，本採用を拒否した理由として，次の
点を挙げた。①Xは，採用試験の際に提出された身上書に虚偽の記載をしたり，記載
すべき事柄を隠（秘匿）したり，面接試験における質問でも虚偽の回答をしたが，こ
れらは，詐欺（民96条）に該当し，Xは管理職要員として不適格であることを示すも
のである。②問題となった「秘匿」・「虚偽」の内容とは，次の点である。つまり，X
は，大学在学中，学生自治会[*2]の中央委員として尖鋭な活動を行い，無届デモや無届
集会に参加するなど，違法な学生運動をしていたのに，これらの事実を記載せず，面
接試験における質問に対しても，学生運動をしたことはなく，興味もない旨の虚偽の
回答をした，などであった。

　Xは，Yに対し雇用契約上の権利を有すること（引き続き雇われる地位にあること）の
確認の訴えなどを起こした。その中でXは，本件解雇は学生運動に対するXの関心
等から推測される思想・信条を理由とする差別待遇であり，無効であると主張した。
第1審はこの点にふれず，解雇権の濫用があったとしてXの権利を認めた。控訴審は，
人の思想・信条は憲法19条が保障するものであり，企業の採用のように，一方（企
業）が他方（労働者）に優越した地位にある場合には，これらを侵害してはならず，
通常の商事会社において，その入社試験の際，応募者にその政治的思想・信条に関す
る事項を申告させることは，公序良俗[*3]に反し許されない，として，Xの権利を保護し
た。Yが上告したが，最高裁では，企業と採用応募者の間という「私人」[*4]間において，
憲法が保障する思想・良心の自由の規定（19条）等が適用されるのかが論点となった。

☑　読み解きポイント

① 憲法の規定は，国民と国民との間の関係（私人間の関係）にも用いられるもの
と考えてよいだろうか。

② 会社は，採用応募者が特定の思想・信条を持つことを理由に，雇入れを拒否
することができるだろうか。

---

*1
Yの規則によれば，「試用期間」は，新卒の採用者について，採用直後の3か月以内を見習期間とし，この期間が過ぎた後，本人の素行や技能等を審査した上，本採用の可否を決定するためのものとされていた。ただし，Yにおいて，新卒の採用者でこの試用期間後に本採用されなかった例は，Xを除き，なかったということであった。

*2
「学生自治会」とは，自治活動などを行うための学生による自主的な組織である。1970年代まで，学生運動や政治運動の担い手として大きな役割を果した。

*3
民法90条「公の秩序又は善良の風俗に反する法律行為は，無効とする。」「公の秩序」とは国家・社会の秩序ないし一般的利益を，「善良の風俗」とは社会の一般的道徳観念を指すが，あわせて「公序良俗」と称され，全体として社会的妥当性を意味するものとして用いられる。

*4
憲法や行政法など，国や地方公共団体と個人との関係を扱う法分野では，国家との対比で，国民（市民）や民間の団体（法人）を「私人」と呼ぶことがある。

📖 判決文を読んでみよう

(1) 「憲法の〔19条などの〕右各規定は，同法第3章のその他の自由権的基本権の保障規定と同じく，国または公共団体の統治行動に対して個人の基本的な自由と平等を保障する目的に出たもので，もっぱら国または公共団体と個人との関係を規律するものであり，私人相互の関係を直接規律することを予定するものではない。……私人間の関係においては，各人の有する自由と平等の権利自体が具体的場合に相互に矛盾，対立する可能性があり，このような場合におけるその対立の調整は，近代自由社会においては，原則として私的自治に委ねられ，ただ，一方の他方に対する侵害の態様，程度が社会的に許容しうる一定の限界を超える場合にのみ，法がこれに介入しその間の調整をはかるという建前がとられている」。

(2) 私人間の関係でも，社会的な力関係の違いから，一方（力の強い者）が他方（力の弱い者）に優越し，事実上後者が前者の意思に服従せざるをえない場合があり，このような場合に限り憲法の基本的人権の規定の適用を認めるべきであるとする見解もあるが，採用できない。「何となれば，右のような事実上の支配関係なるものは，その支配力の態様，程度，規模等においてさまざまであり，どのような場合にこれを国または公共団体の支配と同視すべきかの判定が困難であるばかりでなく，一方〔国または公共団体の支配〕が権力の法的独占の上に立って行なわれるものであるのに対し，他方〔事実上の支配関係〕はこのような裏付けないしは基礎を欠く単なる社会的事実としての力の優劣の関係にすぎず，その間に画然たる性質上の区別が存するからである。すなわち，私的支配関係においては，個人の基本的な自由や平等に対する具体的な侵害またはそのおそれがあり，その態様，程度が社会的に許容しうる限度を超えるときは，これに対する立法措置によってその是正を図ることが可能であるし，また，場合によっては，私的自治に対する一般的制限規定である民法1条，90条や不法行為に関する諸規定等の適切な運用によって，一面で私的自治の原則を尊重しながら，他面で社会的許容性の限度を超える侵害に対し基本的な自由や平等の利益を保護し，その間の適切な調整を図る方途も存するのである。」

(3) 「憲法は，思想，信条の自由や法の下の平等を保障すると同時に，他方，22条，29条等において，財産権の行使，営業その他広く経済活動の自由をも基本的人権として保障している。それゆえ，企業者は，かような経済活動の一環としてする契約締結の自由を有し，自己の営業のために労働者を雇傭するにあたり，いかなる者を雇い入れるか，いかなる条件でこれを雇うかについて，法律その他による特別の制限がない限り，原則として自由にこれを決定することができるのであって，企業者が特定の思想，信条を有する者をそのゆえをもって雇い入れることを拒んでも，それを当然に違法とすることはできないのである。」

⬇ **この判決が示したこと** ⬇

① 憲法の規定は，個人の基本的自由・権利を保障するため，国や地方公共団体と

☝ 解説

憲法には, 私人間にも当てはまると考えられる規定もあるが[*5], それ以外の規定は, 私人間で適用されるのか。これは, 「人権の私人間効力論」というテーマで議論される問題である。憲法は, 歴史的にみて, 政府の権力に枠をはめるものであり, 国と個人（私人）の関係を統制する, というのが本来の性格である。しかし, 社会・経済の発展にともない, 実際上, 私人の間でも社会的地位や経済的関係において力の差が生じ, 私人による行為でも人権侵害に相当するものがみられるようになり, 私人間での憲法の適用について論じられるようになった。

最高裁は, 基本的人権の規定は, 国などの「公権力」に対して向けられるものであり, 私人間を直接規制するものではない, とした上で（判決文(1)）, 権利・自由侵害の程度が社会的に許される限界を超える場合には, 私人間に法が介入して調整にあたるという枠組みが予定されており, その際, 場合によっては民法の一般的規定の適切な適用がありうる, と述べた[*6]（判決文(2)）。ここに示された考え方のように, 民法の一般的な規定に, 憲法が定める価値を取り込み, 紛争を解決するというやり方は, 憲法の規定を「直接」ではなく「間接」に適用するため, 「間接適用説」と呼ばれている。たとえば, 定年年齢を男性60歳, 女性55歳と定めていた会社の規則（就業規則）は女性差別であるとして争われた事件で, 最高裁は, この規則は, 「性別のみによる不合理な差別を定めたものとして民法90条の規定により無効であると解するのが相当である（憲法14条1項, 民法1条ノ2〔現行民法2条〕参照）」と判断した[*7]。これは, 性に基づく不合理な差別を禁止する憲法14条1項の趣旨を, 民法が定める「両性の本質的平等」（民2条）に読み込んで解釈したもの, ということができる。学説では, 「間接適用」の場合に, 私人間の人権を具体的にどのように調整すべきなのか, あるいは, そもそも憲法の価値をなぜ取り込まなければならないのか, といった点をめぐり, 活発な議論がなされた。

なお, 最高裁は, この事件で問題とされた「試用期間」を, 解約権留保付きの雇用契約の期間ととらえ, 解約権（解雇権）の行使は, その趣旨・目的に照らして客観的に合理的な理由が存在し[*8], 社会通念上相当として是認される場合にのみ許される, として, この事件ではそういえる事情があったのか, もう一度審理するよう, 高等裁判所に差し戻した（その後, 差戻審でX・Y間に和解が成立し, Xは職場復帰した）。

*5
たとえば, 私人間にも妥当すると明文で規定する場合（憲15条4項）や, 労働基本権（憲28条）は使用者との間でも直接適用があると解されている。このほか, 奴隷的拘束の禁止（憲18条）も私人間に直接適用があると解されている。

*6
法律行為の要件や権利行使方法等を一般的・抽象的概念を用いて定めた規定を「一般条項」という。権利の行使等は信義に従い誠実に行うことを定める民法1条2項や, 公序良俗を定める民法90条などがその例である。

*7
最判昭和56・3・24民集35巻2号300頁（日産自動車事件。百選Ⅰ-11）。このほか, 入会（いりあい）部落の慣習に基づく会則のうち, 入会権者の資格要件を原則として男子孫に限定するなどの部分は, 性別のみによる不合理な差別として民法90条により無効であるとされた事例がある（最判平成18・3・17民集60巻3号773頁）。

*8
本件でいえば, 試用期間中に労働者が管理職要員として不適格とされたときは, 会社が解雇権を行使して雇用を解約しうるという契約。つまり, その応募者を仮に採用して, 管理職として適性があるかどうかを会社側が見極めるための「お試し期間」を設定しておき, 適性がないと判断すれば解雇できることを含ませている契約である。

04 写真撮影されない自由と憲法13条 京都府学連事件

最高裁昭和44年12月24日大法廷判決（刑集23巻12号1625頁）　▶ 百選Ⅰ-16

事案をみてみよう

　Xは，京都府学生自治会連合が主催した1962（昭和37）年のデモ行進に他の学生 [*1] 1300人ほどとともに参加していた。デモには，都道府県の公安委員会などの許可や公安委員会への届出が必要であるが，その際に，デモのやり方などに条件がつけられることがある。このときのデモにも行進のしかたなどに条件がつけられていた。

　デモの当日，警察官が条件を守っているかを監視していたところ，条件に違反する行進が認められたので，警察官がその状況を写真に撮影した。ところが，それに対して，Xらデモの参加者が反発し，もみあいになり，警察官が軽傷を負った。

　その結果，Xは，公務執行妨害罪や傷害罪の容疑で逮捕・起訴され，第1審，控 [*2] [*3] 訴審ともに有罪とされたので，Xは，写真撮影は，憲法13条や35条に反しており，違法な公務であるため，公務執行妨害罪は成立しないなどと主張し上告した。

　この事案が特に注目されたのは，写真撮影されない自由が憲法13条で保障されるかが争われたからであった。憲法13条では，個人の尊重と幸福追求権の保障が定められているだけで，具体的に「写真撮影されない自由」があるとはされていない。そこで，幸福追求権の中に写真撮影されない自由が含まれるのか，含まれるとすると，本件の写真撮影が違憲・違法なものとされるのかが議論になったのである。

☑ 読み解きポイント

① 憲法13条は写真撮影されない自由を保障しているだろうか。
② 警察官は，どのような場合であっても本人の同意や裁判官の令状がなければ写真撮影をしてはならないのだろうか。

判決文を読んでみよう

　「憲法13条は……国民の私生活上の自由が，警察権等の国家権力の行使に対しても保護されるべきことを規定しているものということができる。そして，個人の私生活上の自由の一つとして，何人も，その承諾なしに，みだりにその容ぼう・姿態（以 [*4] 下「容ぼう等」という。）を撮影されない自由を有するものというべきである。これを肖像権と称するかどうかは別として，少なくとも，警察官が，正当な理由もないのに，個人の容ぼう等を撮影することは，憲法13条の趣旨に反し，許されないものといわなければならない。しかしながら，個人の有する右自由も，国家権力の行使から

*1
1962年に池田勇人首相（当時）の下で検討された大学管理制度改革に反対するデモであった。

*2
刑法95条　公務員が職務を執行するに当たり，これに対して暴行又は脅迫を加えた者は，3年以下の懲役若しくは禁錮又は50万円以下の罰金に処する。
2　公務員に，ある処分をさせ，若しくはさせないため，又はその職を辞させるために，暴行又は脅迫を加えた者も，前項と同様とする。

*3
刑法204条　人の身体を傷害した者は，15年以下の懲役又は50万円以下の罰金に処する。

Point

*4
法令に反するなど，社会通念上正当だと思われる範囲を超えること。

*6

刑事訴訟法218条2項（当時）は「身体の拘束を受けている被疑者の指紋若しくは足型を採取し、身長若しくは体重を測定し、又は写真を撮影するには、被疑者を裸にしない限り、前項の令状によることを要しない」と定めていた。現在も同様の規定が同条3項に置かれている。

無制限に保護されるわけでなく，公共の福祉のため必要のある場合には相当の制限を受けることは同条の規定に照らして明らかである。そして，犯罪を捜査することは，公共の福祉のため警察に与えられた国家作用の一つであり，警察にはこれを遂行すべき責務があるのであるから（警察法2条1項参照），警察官が犯罪捜査の必要上写真を撮影する際，その対象の中に犯人のみならず第三者である個人の容ぼう等が含まれても，これが許容される場合がありうるものといわなければならない。

そこで，その許容される限度について考察すると，身体の拘束を受けている被疑者の写真撮影を規定した刑訴法218条2項のような場合のほか，次のような場合には，撮影される本人の同意がなく，また裁判官の令状がなくても，警察官による個人の容ぼう等の撮影が許容されるものと解すべきである。すなわち，現に犯罪が行なわれもしくは行なわれたのち間がないと認められる場合であって，しかも証拠保全の必要性および緊急性があり，かつその撮影が一般的に許容される限度をこえない相当な方法をもって行なわれるときである。」

本件の写真撮影は，「現に犯罪が行なわれていると認められる場合になされたものであって，しかも多数の者が参加し刻々と状況が変化する集団行動の性質からいって，証拠保全の必要性および緊急性が認められ，その方法も一般的に許容される限度をこえない相当なものであったと認められるから，たとえそれがXら集団行進者の同意もなく，その意思に反して行なわれたとしても，適法な職務執行行為であったといわなければならない」。

⇩ この判決が示したこと ⇩

① 憲法13条は，「承諾なしに，みだりにその容ぼう等を撮影されない自由」を保障する。

② 刑訴法218条2項（当時）に定める場合のほか，現に犯罪が行われた場合や行われた後すぐのような場合に，証拠を保全するために緊急の必要性があるときには，一般的に許容される限度をこえない限りで，警察官が個人の容ぼう等を撮影することは，本人の同意や裁判官の令状がなくても憲法違反にならない。

 解説

I. 「みだりに容ぼう等を撮影されない自由」

この判決は，憲法13条は，「みだりに容ぼう等を撮影されない自由」を，「個人の私生活上の自由」の一つとして保障していることを明らかにした。

憲法13条は，個人の尊重を原理として定め，幸福追求権を保障する。ここで保障される幸福追求権は，憲法が14条以下で保障する人権の母体となり，仮に明文で定められていない権利であっても，幸福追求権を根拠に憲法上保障される場合があると考えられている。その意味で，憲法13条は包括的基本権性があるといわれる。プライバシー権をはじめ，「人格的自律に不可欠」な権利は，憲法13条によって保障されることになる。

Ⅱ．プライバシー権

　ところで，この事件以前に，ある個人をモデルにし，その個人の私生活をのぞき見るように描いた小説について，小説の作者らが，モデルとされた個人から訴えられた事件があった（「宴のあと」事件〔東京地判昭和39・9・28下民集15巻9号2317頁（百選Ⅰ-60）〕）。その事件で，東京地裁は，「近代法の根本理念の一つであり，また日本国憲法のよって立つところでもある個人の尊厳という思想は，相互の人格が尊重され，不当な干渉から自我が保護されることによってはじめて確実なものとなるのであって，そのためには，正当な理由がなく他人の私事を公開することが許されてはならない」とした上で，「私生活をみだりに公開されない」という意味での「プライバシー権」が人格権として民法上保障されていると説いた。

　現在の学説は，このようなプライバシー権は，憲法13条によっても保障されていると考えている。つまり，プライバシー権は，民法上の権利であると同時に，憲法上の権利でもあるというのが通説である。また，学説では，プライバシー権の内容として，この東京地裁の判決がいうような，「正当な理由がなく私事を公開されないこと」だけでなく，個人に関する情報を自らの意思に反して公権力によって取得され，利用され，開示されないことを含むものとする考え方が有力である。これを，自己情報コントロール権説という。

　このような自己情報コントロール権説の立場からは，「みだりに容ぼう等を撮影されない自由」は当然にプライバシー権に含まれると理解される。

　もっとも，本判決では，「プライバシー」という語は出てこない。そこで，本判決以降，最高裁は，自己情報コントロール権説のいうような意味でのプライバシー権が憲法13条で保障されていると考えているのか，それとも，「みだりに容ぼう等を撮影されない自由」というプライバシー権のうちのごく一部のみが憲法上の保障の対象となっていると考えているのかが争われることになる（[判例 05]の解説も参照）。

Ⅲ．公共の福祉による制約と警察の捜査における写真撮影

　ところで，本判決は，公権力によって「みだりに容ぼう等を撮影されない自由」が憲法上の保障を受けると解するものの，それもまた公共の福祉に基づく制約を受けることがあると考えている点もポイントである。通常，警察の（特に強制）捜査は，裁判官の発する令状がなければ行えないが，そのような令状がなくても，判決文でみたような条件が充たされれば，写真撮影も違憲・違法ではない，とされている。

　プライバシーと警察の捜査の関係は，近年も問題になっている（[判例 36]）。

*7｜

日本国憲法で保障される基本権であっても，公共の福祉を理由として，一定の制約を受けることがある（12条・13条参照）。公共の福祉は，「人権相互の調整の原理」などと言われるが，その内容は必ずしも明確ではない。そこで，公共の福祉に基づく制約といえるかどうかは，基本権の制約が行われるのはなぜか（目的），その目的を達成するのに基本権を制約しないで済むような方法はないか，過剰な制約となっていないか（手段）といった観点から個別具体的に審査すべきだと考えられている。

事案をみてみよう

　携帯電話の契約や通信販売を利用するときに，住所がないと困る。住所は，このような私生活の上での利便だけでなく，選挙権を行使したり社会保障を受ける際にも必要となる。それゆえ，住所は公的に把握されることになっている。

　住所の把握は，主として，市町村の役割である。引っ越しなどで市町村の役場に，転出・転入届を提出したことのある人もいるだろう。市町村長は，住民票を編成して，住民基本台帳を整備し，住民に関する正確な記録が行われるように努めなければならない（住民基本台帳法3条1項など参照）。

　もっともこのような住民や住所に関する記録を編成する事務には大変な手間がかかる。そこで，1999（平成11）年から，氏名・生年月日・性別・住所，住民票コードおよびこれらの変更情報を加えた本人確認情報を，市町村・都道府県・国の機関等を結ぶネットワーク上で共有・管理する仕組み（「住基ネット」）が構築され，運用されている。[*1]

　このような住基ネットは，行政を効率化する反面，個人情報が電子化された上で大量に集められることから情報流出などのおそれもある。また，そもそも人間を「データ」として処理し管理するというのはあまりにも人間味がないともいえる。

　そこで，Xらは，このような住基ネットによって，憲法13条の保障するプライバシー権やその他の人格権が侵害されたと主張し，台帳を保管するY市に対して，損害賠償と住基ネットからのみずからの住民票コードの削除を求めた。第1審はXらの請求を棄却したが，控訴審では反対に請求の一部である住民票コードの削除が認められたため，Y市が上告した。

☑ 読み解きポイント

① 憲法13条は，個人情報が開示・公表されない自由を保障しているか。
② 住基ネットが管理する情報はどのような性質のものであるか。
③ 住基ネットの安全性に問題はないか。

 ## 判決文を読んでみよう

(1)　「憲法13条は，国民の私生活上の自由が公権力の行使に対しても保護されるべきことを規定しているものであり，個人の私生活上の自由の一つとして，何人も，個人に関する情報をみだりに第三者に開示又は公表されない自由を有するものと解され

[*1]
2013（平成25）年にマイナンバー関連4法が成立し，2016（平成28）年からマイナンバー制度（後述）が実施されている。これにともない住基ネットにおける本人確認情報に個人番号（マイナンバー）が追加されている。

る〔京都府学連事件（〔判例 **04**〕）参照〕」。

(2)　「そこで，住基ネットが X らの上記の自由を侵害するものであるか否かについて検討するに，住基ネットによって管理，利用等される本人確認情報……のうち 4 情報は，人が社会生活を営む上で一定の範囲の他者には当然開示されることが予定されている個人識別情報であり，変更情報も，転入，転出等の異動事由，異動年月日及び異動前の本人確認情報にとどまるもので，これらはいずれも，個人の内面に関わるような秘匿性の高い情報とはいえない。」

(3)　「また，……住基ネットによる本人確認情報の管理，利用等は，法令等の根拠に基づき，住民サービスの向上及び行政事務の効率化という正当な行政目的の範囲内で行われているものということができる。住基ネットのシステム上の欠陥等により外部から不当にアクセスされるなどして本人確認情報が容易に漏えいする具体的な危険はないこと，受領者による本人確認情報の目的外利用又は本人確認情報に関する秘密の漏えい等は，懲戒処分又は刑罰をもって禁止されていること，住基法は，都道府県に本人確認情報の保護に関する審議会を，指定情報処理機関に本人確認情報保護委員会を設置することとして，本人確認情報の適切な取扱いを担保するための制度的措置を講じていることなどに照らせば，住基ネットにシステム技術上又は法制度上の不備があり，そのために本人確認情報が法令等の根拠に基づかずに又は正当な行政目的の範囲を逸脱して第三者に開示又は公表される具体的な危険が生じているということもできない。」

⇩ **この判決が示したこと** ⇩

① 憲法13条は「個人に関する情報をみだりに第三者に開示又は公表されない自由」を保障している。

② 住基ネットが管理・利用する氏名などの情報は通常の社会生活では他人に公開されている。

③ 住基ネットは，住民サービスの向上，行政の効率化といった正当な目的で利用されていること，システム上も外部への漏えいなどの危険は高くないことなどから，住基ネット自体は違憲・違法なものではないとした。

👆 解説

京都府学連事件（〔判例 **04**〕）のあと，外国人登録の際に指紋を強制的に押させる制度（指紋押なつ制度）の合憲性が争われた事件（最判平成 7・12・15 刑集 49 巻 10 号 842 頁〔百選 I-2〕）や，役所がある人の前科について弁護士の問い合わせに応じて開示した事件（最判昭和 56・4・14 民集 35 巻 3 号 620 頁〔百選 I-17〕）などで，最高裁は「みだりに指紋の押なつを強制されない自由」や「前科等をみだりに公開されない自由」が保障されるとしつつ，これらへの制約の合憲性，合法性を個別に検討するのみで，プライバシー権一般が憲法上の保護を受けているかを明らかにしてこなかった。本件でも，「プライバシー権」という言葉は用いられず，「個人に関する情報をみだりに第三者に

Point

*2│

住基ネットは，専用回線で構築され，インターネットには接続しないなど厳重な管理がなされていると言われている。

*3│

マイナンバー制度の施行に関する番号関連4法制定による住民基本台帳法の改正以前は，本人確認情報処理業務を行う者が総務大臣により指定されていた。これを指定情報処理機関制度という。現在は上記の改正により，地方公共団体情報システム機構が同様の業務を行っている。

*4│

〔判例 **04**〕*4参照。

*5│

2012（平成24）年以前は，わが国で暮らす外国人の住民を把握するため，市町村等が外国人の住民に関する記録を作成していた。これを外国人登録制度という。

開示又は公表されない自由」を憲法 13 条が保障していることが明らかにされたにとどまる。

　一方，学説では，プライバシー権を自己情報コントロール権と理解する考え方が有力である（［判例 04］の**解説**参照）。それによると，個人情報の「開示・公表」や京都府学連事件のときに問題になったような「取得」だけでなく，その利用や保管のあり方も権利の内容だとされる。これと比べると，この判決が憲法 13 条で保障されるとした「個人情報をみだりに開示・公表されない自由」は若干狭いと考えることができる。

　また，個人情報の中にも，氏名等のような通常公表されている情報と，個人の思想や信仰，病歴のような通常の人ならば隠しておきたい事柄とがある。後者のような場合にどのように考えるべきかについても，この判決からは明らかでない。これまでの判例の展開を考えると，新たな問題が出てきたときに，これまでの判決を足がかりにして新たな判断が下されるということになるのかもしれない。

　ところで，この判決では，住基ネットが法令等の根拠に基づいていることやその安全性についても審査されている。これらの点は，住基ネットに不正なアクセスが行われ外部に情報が漏れる「おそれ」を裁判所が早期に審査するという意味で重要な検討であるということができる。

　なお，住基ネットとは別に，2015（平成 27）年から，行政の効率化，国民の利便性の向上，公平・公正な社会の実現を目的として，社会保障，税，災害対策の 3 分野で共通の個人番号（マイナンバー）を国民に付与し，個人の情報を管理する制度が導入されている。これを受けて，住基ネットでは，このマイナンバーも本人確認情報の一つとして取り扱われている。この制度では，将来的に，マイナンバーをさまざまな場面で利用・活用することが予定されている。

　国や地方公共団体は，本判決で問題となったような情報だけでなく，膨大な量の個人情報を取得し，コンピュータで管理・処理し，利用している。このような個人情報の取得・保有・利用は，それが悪用されれば，国民や住民に重大な不利益を及ぼしかねない。そこで国や地方公共団体はそれぞれ法律や条例を定め，個人情報保護の仕組みを整備してきた。

　もっとも，このような仕組みは，国と地方公共団体ごとに少しずつ違うものとなっており，国際的な個人情報保護の要請に応えられないのみならず，国や地方公共団体の保有するデータを有効活用することを難しくしていた。そこで，2021（令和 3）年に制定された「デジタル社会の形成を図るための関係法律の整備に関する法律」によって，これらの仕組みは「個人情報保護法」に一本化されることになった。

06 尊属殺重罰と法の下の平等 尊属殺重罰規定違憲判決

最高裁昭和48年4月4日大法廷判決（刑集27巻3号265頁） ▶百選 I -25

事案をみてみよう

　多くの人は，自分の親を尊敬している。それでも，世の中には，親と子の間でトラブルが起こることがある。そのようなトラブルが高じて，暴力ざたになることもあるし，不幸にもその結果，親が死んでしまうこともある。

　かつては，このような場合は，通常の傷害事件や殺人事件とはわけが違うと考えられ，刑法に特別の罪を定め，重い刑を科していた。わが国の刑法でも，戦前から，通常の殺人（刑199条）のほかに，尊属殺人（かつての刑200条），尊属傷害致死（かつての刑205条2項）などが定められていた。

　もっとも，このような刑罰は，憲法14条1項違反ではないかという主張も多かった。法が，子の親に対する道徳的義務を特に重要視し，重く処罰するというのは，封建的で家族主義的な考え方であって，憲法の平等の理念からかけ離れたものではないか，というのである。これに対し，最高裁は，一貫してそのような主張を退け，尊属に害をなした人を特別重く処罰するのも憲法違反でないと判断していた。

　あるとき，14歳のときに実の父親にレイプされたあげく，15年間夫婦同然の生活を強いられ，5人の子ができるに至った女性Xがいた。しかしXは，そのような状況の中で，職場で出会った男性と恋に落ち，結婚の約束をした。悲惨な境遇から抜け出すための一筋の光明だった。ところが，実父にそのことを告げると，実父は激怒し，Xを監禁した上で脅迫虐待を行った。Xは，精神的に追い詰められ，ついに実父を殺してしまった。

　その結果，Xは尊属殺人罪に問われた。第1審は，刑法200条は憲法14条1項に反するとして，刑法199条の通常の殺人罪を適用した上，過剰防衛と心神耗弱を認め，刑を免除した。ところが，控訴審では一転して，刑法200条が適用され，過剰防衛も認められず，かろうじて心身耗弱と酌量減軽が認められただけで，懲役3年6月の実刑判決が言い渡された。そこで，Xは，刑法200条が憲法14条1項違反で無効であると主張して上告した。

✓ 読み解きポイント

① 憲法14条1項の法の下の平等とはどのような意味か。

② 刑法200条はどうして憲法違反とされたのか。

---

* 1
1995（平成7）年改正前の刑法200条は，「自己又は配偶者の直系尊属を殺したる者は死刑又は無期懲役に処す」と定めていた。

* 2
1995（平成7）年改正前の刑法205条2項は，傷害致死の罪を「自己又は配偶者の直系尊属に対して犯したるときは無期又は3年以上の懲役に処す」と定めていた。このほか，保護責任者遺棄罪（218条2項），逮捕監禁罪（220条2項）にも同様の規定があった。これらも1995（平成7）年の刑法改正により削除された。

* 3
刑法上，正当防衛は処罰されず（刑36条1項），防衛の程度を超える場合（これを過剰防衛という）には，情状により刑を減軽または免除されることがある（同条2項）。

* 4
自分のしていることの善悪が全く判断できないような人が罪を犯した場合は心神喪失者の行為として処罰されないこととなる（刑39条1項）。心神耗弱とは，そのような判断が通常の人と比べて著しく劣っている場合をいい，そのような状態にある人が犯した罪は，その刑が減軽される（同条2項）。

📖 判決文を読んでみよう

「憲法14条1項は，国民に対し法の下の平等を保障した規定であって，同項後段列挙の事項は例示的なものであること，およびこの平等の要請は，事柄の性質に即応した合理的な根拠に基づくものでないかぎり，差別的な取扱いをすることを禁止する趣旨と解すべき」である。

「刑法200条の立法目的は，尊属を卑属またはその配偶者が殺害することをもって一般に高度の社会的道義的非難に値するものとし，かかる所為を通常の殺人の場合より厳重に処罰し，もって特に強くこれを禁圧しようとするにあるものと解される。……尊属に対する尊重報恩は，社会生活上の基本的道義というべく，このような自然的情愛ないし普遍的倫理の維持は，刑法上の保護に値するものといわなければならない。」

「このような点を考えれば，尊属の殺害は通常の殺人に比して一般に高度の社会的道義的非難を受けて然るべきであるとして，このことをその処罰に反映させても，あながち不合理であるとはいえない。そこで，被害者が尊属であることを犯情のひとつとして具体的事件の量刑上重視することは許されるものであるのみならず，さらに進んでこのことを類型化し，法律上，刑の加重要件とする規定を設けても，かかる差別的取扱いをもってただちに合理的な根拠を欠くものと断ずることはでき」ない。

しかしながら，「加重の程度が極端であって，前示のごとき立法目的達成の手段として甚だしく均衡を失し，これを正当化しうべき根拠を見出しえないときは，その差別は著しく不合理なものといわなければなら」ない。

刑法200条の「法定刑は死刑および無期懲役刑のみであり，普通殺人罪に関する同法199条の法定刑が，死刑，無期懲役刑のほか3年以上の有期懲役刑となっているのと比較して，刑種選択の範囲が極めて重い刑に限られていることは明らかである。もっとも，現行刑法にはいくつかの減軽規定が存し，これによって法定刑を修正しうるのであるが，現行法上許される2回の減軽を加えても，尊属殺につき有罪とされた卑属に対して刑を言い渡すべきときには，処断刑の下限は懲役3年6月を下ることがなく，その結果として，いかに酌量すべき情状があろうとも法律上刑の執行を猶予することはできないのであり，普通殺の場合とは著しい対照をなすものといわなければならない」。

「尊属殺の法定刑は，それが死刑または無期懲役刑に限られている点（現行刑法上，これは外患誘致罪を除いて最も重いものである。）においてあまりにも厳しいものというべく，上記のごとき立法目的……のみをもってしては，これにつき十分納得すべき説明がつきかねるところであり，合理的根拠に基づく差別的取扱いとして正当化することはとうていできない。」

*5|
父母・祖父母・曾祖父母など自分よりも前の世代の人のこと。

*6|
子・孫・ひ孫など自分よりも後の世代の人のこと。

*7|
2004（平成16）年の刑法改正により「死刑又は無期若しくは5年以上の懲役」に改められた。

*8|
刑法上，刑の減軽は，法律の定める場合と情状酌量による場合において認められる（刑72条）。この事件の場合，心神耗弱による減軽（同39条2項）と情状酌量による減軽（同66条）が認められる。

＊9｜
尊属殺人罪の場合，いちばん軽い刑でも無期懲役となる。無期懲役が減軽されると7年以上の有期懲役となり，7年以上の有期懲役を減軽すると3年6月の有期懲役となる（刑68条2号・3号）。執行猶予は，懲役刑の場合，3年以下でないと付けることができない（同25条1項）。

＊10｜
当時の刑法199条（殺人罪）は，いちばん軽い刑を懲役3年としていたので，刑の減軽が行われれば執行猶予を付けることができた。

⇩ この判決が示したこと ⇩

① 憲法14条1項は「事柄の性質に応じた合理的な根拠」に基づかない差別的な取扱いをすることを禁止している。
② 尊属に対する尊敬といった道徳や倫理の維持を目的として特別の罪を法律で定めることは認められるが，刑法200条は，その目的を達成するために死刑や無期懲役といった重い刑罰のみを定めている点で不合理であって，合理的な根拠に基づくものではなく，憲法14条1項に反すると判断された。

解説

　憲法14条1項については，当初，その後段に示されている「人種，信条，性別，社会的身分又は門地」に基づく差別のみが禁止されているという考え方もあったが，最高裁は，早くからこれを否定し，後段に示された差別以外にも憲法14条1項違反となりうるとした。その一方で，憲法14条1項は，人のあらゆる区別を許さないのではなく，「事柄の性質に即応して合理的と認められる差別的取扱をすること」は認められるのだと説いてきた（待命処分事件判決〔最大判昭和39・5・27民集18巻4号676頁〕）。最高裁は，憲法14条1項について，いまもこの考え方を変えていない。

　この判決は，この考え方に従いながら，刑法200条について，それまでの合憲だという判断から違憲だという判断へと変更（判例変更）した。そのような判断が可能になったのは，この判決が，「合理的な区別かどうか」を刑法200条の目的と手段に分けて，それぞれ検討したからである。

　この判決は，刑法200条について，父や母といった尊属を尊重し敬うことは大切なことであるので，そのような大切な人を殺すことは，通常の殺人とは違った犯罪だとして特別の罪を設けるもので，その目的自体は，合憲だと考えた。しかし，そのような特別の罪を設けるといっても，極端に厳しい刑罰にする必要はないはずである。通常の殺人罪を定める刑法199条が刑罰として死刑，無期懲役のほか，3年以上の有期懲役（当時）も選べることと比べると極端に重いのではないか。実際，刑法199条であれば，さまざまな理由で刑を減軽していけば，執行猶予を付けることもできるのに，刑法200条ではそのようにはできないではないか。そうだとすると，刑法200条の刑罰は不合理だ，というのが最高裁の考えである。

　この判決は，最高裁判所が初めて法律の条文を違憲無効とした判決（法令違憲判決）である。これ以後，尊属殺人の場合であっても裁判所は刑法200条を適用しないことが予想されたため，結果として，刑法200条による逮捕・起訴は行われなくなった。他方，尊属傷害致死罪などはその後も合憲とされていたが，1995（平成7）年の刑法改正により200条とともにすべて削除された。

　このような考えは，過酷な状況の下で，やむなく実父を殺してしまったXの立場に最大限の配慮を示したものであり，優れた判決だということができよう。

嫡出でない子の相続分と
法の下の平等

婚外子相続分違憲決定

最高裁平成25年9月4日大法廷決定（民集67巻6号1320頁）　▶ 百選Ⅰ-27

 事案をみてみよう

　現代の日本では，子どもができても結婚をしないカップルがたくさんいる。そのような選択をする背景にはさまざまな事情があるだろうし，本人たちの選択に任されるべき問題である。ましてや，そのようなカップルの下に生まれてきた子どもと，正式に結婚しているカップルの下に生まれた子との間には，何の違いもない。けれども，わが国では，長く，正式に結婚していることが重視され，正式に結婚した夫婦とそうでないカップルや，それぞれの子を区別しがちであった。そして，法律上も，さまざまな場面で，正式な結婚をした夫婦の子（嫡出子[*2]）とそうでない子が区別して扱われていた。

　ところで，人が死んだ後で，大きな問題となりうるのが遺産相続である。相続については民法第5編が定めているが，遺言などが残されていれば原則としてそれに従い（遺言相続），そうでない場合は民法のルールに従うことになる（法定相続）。民法には法定相続の場合に，誰が相続人になるか（法定相続人）ということのほか，それぞれの相続人の取り分が定められている（法定相続分）。

　このうち法定相続分を定めているのが，民法900条であり，「子及び配偶者が相続人であるときは，子の相続分及び配偶者の相続分は，各2分の1とする」（1号）ことをはじめとして，同順位の相続人が複数あるときの相続分を定めている。かつて，ここには「子，直系尊属又は兄弟姉妹が数人あるときは，各自の相続分は，相等しいものとする。ただし，嫡出でない子の相続分は，嫡出である子の相続分の2分の1とし[*3]，父母の一方のみを同じくする兄弟姉妹の相続分は，父母の双方を同じくする兄弟姉妹の相続分の2分の1とする」という規定があった（4号）。つまり，ここでも，嫡出子とそうでない子が区別されていたのである。

　かねてより，このような規定は嫡出でない子を不当に差別するものではないかという指摘がなされており，最高裁でも繰り返し争われていた（最大決平成7・7・5民集49巻7号1789頁など）。2001（平成13）年に死亡したAには，法律上の婚姻関係にあった妻との間の3人の子のほか，法律上の婚姻関係になかった女性との間にも2人の子がいた。そこで，Aの遺産の相続にあたって，改めて民法900条4号ただし書が違憲ではないかが問題となった。

*1
民法731条以下は婚姻（結婚）に関する規定を置いている。ここでいう「正式な結婚」とは，これらの規定に沿ってなされる結婚のことを指している。もちろん世の中には，このような婚姻を経ずとも，事実上（あるいはそれ以上に）婚姻の状態にあるカップルもいる。このような状態はしばしば「事実上の婚姻（事実婚）」といわれる。

*2
法律上の婚姻関係にある夫婦から生まれた子を嫡出子という。これに対し法律上の婚姻関係にない男女間に生まれた子を嫡出でない子とか非嫡出子，婚外子などという。

*3
本決定を受けて，2013（平成25）年に下線部を削除する改正がなされた。

① 民法900条4号ただし書によって，誰と誰の間にどのような区別が生じていた
　か。
② 民法900条4号ただし書が憲法14条1項違反になるのはどのような場合か。
③ 民法900条4号ただし書が憲法違反とされたのはなぜか。

📖 決定文を読んでみよう

(1)「憲法14条1項は，法の下の平等を定めており，この規定が，事柄の性質に応
じた合理的な根拠に基づくものでない限り，法的な差別的取扱いを禁止する趣旨のも
のであると解すべきことは，当裁判所の判例とするところである」。

(2)「相続制度をどのように定めるかは，立法府の合理的な裁量判断に委ねられて
いるものというべきである。」そして，本件では，立法府の定める「相続制度全体の
うち，本件規定により嫡出子と嫡出でない子との間で生ずる法定相続分に関する区別
が，合理的理由のない差別的取扱いに当たるか否かということであり，立法府に与え
られた……裁量権を考慮しても，そのような区別をすることに合理的な根拠が認めら
れない場合には，当該区別は，憲法14条1項に違反するものと解するのが相当であ
る」。

(3) 民法739条1項は，憲法24条を受けて，「『婚姻は，戸籍法（中略）の定める
ところにより届け出ることによって，その効力を生ずる。』と定め，いわゆる事実婚
主義を排して法律婚主義を採用している。一方，相続制度については，昭和22年法
律第222号による民法の一部改正（以下『昭和22年民法改正』という。）により，
『家』制度を支えてきた家督相続が廃止され，配偶者及び子が相続人となることを基
本とする現在の相続制度が導入されたが，家族の死亡によって開始する遺産相続に関
し嫡出でない子の法定相続分を嫡出子のそれの2分の1とする規定（昭和22年民法
改正前の民法1004条ただし書）は，本件規定として現行民法にも引き継がれた」。

(4) 最高裁平成7年大法廷決定は，民法900条4号を含む法定相続分の定めが，「立
法府に与えられた合理的な裁量判断の限界を超えたものということはできないのであ
って，憲法14条1項に反するものとはいえないと判断」していた。

(5)「しかし，法律婚主義の下においても，嫡出子と嫡出でない子の法定相続分を
どのように定めるかということについては……総合的に考慮して決せられるべきもの
であり，また，これらの事柄は時代と共に変遷するものでもあるから，その定めの合
理性については，個人の尊厳と法の下の平等を定める憲法に照らして不断に検討され，
吟味されなければならない。」

(6)「昭和22年民法改正時から現在に至るまでの間の社会の動向，我が国における
家族形態の多様化やこれに伴う国民の意識の変化，諸外国の立法のすう勢及び我が国
が批准した条約の内容とこれに基づき設置された委員会からの指摘*4，嫡出子と嫡出で
ない子の区別に関わる法制等の変化，更にはこれまでの当審判例における度重なる問

題の指摘等を総合的に考察すれば，家族という共同体の中における個人の尊重がより明確に認識されてきたことは明らかであるといえる。そして，法律婚という制度自体は我が国に定着しているとしても，上記のような認識の変化に伴い，上記制度の下で父母が婚姻関係になかったという，子にとっては自ら選択ないし修正する余地のない事柄を理由としてその子に不利益を及ぼすことは許されず，子を個人として尊重し，その権利を保障すべきであるという考えが確立されてきているものということができる。

　以上を総合すれば，遅くともAの相続が開始した平成13年7月当時においては，立法府の裁量権を考慮しても，嫡出子と嫡出でない子の法定相続分を区別する合理的な根拠は失われていたというべきである。」

⇩ この決定が示したこと ⇩

① 民法900条4号ただし書は子の法定相続分について，嫡出子とそうでない子を区別するものである。
② このような区別はかつては合理的であったが，現在は合理的ではない。
③ したがって民法900条4号ただし書における嫡出子とそうでない子の区別は違憲である。

解説

　本決定において採用されている憲法14条1項違反を審査するための判断枠組みそのものは従来の判例と大きく変わっていない。にもかかわらず，憲法違反の判断がなされたのは，時代の流れの中で，民法900条4号ただし書の合憲性を支えていた理由づけが，もはや当てはまらなくなった，という最高裁の認識があったからである。このような理解は，実は本決定以前の同種事案に関する最高裁判例において，個別意見レベルで指摘されてきたものであった。このように，立法当時は合理的だと思われた理由づけが，その後の社会状況等に当てはまらなくなったことが違憲か合憲かの分かれめになるのは，本件だけでなく，この後で扱う国籍法3条1項の違憲判決（[判例08]）をはじめ，近年の判例によく見られる現象である。

　もっとも，本件では，過去に合憲判断をしていた最高裁判例があることから，それとの整合性が問題になる。また，民法900条4号ただし書が遅くとも2001（平成13）年7月に合理性を失っているとすると，その前後に行われた本件以外の遺産分割にどのような影響が生じるかという問題もある。この点，ここでは引用しなかったが，最高裁は，「本決定の違憲判断が，先例としての事実上の拘束性という形で既に行われた遺産の分割等の効力にも影響し，いわば解決済みの事案にも効果が及ぶとすることは，著しく法的安定性を害することになる」から，本決定の違憲判断は，遺産分割の審判等によってすでに確定している法律関係に影響を与えるものではないという説示を添えている。

＊4｜
わが国が1979（昭和54）年に批准した「市民的及び政治的権利に関する国際規約」や1994（平成6）年に批准した「児童の権利に関する条約」には，児童が出生によっていかなる差別も受けない旨の規定が設けられている。また，国際連合の関連組織として，前者の条約に基づき自由権規約委員会が，後者の条約に基づき児童の権利委員会が設置されており，これらの委員会は，上記各条約の履行状況等につき，締約国に対し，意見の表明，勧告等をすることができるものとされている。これらの委員会は，わが国の嫡出でない子に関する上記各条約の履行状況等について，本件規定を含む国籍，戸籍および相続における差別的規定を問題にして，懸念の表明，法改正の勧告等を繰り返していた。

<table>
<tr><td>08</td><td>嫡出でない子の国籍取得と
法の下の平等</td></tr>
</table>

08 嫡出でない子の国籍取得と 法の下の平等

国籍法 3 条違憲判決

最高裁平成20年6月4日大法廷判決（民集62巻6号1367頁）　　▶百選 I -26

 事案をみてみよう

　ある国の国民としての資格のことを国籍という。本件は，ある人が日本国籍を取得しようとしたところ，日本国籍取得の要件を満たさないので，国籍が取得できなかったという事案である。

　日本国籍の有無は，選挙権の行使や，一部の公務員への就職などの場合に問題となるほか，どこの国籍も持たない場合（無国籍）には，いつ国外へ追放されるかわからないような状態に置かれてしまうことになる。わが国では，憲法10条により，だれに国籍を付与するかのルールは法律で定めることとされ，国籍法が制定されている。

　無国籍を避けるためには，子どもが生まれたときに国籍を付与する（これを国籍の生来的取得という）のが望ましい。子どもが生まれたときに，その国の国籍を付与するかについては，大きく分けて，親がその国の国籍を有する場合に国籍を与えるという考え方（血統主義）と，その国で生まれた子どもにはその国の国籍を与えるという考え方（生地主義）の 2 つがある。わが国の国籍法は，基本的に，血統主義の立場を採用しており，子が生まれたときに，父または母が日本国民であるときには，その子にも日本国籍が与えられる（国籍 2 条 1 号）。[*1]

　ところで，2008（平成20）年改正前の国籍法 3 条 1 項は，日本国籍を持たない20歳未満の人は，親が日本国籍を有する人と結婚し，かつ，その結婚相手が自分の子であると認めている場合（認知という）に，法務大臣に届け出ることによって日本国籍を取得することができると定めていた。[*2] そうすると，日本国籍を持たない母と，日本国籍を持つものの母とは結婚していない父との間に出生した子の場合には，父によって認知がなされていても，父母が婚姻関係にないので日本国籍が取得できない。

　現代の日本では，外国人女性と日本人男性のカップルは珍しくない。また，あるカップルに子どもができても，さまざまな事情で結婚に至らないケースも珍しくない。しかし，上に述べたような制度の下では，このような場合，たとえ日本人男性が子の出生後に自分の子と認めても，その子は日本国籍を取得できないことになる。しかも，女性の母国が生地主義を採っていると，場合によっては，その子は無国籍ということになってしまう。そのようなことは，そうでない子と比べて不平等ではないか。

　本件で問題となったのは，まさにそのような境遇に置かれている子どもの日本国籍の取得についてであった。そこで，国籍法 3 条 1 項は，国籍が与えられる子とそうでない子を不当に区別しており，憲法14条 1 項に反すると主張したのである。

*1│

国籍法2条1号は，1984（昭和59）年の改正前は，「出生の時に父が日本国民であるとき」に子を日本国民とすると定めるのみであったが，現在では，「出生の時に父又は母が日本国民であるとき」に改められている。

*2│

民法772条1項によれば，「妻が婚姻中に懐胎した子は，夫の子と推定」される。したがって，法律上の婚姻関係にある夫婦の下で生まれた子とその夫は（通常は）法律上の親子関係があることになる。しかし，たとえば事実婚カップルの下で生まれた子にはこの規定が適用されないため，事実上の夫と子の間には当然には法律上の親子関係が発生せず，意思表示や裁判によって親子関係を発生させる必要がある（民779条参照）。これを認知という。

📖 判決文を読んでみよう

(1) 「所論は，……国籍法3条1項の規定が，日本国民である父の非嫡出子について，父母の婚姻により嫡出子たる身分を取得した者に限り日本国籍の取得を認めていることによって，同じく日本国民である父から認知された子でありながら父母が法律上の婚姻をしていない非嫡出子は，その余の同項所定の要件を満たしても日本国籍を取得することができないという区別（以下「本件区別」という。）が生じており，このことが憲法14条1項に違反する」とした上で，「国籍法3条1項の規定のうち本件区別を生じさせた部分のみが違憲無効であるとし，上告人には同項のその余の規定に基づいて日本国籍の取得が認められるべきであるというものである」。

(2) 「憲法14条1項は，法の下の平等を定めており，この規定は，事柄の性質に即応した合理的な根拠に基づくものでない限り，法的な差別的取扱いを禁止する趣旨であると解すべき」である。憲法10条は，国籍の得喪の要件について立法府の裁量にゆだねているが，「日本国籍の取得に関する法律の要件によって生じた区別が，合理的理由のない差別的取扱いとなるときは，憲法14条1項違反の問題を生」じ，「立法府に与えられた……裁量権を考慮しても，なおそのような区別をすることの立法目的に合理的な根拠が認められない場合，又はその具体的な区別と上記の立法目的との間に合理的関連性が認められない場合には，当該区別は，合理的な理由のない差別として，同項に違反する」。その際，「日本国籍は，我が国の構成員としての資格であるとともに，我が国において基本的人権の保障，公的資格の付与，公的給付等を受ける上で意味を持つ重要な法的地位でもある。一方，父母の婚姻により嫡出子たる身分^{*3}を取得するか否かということは，子にとっては自らの意思や努力によっては変えることのできない父母の身分行為に係る事柄である。したがって，このような事柄をもって日本国籍取得の要件に関して区別を生じさせることに合理的な理由があるか否かについては，慎重に検討することが必要である」。

(3) 国籍法3条1項では，「日本国民である父が日本国民でない母との間の子を出生後に認知しただけでは日本国籍の取得を認めず，準正^{*4}のあった場合に限り日本国籍を取得させることとしており，これによって本件区別が生じている。このような規定が設けられた主な理由は，日本国民である父が出生後に認知した子については，父母の婚姻により嫡出子たる身分を取得することによって，日本国民である父との生活の一体化が生じ，家族生活を通じた我が国社会との密接な結び付きが生ずることから，日本国籍の取得を認めることが相当であるという点にあるものと解される」。また，上記国籍法改正の当時には，諸外国でも同様の立法が多かったことも，「本件区別が

*3｜
［判例**07**］＊2参照。

*4｜
嫡出でない子に嫡出子の身分を取得させる制度。認知によって親子関係が確定した後に父母が婚姻した場合と，父母が婚姻した後に認知によって親子関係が確定した場合とがある。

合理的なものとして設けられた理由であると解される」。

　「国籍法3条1項は，同法の基本的な原則である血統主義を基調としつつ，日本国民との法律上の親子関係の存在に加え我が国との密接な結び付きの指標となる一定の要件を設けて，これらを満たす場合に限り出生後における日本国籍の取得を認めることとしたものと解される。」この立法目的自体には，合理的な根拠がある。また，諸外国の立法例をふまえると，「同項の規定が認知に加えて準正を日本国籍取得の要件としたことには，上記の立法目的との間に一定の合理的関連性があったものということができる」。

(4)　けれども，その後，わが国における家族生活や親子関係の実態も変化し多様化していること，わが国同様の立法をしていた諸外国でも法改正が行われていることといった「我が国を取り巻く国内的，国際的な社会的環境等の変化に照らしてみると，準正を出生後における届出による日本国籍取得の要件としておくことについて，前記の立法目的との間に合理的関連性を見いだすことがもはや難しくなっている」。

(5)　一方，国籍法による区別の結果，「日本国民である父から出生後に認知されたにとどまる非嫡出子のみが，日本国籍の取得について著しい差別的取扱いを受けているものといわざるを得ない」。「日本国籍の取得が……我が国において基本的人権の保障等を受ける上で重大な意味を持つものであることにかんがみれば，以上のような差別的取扱いによって子の被る不利益は看過し難いものというべきであり，このような差別的取扱いについては，前記の立法目的との間に合理的関連性を見いだし難いといわざるを得ない。」

　したがって，「国籍法が，同じく日本国民との間に法律上の親子関係を生じた子であるにもかかわらず，上記のような非嫡出子についてのみ，父母の婚姻という，子にはどうすることもできない父母の身分行為が行われない限り，生来的にも届出によっても日本国籍の取得を認めないとしている点は，今日においては，立法府に与えられた裁量権を考慮しても，我が国との密接な結び付きを有する者に限り日本国籍を付与するという立法目的との合理的関連性の認められる範囲を著しく超える手段を採用しているものというほかなく，その結果，不合理な差別を生じさせているものといわざるを得ない」。

(6)　もっとも，国籍法3条1項をすべて違憲無効とすると，3条1項によって国籍取得が認められていた準正子についても国籍取得が認められなくなる。したがって，「日本国民である父と日本国民でない母との間に出生し，父から出生後に認知されたにとどまる子についても，……父母の婚姻により嫡出子たる身分を取得したことという部分を除いた同項所定の要件が満たされる場合に，届出により日本国籍を取得することが認められるものとすることによって，同項及び同法の合憲的で合理的な解釈が可能となるものということができ，この解釈は，本件区別による不合理な差別的取扱いを受けている者に対して直接的な救済のみちを開くという観点からも，相当性を有するものというべきである」。

解説

　本件で最高裁は,国籍の重要性などを念頭に置きながら,憲法14条1項違反かどうかを慎重に検討すべきだとしている。学説では,14条1項後段に列挙されている事柄に関わるような場合や,重要な基本的人権に関わる場合,個人の努力では乗り越えられないような区別が行われているような場合には,当該区別の合憲性をより厳しく判断すべきだという見解が示されている。この判決の基礎にも同様の思考方法があると考えることができるだろう。

　同時に,本判決では,尊属殺重罰規定違憲判決（[判例 06]）と少し異なって,憲法14条1項違反を検討する際に,①区別がどのように生じているか,②区別を生じさせている立法の目的は合理的なものか,③生じている区別は立法目的と合理的な関連性を有するか,といった点を審査している。その上で,最高裁は,特に③の点につき,立法時と国内的,国際的な社会的環境が大きく変わったことや,本件区別によって生じる子の不利益が重大なことなどを指摘して,憲法違反の結論を導いた。[判例 07]でも見たように,このような事情の変化によって立法の合理性が失われ,その結果,憲法に反しているという判断は近年の最高裁がよく使う手法である。

　このような判断枠組みのもと,本判決は,国籍法3条1項が,非嫡出子の日本国籍取得について,父による認知だけでなく,父母の婚姻を要件としている点が,不合理な差別だとした。もっとも,国籍法3条1項全体が違憲無効とされてしまうと,新たな立法がなされない限り,非嫡出子が国籍を取得することができなくなる。そこで,本判決は,国籍法3条1項により国籍を取得するための要件のうち,父母の婚姻により嫡出子たる身分を取得したことという要件のみが違憲だとした。こうすることが,国籍法3条1項により不合理な差別を受ける人たちの救済にも適していると考えたのである。

09 女性の再婚禁止期間と法の下の平等

再婚禁止期間違憲判決

最高裁平成27年12月16日大法廷判決（民集69巻8号2427頁）　▶百選 I -28

 事案をみてみよう

　Xは，2008（平成20）年3月28日，前の夫と離婚し，同年10月7日，Aと結婚した。XがAとすぐに結婚しなかったことには，理由があった。民法733条1項（当時）[1]は，女性に対し，前婚の解消等の日から6か月間は再婚できないという，再婚禁止期間を定めていたからである。このためXは，再婚禁止期間が過ぎるまでAと結婚できず，望んだ時期に結婚ができなかった。Xは，これによって精神的損害を被ったと主張し，民法733条1項の規定は，女性にのみ再婚禁止期間を設け，これにより，女性のみが前婚の解消等の日から6か月の間再婚できないという区別を生じさせており，憲法14条1項・24条2項に反するとして，国家賠償請求訴訟を提起した。

　Xは，次のように主張した。①民法733条1項の趣旨は，道徳的な理由に基づいて，寡婦（夫と死別・離婚して再婚しないでいる女性）に対し，一定期間結婚を慎むことを強制するものであり，その趣旨自体に根拠がない。②仮にこの規定の趣旨が，生まれてくる子の父親を明らかにする（父性の推定の重複を回避する[2]）ために再婚を禁止するものだとしても，6か月の期間には合理性がない。つまり，民法772条2項によれば，婚姻の成立の日から200日を経過した後か，または婚姻解消・取消しの日から300日以内に生まれた子は，婚姻中に懐胎したものと推定する，とされており，これによれば，生まれてくる子が前の夫との間の子か再婚した夫との間の子かが決まらない期間（父性推定の重複期間）として設けるのは，100日間で足りるはずである（300日－200日＝100日）。したがって，再婚禁止期間は100日で済むはずであり，民法733条1項の再婚禁止期間は憲法14条1項・24条2項に違反し，国会議員（国会）は，再婚禁止期間を100日に短縮する等の改正をしていないので，Xの婚姻する権利を侵害しており，法律を改正しないこと（立法不作為）は違法である。

　第1審は，Xの主張のうち，①を退け，②について，民法733条1項の規定の趣旨は父性の推定の重複や父子関係をめぐる紛争発生を未然に防ぐことであり，合理性が認められ，その目的のために100日とすべきことが一義的に明らかであるともいいがたい，などとして，Xの訴えを退けた。控訴審も同様に退けたため，Xが上告した。[3]

✓ 読み解きポイント

① 結婚・家族関係に関する事項における平等の問題は，どのように判断されるだろうか。

* 1 ｜
民法733条1項(当時)は，「女は，前婚の解消又は取消しの日から6箇月を経過した後でなければ，再婚をすることができない。」と定めていた。

* 2 ｜
「父性の推定の重複を回避する」とは，子の父が誰であるかを確定する上での困難を回避することをさす。

* 3 ｜
再婚禁止期間を定める民法733条1項を削除・廃止しない国会の行為等が違法であるとして争われた事件は，実は本件以前にすでに存在しており，最高裁は，民法733条の趣旨を父性推定重複の回避と父子関係をめぐる紛争発生の未然防止ととらえ，国家賠償請求を退けた（最判平成7・12・5判時1563号81頁）。第1審の判断は，これをふまえつつなされている。

② 再婚禁止期間を定める民法733条1項は、憲法14条1項・24条2項に反しないだろうか。

📖 判決文を読んでみよう

(1) 憲法14条1項が、「事柄の性質に応じた合理的な根拠に基づくものでない限り、法的な差別的取扱いを禁止する趣旨のものであると解すべきことは、当裁判所の判例とするところである〔尊属殺重罰規定違憲判決（[判例 **06**]）等を引用〕。そして、本件規定〔民法733条1項〕は、女性についてのみ前婚の解消又は取消しの日から6箇月の再婚禁止期間を定めており、これによって、再婚をする際の要件に関し男性と女性とを区別しているから、このような区別をすることが事柄の性質に応じた合理的な根拠に基づくものと認められない場合には、本件規定は憲法14条1項に違反することになると解するのが相当である」。

(2) 「ところで、婚姻及び家族に関する事項は、国の伝統や国民感情を含めた社会状況における種々の要因を踏まえつつ、それぞれの時代における夫婦や親子関係についての全体の規律を見据えた総合的な判断を行うことによって定められるべきものである。したがって、その内容の詳細については、憲法が一義的に定めるのではなく、法律によってこれを具体化することがふさわしいものと考えられる。憲法24条2項は、このような観点から、婚姻及び家族に関する事項について、具体的制度の構築を第一次的には国会の合理的な立法裁量に委ねるとともに、その立法に当たっては、個人の尊厳と両性の本質的平等に立脚すべきであるとする要請、指針を示すことによって、その裁量の限界を画したものといえる。また、同条1項は、……婚姻をするかどうか、いつ誰と婚姻をするかについては、当事者間の自由かつ平等な意思決定に委ねられるべきであるという趣旨を明らかにしたものと解される[*4]。」「そうすると、婚姻制度に関わる立法として、婚姻に対する直接的な制約を課すことが内容となっている本件規定については、その合理的な根拠の有無について以上のような事柄の性質を十分考慮に入れた上で検討をすることが必要である。」「そこで、本件においては、上記の考え方に基づき、本件規定が再婚をする際の要件に関し男女の区別をしていることにつき、そのような区別をすることの立法目的に合理的な根拠があり、かつ、その区別の具体的内容が上記の立法目的との関連において合理性を有するものであるかどうかという観点から憲法適合性の審査を行うのが相当である。」

(3) ①立法経緯や民法中の位置づけからすると、民法733条1項の立法目的は、女性の再婚後に生まれた子につき、父性の推定の重複を回避し、父子関係をめぐる紛争の発生を未然に防ぐことにあると解され、これには合理性を認めることができる。次に、②6か月の再婚禁止期間が立法目的との関連で合理性を有するかについてであるが、(i)民法772条2項によれば、女性の再婚後に生まれる子については、計算上100日の再婚禁止期間を設けることで父性推定の重複が回避される。100日について一律に女性の再婚を制約することは、明確で画一的な基準から父性を推定し、父子関係を早期に定め、法的安定性を図る仕組みが設けられた趣旨にかんがみれば、立法目

*4

最高裁はこの点を、「婚姻をするについての自由」と位置づけ、憲法24条1項の趣旨に照らし、十分尊重に値するものとしている。婚姻が配偶者の相続権（民890条）などの関係で重要な法的効果を与えるものであることや、国民の間に法律婚を尊重する意識が幅広く浸透していると考えられることなども背景としている。

的との関連において合理性を有するということができる。(ⅱ)これに対し，100日超過部分については，父性推定の重複を回避するために必要な期間とはいえない。父子関係確定のための医療や科学技術が進歩したことや，社会状況等の変化に伴い婚姻・家族の実態が変化し，再婚への制約をできる限り少なくするという要請が高まっている事情，そして婚姻をするについての自由が憲法24条1項の趣旨に照らし十分尊重されるべきものであることなどを考慮すれば，100日超過部分は合理性を欠いた過剰な制約となっている。「以上を総合すると，本件規定のうち100日超過部分は，遅くともXが前婚を解消した日から100日を経過した時点までには，婚姻及び家族に関する事項について国会に認められる合理的な立法裁量の範囲を超えるものとして，その立法目的との関連において合理性を欠くものとなっていたと解される。」以上の次第で，100日超過部分は，憲法14条1項に違反するとともに，同24条2項にも違反するに至っていたというべきである。

⇩ この判決が示したこと ⇩

①　憲法14条1項は，合理的な根拠に基づかない差別を禁止しており，民法733条1項による区別も同様に判断されるが，その合憲性は，婚姻をすることについての自由（憲24条1項の趣旨）などを十分考慮に入れた上で検討することが必要である，と判断した。

②　民法733条1項の立法目的は合理性があり，100日の再婚禁止期間を設ける部分は立法目的との関連において合理性を有するが，100日超過部分については合理性を有さず，憲法14条1項・24条2項に違反する，と判断した。

☞ 解説

　本判決は，民法733条1項のうち，再婚禁止期間について100日を超える部分を違憲とした。憲法学説では，①本件規定を全面的に違憲とする考え方と，②本判決同様，100日を超える部分は過剰な規制とする考え方などがあった。本判決は，これまでの憲法14条1項の判断枠組みを維持しつつ（判決文(1)），家族関係に関わる立法である点で，憲法24条の趣旨を十分考慮に入れて区別の合理性を判断すべきこととし（判決文(2)），家族関係をめぐる制度の平等問題について，社会状況の変化等もふまえながら，より慎重な判断を示した（判決文(3)）。

　なお，本件訴えは国家賠償請求訴訟であったため，仮に違憲部分があったとしても，それが国家賠償法上違法の評価を受けるのかという問題がある。最高裁は，立法（不作為）の違法性について，ある法律の規定が憲法上保障・保護された権利・利益を合理的理由なく制約するものとして，憲法の規定に違反するものであることが明白であるにもかかわらず，国会が正当な理由なく長期にわたってその改廃等の立法措置を怠る場合などには国家賠償法上違法の評価を受ける，という枠組みを示し，100日超過部分は違憲であるものの，上で述べたような場合にあたるとはいえず，同法上は違法とはいえない，とした。

＊5｜
本判決でも，①の考え方に立つ裁判官がいた（鬼丸かおる裁判官の意見，山浦善樹裁判官の反対意見）。

＊6｜
その意味で，この判決は，平等についての形式的な審査（立法目的と手段が形の上で合理的に関連していれば足りる）にとどまらず，立法目的達成手段が相当かどうかを，より立ち入って判断しようとしている（手段の相当性を実質的に審査する。本判決の千葉勝美裁判官補足意見参照）。また，夫婦同氏違憲訴訟（[判例10]）も参照。

＊7｜
この判断枠組みは，＊3の平成7年の最高裁判決とはもちろん，在外日本人選挙権規定違憲判決（[判例37]）で示された立法不作為の違憲性の枠組みとも，微妙に異なる。本判決で山浦善樹裁判官は，民法733条1項の再婚禁止期間を定める規定の全部が違憲であり，国会が，Xが前夫と離婚した2008（平成20）年3月までの時点でこの規定を廃止する措置をとらなかったことは国家賠償法上違法となる，とする反対意見を付している。
なお，民法733条1項は，その後，この判決の趣旨に沿う形で，「女は，前婚の解消又は取消しの日から起算して100日を経過した後でなければ，再婚をすることができない」と改正され（2016〔平成28〕年），さらに，2022（令和4）年12月の民法改正により，民法733条が削除され，再婚禁止期間が撤廃された。

事案をみてみよう

　民法750条は，「夫婦は，婚姻の際に定めるところに従い，夫又は妻の氏を称する」と定め，夫か妻かのどちらかの氏（姓・苗字）に合わせなければ結婚が認められないことになっている。実際には妻の側が氏を変える場合がほとんどであるところ，仕事の関係や，そもそも自分のアイデンティティとして，結婚前の氏を結婚後も名乗り続けたいと考える女性も多い。そこで，民法を改正して，夫婦が希望すれば，結婚後もそれぞれが以前からの氏を名乗り続けることを認める仕組み（選択的夫婦別氏制）を導入すべきだとの主張がなされてきた。しかし，夫婦別氏制を認めると，一体感のある夫婦・家庭が損なわれるなどの理由からこれに反対する意見も根強く，この改正は現在まで実現していない。

　この事件では，結婚前の氏を通称として使用している者または氏の選択をせずに提出した婚姻届が不受理とされた者が原告となって，民法750条は実際には女性に不利益をもたらしているので憲法違反であり，夫婦別氏制という選択肢を新たに設けない立法不作為が国家賠償法1条1項の適用上違法であるとして損害賠償を求めた。第1審，控訴審ともに原告の主張は認められなかったので，上告した。

☑ 読み解きポイント

① 氏の変更を強制されない自由は憲法13条で保障されるか。
② 民法750条は条文の文言上男女間で差別をしているか。
③ 民法750条は婚姻の自由を直接に制約しているか。憲法24条は婚姻・家族に関する法制度の構築にあたりどのような意味をもつか。

📖 判決文を読んでみよう

(1) 「氏に，名とは切り離された存在として社会の構成要素である家族の呼称としての意義があることからすれば，氏が，親子関係など一定の身分関係を反映し，婚姻を含めた身分関係の変動に伴って改められることがあり得ることは，その性質上予定されている」。

　「現行の法制度の下における氏の性質等に鑑みると，婚姻の際に『氏の変更を強制されない自由』が憲法上の権利として保障される人格権[*1]の一内容であるとはいえない。本件規定〔民法750条〕は，憲法13条に違反するものではない。」

*1｜

人格権とは，個人の尊厳を保つために必要となる人格的利益の総称のことである。もともとは，私法上の権利であり，民法710条は身体，自由，名誉を挙げるが，これら以外にも，判例によって氏名，プライバシー，輸血拒否などが人格権の内容に含まれ保護されるとされている。そして，民法には人格権を保障する規定がないため，（個人の尊重をうたう憲法13条に基礎づけられた）憲法上の権利であるとしてとらえられるようになった。

(2) 「憲法 14 条 1 項は，法の下の平等を定めており，この規定が，事柄の性質に応じた合理的な根拠に基づくものでない限り，法的な差別的取扱いを禁止する趣旨のものであると解すべきことは，当裁判所の判例とするところである」。

「本件規定は，夫婦が夫又は妻の氏を称するものとしており，夫婦がいずれの氏を称するかを夫婦となろうとする者の間の協議に委ねているのであって，その文言上性別に基づく法的な差別的取扱いを定めているわけではなく，本件規定の定める夫婦同氏制それ自体に男女間の形式的な不平等が存在するわけではない。我が国において，夫婦となろうとする者の間の個々の協議の結果として夫の氏を選択する夫婦が圧倒的多数を占めることが認められるとしても，それが，本件規定の在り方自体から生じた結果であるということはできない。」

(3) 「憲法 24 条は，1 項において『婚姻は，両性の合意のみに基いて成立し，夫婦が同等の権利を有することを基本として，相互の協力により，維持されなければならない。』と規定しているところ，これは，婚姻をするかどうか，いつ誰と婚姻をするかについては，当事者間の自由かつ平等な意思決定に委ねられるべきであるという趣旨を明らかにしたものと解される。

本件規定は，婚姻の効力の一つとして夫婦が夫又は妻の氏を称することを定めたものであり，婚姻をすることについての直接の制約を定めたものではない。仮に，婚姻及び家族に関する法制度の内容に意に沿わないところがあることを理由として婚姻をしないことを選択した者がいるとしても，これをもって，直ちに上記法制度を定めた法律が婚姻をすることについて憲法 24 条 1 項の趣旨に沿わない制約を課したものと評価することはできない。」

「婚姻及び家族に関する事項は，関連する法制度においてその具体的内容が定められていくものであることから，当該法制度の制度設計が重要な意味を持つものであるところ，憲法 24 条 2 項は，具体的な制度の構築を第一次的には国会の合理的な立法裁量に委ねるとともに，その立法に当たっては，同条 1 項も前提としつつ，個人の尊厳と両性の本質的平等に立脚すべきであるとする要請，指針を示すことによって，その裁量の限界を画したものといえる。」そして憲法 24 条の「要請，指針は，……憲法上直接保障された権利とまではいえない人格的利益をも尊重すべきこと，両性の実質的な平等が保たれるように図ること，婚姻制度の内容により婚姻をすることが事実上不当に制約されることのないように図ること等についても十分に配慮した法律の制定を求めるものであり，この点でも立法裁量に限定的な指針を与えるものといえる」。

「婚姻及び家族に関する法制度を定めた法律の規定が憲法 13 条，14 条 1 項に違反しない場合に，更に憲法 24 条にも適合するものとして是認されるか否かは，当該法制度の趣旨や同制度を採用することにより生ずる影響につき検討し，当該規定が個人の尊厳と両性の本質的平等の要請に照らして合理性を欠き，国会の立法裁量の範囲を超えるものとみざるを得ないような場合に当たるか否かという観点から判断すべきものとするのが相当である。」夫婦同氏制について検討すると，一方でこの制度が社会に定着してきたこと，同氏により同じ家族の構成員であると実感することに意義があることなどが認められる。他方，改姓によるアイデンティティの喪失感や婚姻前の氏

を使用する中で形成してきた個人の社会的な信用，評価，名誉感情等の維持の困難さなどの不利益，夫の氏を選択する夫婦が圧倒的に多いことから女性がこれらの不利益を受ける場合が多い現状，その不利益を避けるため婚姻をしない選択をする者の存在などが認められるが，上記不利益は，通称使用の広まりにより一定程度は緩和されうる。これらを総合的に考慮すると，夫婦同氏制が「直ちに個人の尊厳と両性の本質的平等の要請に照らして合理性を欠く制度であるとは認めることはできない」。

⇩ この判決が示したこと ⇩

① 婚姻の際に「氏の変更を強制されない自由」は憲法上の権利としての人格権の保護範囲に含まれないので，民法750条は憲法13条に違反しない。

② 民法750条は，文言上，男女間に不平等が存在するわけではないので憲法14条1項に違反しない。

③ 民法750条は婚姻の自由を直接に制約するものではないとして憲法24条1項に違反しないとした。その上で，憲法24条は婚姻・家族に関する法制度の構築を立法裁量にゆだねつつ，個人の尊厳と両性の本質的平等などに配慮すべきだという立法の指針を与えた規定であるとして，民法750条が合理性を欠き立法裁量の範囲を超えていないかを検討し，通称の使用などを総合的に考慮すると，合理性を欠くものとはいえない。

📖 **解説**

本件で最高裁は，民法750条の夫婦同氏制——そして選択的夫婦別氏制がないこと——が男女間で不平等な取扱いをしていないかという点について，まず，端的に，法の下の平等を定める憲法14条1項に違反していないかを審査している。しかし，民法750条の条文そのものは，夫婦が婚姻の時にどちらかの氏を名乗るか決めることを求めているだけで，男女間で不平等な取扱いをしていない。最高裁は，条文そのものが不平等な取扱いを含んでいる場合にだけ，憲法14条1項に違反するかどうかを問題としてきている。それゆえ，民法750条には形式的な不平等が存在しないとして，簡単に憲法14条1項には違反しないと判断した（判決文(2)）。

しかし，夫婦の話し合いで自由に決められるといっても実際には妻が氏を変える場合がほとんどであるので，民法750条の夫婦同氏制が社会の現実として女性に不利に働いていることは否めない。この点について，本判決は，民法750条が憲法24条に違反しないかを審査する中で取り上げている。憲法24条が，婚姻・家族に関する法制度をどのように設計するかについて，一定の枠の中で国会の自由な判断に任せているとしつつ（立法裁量），その枠として，憲法24条2項に明記されている「個人の尊厳」と「両性の本質的平等」に基づくべきだとの要請，指針，さらに，両性の実質的平等の確保などにも配慮すべきだとの指針があるとした。しかし，本判決は，通称使用による不利益の緩和などを総合考慮すると，夫婦同氏制が直ちに個人の尊厳と両性の本質的平等の要請に照らして合理性を欠く制度であるとは認められないので，憲法24条にも違反しないとした（判決文(3)）。

*2｜
尊属殺重罰規定違憲判決（［判例06］）であれば刑法200条（当時。以下同じ），婚外子相続分違憲決定（［判例07］）であれば民法900条4号ただし書，国籍法3条違憲判決（［判例08］）であれば国籍法3条1項，再婚禁止期間違憲判決（［判例09］）であれば民法733条という条文そのものが不平等な取扱いを含んでいることがわかるだろう。

*3｜
立法裁量については［判例27］の解説参照。

*4｜
本判決は，職場などで婚姻前の氏を通称として使用し続けることが認められることによって，それまでの社会的な信用，評価，名誉感情等の維持が可能となるので，不利益が緩和される，と考えているようである。

*5｜
これに対し，15名中5名の裁判官は，民法750条が憲法24条に違反するとの判断を示している。その後，最大決令和3・6・23判時2501号3頁は，婚姻届への氏の記載を定める戸籍法74条1号を合憲とし，最決令和4・3・22裁判所ウェブサイトも合憲判断を維持しているが，それぞれ15名中4名，5名中2名の裁判官が違憲であるとの個別意見を述べている。

Chapter II

精神的自由

Chapter ⅡからⅣまでは，日本国憲法が保障する基本的人権に関する判例をみる。まず，Chapter Ⅱでは，思想・良心の自由（19条），信教の自由（20条），表現の自由（21条），学問の自由（23条）という精神的自由を取り上げる。

これらの精神的自由は，人が自分らしく生きていく上で重要なものである。人は，生きていく上でさまざまな困難にぶつかり悩む。自分が生きる意味を問うことで，人は，みずからの人生観や世界観をもつことになる。中には，人間を超えた何か（神など）を信じるにいたった人もいるだろう。このような意味で，「思想・良心」や「宗教」は，私たちの生を根本で支えるものである。また，哲学であれ数学であれ，この世界の真理を追究したいという人にとって，学問の自由はとても大切なものである。そしてまた，人は，周囲の人々，そして社会と関わり合いながら生きていく。その中で私たちは，自分からメッセージを発信するだけでなく，周囲からさまざまな情報を受け取るが，これらも私たちが自分らしく生きていく上で不可欠の行為である。また，これらの情報の中には，私たちの社会や政治に関わるものも含まれ，これらを自由にやりとりできることはデモクラシー（民主政）を維持するためにも不可欠である。

それゆえ，これらの精神的自由は手厚く保障するべきだと考えられている。しかし，実際には，さまざまな理由からこれらの自由が制限される。たとえば，表現の自由があるといっても，他人の名誉を傷つける表現は許されず，刑罰や損害賠償の対象となる。しかし，公権力による規制が行きすぎれば，自由が損なわれることになってしまう。そこで，さまざまな規制の合憲性が裁判で争われてきた。この章では精神的自由に関する重要な判例を検討していく。

Introduction

1. 思想・良心の自由

高校のときの先生は,「君が代」は戦前の日本の軍国主義を連想するので卒業式で歌わせるのは反対だと言っていたけれども,「君が代」は法律で国歌と定められているし, 式次第にも入っているのだから歌わなければいけないのかな?

憲法19条の思想・良心の自由は, 人の内心を保障するものである。公権力が実際に人の内心に踏み込んでその思想・良心を変えることは難しい[*1]。そこで, 思想・良心の自由の保障によって公権力がしてはいけないとされるのは, ①人のもつ思想・良心の内容を告白するよう強制すること, ②特定の思想・良心をもつことを理由に不利益を与えることだと理解されている。また, 法律などにより私たちに義務づけられている行為が自らの思想・良心に反し耐えられない場合や, 自らの所属する団体の活動が自らの思想・良心と合わない場合に, 思想・良心の自由の侵害にならないかが問題となりうる [→判例 **11**, 判例 **12**]。

[*1] もちろん, 国家ぐるみで国民に洗脳を行うことは考えられるが, それは当然, 憲法によって禁止される。

2. 信教の自由

青エンピツくんは宗教上の理由で体育の授業の欠席が許されている。これってズルくない?

憲法20条の信教の自由は, ①内心で宗教を信仰する自由, ②宗教儀式や布教活動を行う宗教的行為の自由, ③宗教団体を結成したり加入したりする宗教的結社の自由からなると理解されている。①の内容は, **1** で見た思想・良心の自由と同じように考えればよい[*2]。[判例 **13**] は, 学校で義務づけられている行為が特定の宗教の信者にとり教義上できない場合をどう考えるかが問題となっている。

また, 日本国憲法は, 信教の自由をよりよく保障するために, 国家と宗教 (宗教団体) との分離を求めている (政教分離原則)。もっとも, 現実には, 両者を完全に分離することは不可能である (政教分離原則を厳格に解すると上の青エンピツくんの例も憲法違反になってしまう)。そこで, 国家と宗教 (宗教団体) との間にはある程度の関わり合いが許されるが, それはどこまでかが問題となる。[判例 **14**] はこの点を扱う。

[*2] **1** の記述の「思想・良心」を「宗教」と置き換えてくれればよい。

3. 表現の自由

このごろ, ヘイトスピーチを取りしまるべきではないかという声が高まっているよね。でも, 先生は, それは慎重に考えなければならないと言っていた。なぜなんだろう?

憲法21条は, 表現の自由を保障している。表現とは, 自分の考えや思い, 知っていることを言葉や音楽, 絵画など, さまざまな手段を使って周囲に伝えることである。

表現の自由は，そのような表現行為が公権力により妨げられないことである。また，今日では，新聞閲読の自由が認められている［→判例 20］。他方，報道機関の取材の自由が憲法上保障されるかには曖昧なところがある［→判例 19］。[*3]

　表現の自由に対する制限にはさまざまなものがある。①事前規制は表現を行う前に表現を止める規制である［→判例 15，判例 16］。検閲は事前規制の典型であり，憲法 21 条 2 項は特に検閲の禁止を明記する。②内容規制は名誉毀損表現といった表現の内容そのものに着目をした規制である［→判例 15，判例 16，判例 17］。上のヘイトスピーチ規制も内容規制である。③表現内容中立規制は，表現の内容ではなく，ビラ配布の禁止など，時・場所・方法に着目した規制である［→判例 18］。なお，最高裁は公務員の政治活動の規制を間接的・付随的制約としていたが［→判例 21］，後にこの表現は消えた［→判例 22］。また，④表現の自由を規制する法律の文言は明確でなければならず，また，規制対象が広すぎてもいけないとされる［→判例 15，判例 24］。

　集会・結社の自由は，憲法 21 条で表現の自由と一緒に保障されているが，大勢の人が同じ目的で集まるという点で独自の意味があるとされる。集会の自由に対する規制も問題となる［→判例 23，判例 24］。

4. 学問の自由・大学の自治

> この前，大学の構内には勝手に警察官が入ってはいけないと先生から聞いたけれど，それはなぜなのだろう？

　憲法 23 条は，学問の自由を保障する。学問とは，真理を発見，探究するための活動である。学問の自由は，①学問研究をする自由，②研究成果を発表する自由，③教授の自由からなる。また，憲法 23 条は，大学の自治も保障していると理解されている。上の例は，大学の自治の問題である。［判例 25］は，学問の自由と大学の自治についての最高裁の考え方が示された有名な事件である。

5. 違憲審査基準と二重の基準論

　各種の人権制限（法律）が憲法に違反していないかを裁判所が判断するために用いるハードルが，違憲審査基準である。違憲審査基準とは，問題となっている法律が合憲となるためにクリアするべきハードルである。[*4] 裁判所はこれを用いて目的と手段を順に検討していくことで法律の合憲性を判断する。ハードルの高さ（審査基準）は，権利の性質や制限の目的・強さなどにより変わる。基本原則として，表現の自由（を中心とする精神的自由）についてはハードルを高く（審査基準を厳格に），経済的自由についてはハードルを低く（審査基準を緩やかに）するべきだという考えがある。これを「二重の基準論」という。

*3｜
学説では，これらを，表現の内容すなわち情報に着目し，「情報収集―情報提供―情報受領」という形で整理をして，「表現の自由とは情報の自由である」と説明されることも多い。これによれば新聞閲読は情報受領，取材は情報収集として表現の自由により保障される。

*4｜
日本国憲法は，公共の福祉により人権が制約されうることを予定している。しかし，かつて，日本の裁判所は，「公共の福祉」に反することを理由として簡単に人権の制約を合憲と判断していた。これを批判し，よりしっかりと違憲審査を行うべきだとして，アメリカの理論をもとに学説が提案したのが，違憲審査基準である。その後，いくつかの判例で違憲審査基準が採用されたが，その内容が学説の主張するものと違う判例や違憲審査基準を用いない判例も多い点は，学習の際に注意してほしい。

11

日の丸・君が代と思想良心の自由

国旗国歌起立斉唱強制事件

最高裁平成23年5月30日判決（民集65巻4号1780頁）　　　▶百選Ⅰ-37

事案をみてみよう

わが国では国旗・国歌としてそれぞれ「日章旗（日の丸）」や「君が代」が定められている（「国旗及び国歌に関する法律」参照）。そして、学校現場でも、学習指導要領上[*1]、入学式や卒業式等において、国旗を掲揚するとともに、国歌を斉唱するよう指導することとされている。けれども、戦前、日の丸や君が代が軍国主義のシンボルとして用いられた経緯から、これらを学校現場で用いることへの批判も強く、教員の中には、国旗掲揚・国歌斉唱の場面で、起立斉唱を拒む者が散見された。このような事態を受けて、東京都教育委員会は、都立高校等の校長らに対して、入学式や卒業式などにおいて国旗の掲揚や国歌の斉唱を適切に実施するよう通達した。

都立A高等学校でも、これを受け、2003（平成15）年度の卒業式の挙行にあたり、校長から教職員に対して、卒業式において国旗に向かって起立し国歌を斉唱する旨の職務命令が発せられていた。一方、当時A高校の教員であったXは、日本の侵略戦争の歴史を学ぶ在日朝鮮人や在日中国人の生徒に対しても「日の丸」や「君が代」を卒業式に組み入れて強制することは、教師としての良心が許さないと考えていた。そこで、卒業式の国歌斉唱の際に起立しなかったところ、職務命令違反を理由に東京都教育委員会から戒告処分[*2]を受けた。

その後、Xは定年により退職することとなったので、東京都教育委員会に、退職後の再雇用の採用選考を申し込んだところ、Xが在職中に戒告処分を受けていることを理由に不合格となった。そこで、Xは、卒業式において国旗に向かって起立し国歌を斉唱する職務命令はそもそも憲法19条に反するから違憲無効であり、そのような職務命令に反したことを理由とする不合格処分は違法だと主張したのが本件である。

✓ 読み解きポイント

① 「日の丸」や「君が代」が軍国主義等との関係で一定の役割を果たしたというXの考え方は、憲法19条が保障する思想や良心といえるか。

② 本件職務命令は、Xの思想や良心をどのような意味で制約したとされているか。

③ 本件職務命令は、どのような理由で憲法19条違反とされなかったか。

---

*1｜
学校教育法は、小学校・中学校・高等学校等の教科に関する事項を文部科学大臣が定めることとしており（33条等）、これを受けて学校教育法施行規則は、文部科学大臣が教育課程（カリキュラム）の基準を定めることとしている（52条等）。この教育課程の基準として定められるのが、学習指導要領である。学習指導要領は法律や命令・規則ではないものの、法的拘束力があるとされている。

*2｜
公務員等が職務上の義務に違反するなどした場合、懲戒処分がなされることがある。このような懲戒処分には、重いものから順に、免職、停職、減給、戒告がある（国家公務員法82条、地方公務員法29条などを参照）。本件で問題となる戒告処分とは、服務義務違反の責任を確認し、本人の将来を戒める旨の申渡しをする処分である。

判決文を読んでみよう

　Xの考えは，「『日の丸』や『君が代』が戦前の軍国主義等との関係で一定の役割を果たしたとするX自身の歴史観ないし世界観から生ずる社会生活上ないし教育上の信念等ということができる」。

　しかしながら，「学校の儀式的行事である卒業式等の式典における国歌斉唱の際の起立斉唱行為は，一般的，客観的に見て，これらの式典における慣例上の儀礼的な所作としての性質を有するものであり，かつ，そのような所作として外部からも認識されるものというべきである。したがって，上記の起立斉唱行為は，その性質の点から見て，Xの有する歴史観ないし世界観を否定することと不可分に結び付くものとはいえず，Xに対して上記の起立斉唱行為を求める本件職務命令は，上記の歴史観ないし世界観それ自体を否定するものということはできない。また，上記の起立斉唱行為は，その外部からの認識という点から見ても，特定の思想又はこれに反する思想の表明として外部から認識されるものと評価することは困難であり，職務上の命令に従ってこのような行為が行われる場合には，上記のように評価することは一層困難であるといえるのであって，本件職務命令は，特定の思想を持つことを強制したり，これに反する思想を持つことを禁止したりするものではなく，特定の思想の有無について告白することを強要するものということもできない。そうすると，本件職務命令は，これらの観点において，個人の思想及び良心の自由を直ちに制約するものと認めることはできない」。

　もっとも，起立斉唱行為は，「教員が日常担当する教科等や日常従事する事務の内容それ自体には含まれないものであって，一般的，客観的に見ても，国旗及び国歌に対する敬意の表明の要素を含む行為であるということができる。そうすると，自らの歴史観ないし世界観との関係で否定的な評価の対象となる『日の丸』や『君が代』に対して敬意を表明することには応じ難いと考える者が，これらに対する敬意の表明の要素を含む行為を求められることは，その行為が個人の歴史観ないし世界観に反する特定の思想の表明に係る行為そのものではないとはいえ，個人の歴史観ないし世界観に由来する行動（敬意の表明の拒否）と異なる外部的行為（敬意の表明の要素を含む行為）を求められることとなり，その限りにおいて，その者の思想及び良心の自由についての間接的な制約となる面がある」。

　「このような間接的な制約が許容されるか否かは，職務命令の目的及び内容並びに上記の制限を介して生ずる制約の態様等を総合的に較量して，当該職務命令に上記の制約を許容し得る程度の必要性及び合理性が認められるか否かという観点から判断するのが相当である。」

　「本件職務命令については……外部的行動の制限を介してXの思想及び良心の自由についての間接的な制約となる面はあるものの，職務命令の目的及び内容並びに上記の制限を介して生ずる制約の態様等を総合的に較量すれば，上記の制約を許容し得る程度の必要性及び合理性が認められる」。

⇩　この判決が示したこと　⇩

① Xの考え方はXの歴史観や世界観から生ずる信念である。

② 国歌起立斉唱の職務命令は，特定の歴史観や世界観を強制するものではない。もっとも，起立斉唱には，個人の歴史観や世界観に基づく行動とは異なる行為を求める側面があり，間接的に個人の歴史観や世界観を制約する側面がある。

③ ただし，このような側面があっても，起立斉唱の職務命令にも必要性や合理性があるのであって，様々な事情を総合的に衡量すれば，憲法違反ではない。

解説

　いわゆる「日の丸・君が代」問題をめぐっては，多くの訴訟が起こされてきた。本判決以前に出された重要な判決として，君が代ピアノ伴奏拒否事件（最判平成19・2・27民集61巻1号291頁）がある。これは，音楽の教員が入学式における君が代のピアノ伴奏を拒否して戒告処分を受けた事件であったが，この中で，最高裁は，入学式や卒業式などにおいて君が代のピアノ伴奏を行うことは，一般的には，特定の世界観や歴史観と不可分に結びつくわけではなく，また，入学式において，音楽の教員が君が代のピアノ伴奏を行うことは，通常想定され期待されるものでもあるので，この教員の思想および良心の自由を傷つけるものではないという理由づけを示して戒告処分を合憲だと判断している。

　本判決は，一見すると，この君が代ピアノ伴奏拒否事件の判旨を大筋で引き継いでいるが，事案の性質との関係で微妙な修正をほどこしている。すなわち，この事件で問題となっているのは，ピアノ伴奏が職務として通常想定され期待される音楽の教員ではなく，起立斉唱が「日常担当する教科等や日常従事する事務の内容それ自体には含まれない」一般の教員である。そして，いくら儀礼的なものといっても起立斉唱行為には一定の敬意の表明の要素が含まれていることまでは否定しがたく，その意味で，思想や良心に対する「間接的な制約」が生じているというのである。

　このような判旨の展開は，憲法19条をどのように解すべきかという点とも関連している。憲法19条については，学説上，思想や良心の自由を絶対的に保障したものとする見解が有力であるが，そうだとすると，思想や良心の自由に対する制約がいったん認められれば，制約をしている法律や命令，処分などは直ちに違憲無効となるだろう。しかし，本判決では，このような硬直的な判断枠組みを避け，間接的な制約という考え方をとることによって，職務命令の目的や内容，制約の態様などを較量しようというのである。

　本判決では，このような較量の枠組みを前提にしつつ，なお本件職務命令は合憲だとされている。もっとも，職務命令違反を理由に，たとえば戒告処分よりも重い処分がなされるなどの場合には，異なる結論が導かれる可能性もある。

12

団体の意思決定と構成員の思想・良心の自由

南九州税理士会事件

最高裁平成8年3月19日判決（民集50巻3号615頁）　　　▶百選I-36

 事案をみてみよう

　さまざまな経済活動をする中で，私たちは，税金（租税）を納めることが求められる（憲法は，国民の義務として納税の義務を定めている〔憲30条〕）。とはいえ，税に関する法（租税法）はとても複雑で，一般市民がみてすぐにわかるような仕組みにはなっていない。そこで，税に関する専門家として，独立した公正な立場から，市民が適正に納税の義務を果たせるよう支援するのが，税理士である。[*1]

　税理士によって組織される団体として，税理士会がある。これは，税理士等に対する指導・連絡・監督に関する事務を行うことを目的として，税理士法の規定に基づき設立される法人である（49条6項・7項）。税理士会は，国税局の管轄区域ごとに1つ設けることとされている（49条1項）。その全国的組織として設立されるのが，日本税理士会連合会（以下「連合会」という）である（49条の13第1項）。税理士の資格を得た者が税理士となるためには，連合会に備えられた税理士名簿に氏名・生年月日・事務所の名称や所在地などを登録しなければならない（18条・19条）。そして，その登録を受けた税理士事務所等のある区域に設立されている税理士会の会員となることになっている（49条の6第1項）。つまり，税理士として仕事をするのであれば，当然に税理士会に加入する仕組みになっている（登録即入会制・強制加入制などといわれる）。現在，東京国税局・大阪国税局等のそれぞれの管轄に応じて，15の税理士会があり，九州南部の各県（熊本・大分・鹿児島・宮崎）をカバーする税理士会として，南九州税理士会がある。

　税理士法は戦後何度か改正されてきたが，その背景には，連合会による政治への働きかけもあった。1960年代には，税理士業界の政治的要求実現のための団体が組織され，これがのちに日本税理士政治連盟となり，各税理士会に対応する形で政治連盟が組織された。南九州税理士会の地区にも，「南九州税理士政治連盟」が組織され，南九州の各県に，それぞれ「政治連盟」が組織された。これらの「政治連盟」は，いずれも政治資金規正法上の政治団体とされる。[*2]1970年代には，税理士会の使命の明確化や自主権の確立などを目的として，連合会が税理士法改正案を独自に起草し，当時の大蔵省などに要望することなどもあった（この改正運動は成功しなかったが，その後もさまざまな政治運動が繰り広げられた）。

　南九州税理士会は，1978（昭和53）年の定期総会において，税理士法改正運動に要する特別資金とするため，全額を南九州各県の政治連盟に配布するものとして，会員から特別会費5000円を徴収する旨の決議をした。[*4]Xは，熊本県内で税理士として活

*1｜
税理士は，他人の求めに応じ，租税に関し，税務代理（国税庁や税務署など，税務官公署に対し，租税に関する法令等に基づく申告等の代理・代行などを行うこと），税務書類の作成または税務相談を行うことなどを業とする（税理士法2条1項）。

*2｜
政治資金規正法とは，政治団体や公職の候補者によって行われる政治活動を国民の監視と批判の下に置くため，政治団体の届出，政治団体等にかかる政治資金の収支等を規正するものである。「政治団体」とは，政治上の主義・施策の推進または反対等を本来の目的とする団体や，特定の公職の候補者を推薦・支持・反対等することを本来の目的とする団体などをいう（3条1項）。なお「規正」とは，ある事柄を規律するものの，その規律の目的や成果を公正な姿に当てはめるということに重点を置く場合に用いられるとされる。

＊3

当時の改正案（「税理士
法改正に関する基本要
綱」）では，税理士の職
責として，「租税に関す
る国民の権利を擁護し，
納税義務の適正な実現
を図る」ことを掲げるべ
きであるとか，税理士会
の自主権の確立として，
税理士に対する懲戒権
等を税理士会にゆだね
るべきである（当時は国
税庁長官に権限があっ
た）ことなどが盛り込ま
れていた。

＊4

現在では，会社・労働組
合等その他の団体は，政
党および政治資金団体
以外の者に対し，政治
活動に関する寄付をし
てはならないとされてい
る（政治資金規正法21
条1項）。税理士政治連
盟のような政治団体へ
の献金も，今日では禁止
されることになると考えら
れる。

動しており，連合会および南九州税理士会の会員であったが，この運動に反対してい
たため，この特別会費を納入しなかった。一方，南九州税理士会の規則では，選挙の
年の3月末現在で会費を滞納している者については，南九州税理士会の役員の選挙
権・被選挙権を認めない旨の規定があった。そこで同税理士会は，本件特別会費の滞
納を理由に，1979～1991（昭和54～平成3）年までに行われた役員選挙においてXを
選挙人名簿に登録しないまま選挙を実施した。このため，Xはこれらの選挙に投票等
をすることができなかった。

　Xは，①南九州税理士会は公的性格を持つ強制加入団体である以上，政治団体への
寄付は同税理士会の目的外の行為であるから，本件特別会費の決議は無効である，②
本件決議は南九州各政治連盟への配布が表示されていたから，この運動に反対の意見
を有していたXから強制的に会費を徴収することは，Xの思想・信条の自由（憲19
条）を侵害し公序良俗に反するなどとして，本件特別会費の納入義務のないことの確
認などを求め，訴えを起こした。第1審はXの主張を認め，本件特別会費の納入義
務のないことの確認をしたが，控訴審ではXの主張が退けられたので，Xが上告した。

☑ **読み解きポイント**

① 税理士会の目的の範囲は，会社（［判例02］参照）の場合と比較して，どのよう
に理解するべきだろうか。

② 税理士会による政治団体に対する金銭の寄付は，憲法との関係ではどのよう
な意味を持つだろうか。

📖 判決文を読んでみよう

(1) 「税理士会が政党など〔政治資金〕規正法上の政治団体に金員の寄付をすること
は，たとい税理士に係る法令の制定改廃に関する政治的要求を実現するためのもので
あっても，法〔税理士法。以下同じ〕49条2項〔現行では6項〕で定められた税理士会
の目的の範囲外の行為であり，右寄付をするために会員から特別会費を徴収する旨の
決議は無効であると解すべきである。」

(2) 「税理士会は，会社とはその法的性格を異にする法人であって，その目的の範
囲については会社と同一に論ずることはできない。」「税理士会は，税理士の使命及び
職責にかんがみ，税理士の義務の遵守及び税理士業務の改善進歩に資するため，会員
の指導，連絡及び監督に関する事務を行うことを目的として，法が，あらかじめ，税
理士にその設立を義務付け，その結果設立されたもので，その決議や役員の行為が法
令や会則に反したりすることがないように，大蔵大臣〔当時。現在は財務大臣〕の……
監督に服する法人である。また，税理士会は，強制加入団体であって，その会員には，
実質的には脱退の自由が保障されていない……。」「税理士会は，以上のように，会社
とはその法的性格を異にする法人であり，その目的の範囲についても，これを会社の
ように広範なものと解するならば，法の要請する公的な目的の達成を阻害して法の趣
旨を没却する結果となることが明らかである。」

\ Point /

(3) 「法が税理士会を強制加入の法人としている以上，その構成員である会員には，様々の思想・信条及び主義・主張を有する者が存在することが当然に予定されている。したがって，税理士会が……決定した意思に基づいてする活動にも，そのために会員に要請される協力義務にも，おのずから限界がある。」「特に，政党など規正法上の政治団体に対して金員の寄付をするかどうかは，選挙における投票の自由と表裏を成すものとして，会員各人が市民としての個人的な政治的思想，見解，判断等に基づいて自主的に決定すべき事柄であるというべきである。」

(4) 「そうすると，前記のような公的な性格を有する税理士会が，このような事柄を多数決原理によって団体の意思として決定し，構成員にその協力を義務付けることはできないというべきであり〔最判昭和50・11・28民集29巻10号1698頁〔国労広島地本事件・百選Ⅱ-145〕参照〕，税理士会がそのような活動をすることは，法の全く予定していないところである。税理士会が政党など規正法上の政治団体に対して金員の寄付をすることは，たとい税理士に係る法令の制定改廃に関する要求を実現するためであっても，法……所定の税理士会の目的の範囲外の行為といわざるを得ない。」

Point

⬇ この判決が示したこと ⬇

① 税理士会の目的の範囲について，税理士法で定められた税理士会の目的や税理士会が国の監督等に服する点，そして強制加入団体であることなどを踏まえ，会社のように目的の範囲を広く解すると，同法が要請する公的な目的の達成を阻害し，その趣旨を没却する結果となるとした。

② 税理士会が強制加入団体であることから，その目的の範囲の判断については，会員である税理士の思想・信条の自由との関係で一定の配慮が必要であり，特に，政党など政治資金規正法上の政治団体に対して金員の寄付をするかどうかは，選挙における投票の自由と表裏を成すものとして，会員各人が市民としての個人的な政治的思想，見解，判断等に基づいて自主的に決定すべき事柄であるというべきであるとした。

☞ 解説

八幡製鉄献金事件（[判例 02]）では，会社による政治献金がその目的の範囲内かが主として争われ，構成員との関係についてはそれほど焦点が当たらなかった。これに対し本判決では，団体の目的の範囲と，その構成員との関係が正面から問題となった。

この場合，一般に，(a)問題となる活動がその団体の目的の範囲内のものといえるか，(b)仮にそれらが目的の範囲内だとして，その構成員との関係でどのように評価すべきか，という問題を区別できる。[*5] 最高裁は，本判決で，税理士会が政治団体に金銭を寄付することについて，税理士会の公的性格と並んで，強制加入団体であることから，特に構成員の思想・信条の自由との関係で，その目的の範囲を会社のように広く解することはできず，その活動にも限界があるとした。Xの主張のうち，①は(a)に，②は(b)に対応するといえるが，本判決は，本件において①・②を密接に関連し

*5
このような判断枠組みを示したのが，判決文 (4)で引用されている国労広島地本事件である。この判決では，労働組合が行った臨時組合費の徴収について，①労働組合の目的の範囲を広く捉えつつ，しかし②構成員（組合員）との関係では，組合員が組合脱退の自由が事実上制約されていることなどを踏まえ，協力義務の範囲について，組合活動の内容・性質と協力義務の内容・程度等とを比較考量するアプローチを示した。その上で，政治的活動に関わる協力義務について，特に選挙での特定候補者支援のためにその所属政党に寄付する資金の徴収は違法とした。

ていると捉えたものともいえる。

　税理士会と同じく，強制加入制を伴う公的な団体については，その構成員にどこまで負担等を課すことができるかがしばしば争われている。最高裁は，同じく強制加入団体である司法書士会が，阪神・淡路大震災で被災した兵庫県司法書士会に対し，復興支援金の寄付のため，会員（司法書士）から特別負担金の徴収を決議したことについて，司法書士会の目的の範囲内（権利能力の範囲内）であって，協力義務としても肯定しうるものとした（最判平成14・4・25判時1785号31頁）。また，下級審裁判例であるが，やはり強制加入団体である日本弁護士連合会（日弁連）が，総会においてスパイ防止法案（防衛秘密を外国に通報する行為等の防止に関する法律案）反対決議をしたことについて，これが日弁連の目的の範囲を逸脱し，これと見解を異にする会員（弁護士）の思想・信条の自由等を侵害するものとして，決議の無効確認等を求めて争われた事例がある（裁判所はその主張を退けた〔東京地判平成4・1・30判時1430号108頁〕。控訴審・上告審も訴えを退けた）。

<table>
<tr><td>13</td><td>宗教上の理由に基づく
剣道の不受講</td></tr>
</table>

神戸高専剣道実技履修拒否事件

最高裁平成8年3月8日判決（民集50巻3号469頁）　　　　▶百選Ⅰ-41

 ## 事案をみてみよう

　Xは，ある宗教（エホバの証人）を信仰していた。その宗教では，聖書が平和の精神を説いていることが重視され，剣道などの格技は実際に人と争うときに用いられる技術であり，これを練習し身につけてはならないとされている。

　ところが，Xの入学した神戸市立高等専門学校では，1年生の体育科目の授業の種目として剣道が採用されていた。そこで，Xは，学校に，宗教上の理由で剣道実技に参加することができないことを説明し，代わりにレポート提出などの措置を認めてほしいと申し出た。しかしながら，学校はこれを拒否し，剣道実技に参加しないのであれば欠席扱いにすると言った。

　実際の剣道の授業でも，Xは，準備体操や講義などには参加したものの，実技は見学するにとどめ，その内容をもとに作成したレポートを提出したが，学校は受取りを拒否した。

　その結果，Xは体育の成績で赤点の評価を受け，ひいてはそれが原因で原級留置処分[*1]を受けた。翌年も同様で，結果，学則により，Xは神戸高専を退学させられることになってしまった。そこで，Xは，校長（Y）を相手に，原級留置処分や退学処分の取消しを求めた。

✓ 読み解きポイント

① 留年や退学といった処分が違法となるのはどのようなときか。
② 学校側は剣道実技の授業時にどのような点に配慮すべきだったか。
③ 特定の信仰を理由に授業の代替措置を認めることは政教分離に反するか。

判決文を読んでみよう

　「高等専門学校の校長が学生に対し原級留置処分又は退学処分を行うかどうかの判断は，校長の合理的な教育的裁量にゆだねられるべきものであり，裁判所がその処分の適否を審査するに当たっては」，「校長の裁量権の行使としての処分が，全く事実の基礎を欠くか又は社会観念上著しく妥当を欠き，裁量権の範囲を超え又は裁量権を濫用してされたと認められる場合に限り，違法であると判断すべきものである」。「しかし，退学処分は学生の身分をはく奪する重大な措置であり……その要件の認定につき

Point

*1

原級留置とは，いわゆる落第や留年のこと。神戸高専では，学校が定める進級等認定規程により，当該学年において習得しなければならないとされている科目の全部について不認定のないことが進級に必要とされ，科目が不認定とされるのは，科目担当教員が，生徒の学習態度等と試験成績とを総合して100点法で評価した学業成績が55点未満の場合であるとされていた。また，休学による場合のほか，連続して2回原級にとどまることはできず，校長は，学則等に基づいて，連続2回原級に留め置かれた者に退学を命じることができるとされていた。

他の処分の選択に比較して特に慎重な配慮を要するものである」。また，「その学生に与える不利益の大きさに照らして，原級留置処分の決定に当たっても，同様に慎重な配慮が要求されるものというべきである」。

　「高等専門学校においては，剣道実技の履修が必須のものとまではいい難く，体育科目による教育目的の達成は，他の体育種目の履修などの代替的方法によってこれを行うことも性質上可能というべきである。」

Point

　他方，「Xが剣道実技への参加を拒否する理由は，Xの信仰の核心部分と密接に関連する真しなものであった」。「Xは，信仰上の理由による剣道実技の履修拒否の結果として，他の科目では成績優秀であったにもかかわらず，原級留置，退学という事態に追い込まれたものというべきであり，その不利益が極めて大きいことも明らかである。また，本件各処分は，その内容それ自体においてXに信仰上の教義に反する行動を命じたものではなく，その意味では，Xの信教の自由を直接的に制約するものとはいえないが，しかし，Xがそれらによる重大な不利益を避けるためには剣道実技の履修という自己の信仰上の教義に反する行動を採ることを余儀なくさせられるという性質を有するものであったことは明白である。」

　「Yの採った措置が，信仰の自由や宗教的行為に対する制約を特に目的とするもの」ではなかったとしても，「本件各処分が右のとおりの性質を有するものであった以上，Yは，前記裁量権の行使に当たり，当然そのことに相応の考慮を払う必要があったというべきである。また，Xが，自らの自由意思により，必修である体育科目の種目として剣道の授業を採用している学校を選択したことを理由に，先にみたような著しい不利益をXに与えることが当然に許容されることになるものでもない」。

　神戸高専においては，「『エホバの証人』である学生が，信仰上の理由から格技の授業を拒否する旨の申出をするや否や，剣道実技の履修拒否は認めず，代替措置は採らないことを明言し，X及び保護者からの代替措置を採って欲しいとの要求も一切拒否し，剣道実技の補講を受けることのみを説得したというのである。本件各処分の前示の性質にかんがみれば，本件各処分に至るまでに何らかの代替措置を採ることの是非，その方法，態様等について十分に考慮するべきであったということができるが，本件においてそれがされていたとは到底いうことができない」。

　「信仰上の理由に基づく格技の履修拒否に対して代替措置を採っている学校も現にあるというのであり，他の学生に不公平感を生じさせないような適切な方法，態様による代替措置を採ることは可能である」。「また，履修拒否が信仰上の理由に基づくものかどうかは外形的事情の調査によって容易に明らかになるであろうし，信仰上の理由に仮託して履修拒否をしようという者が多数に上るとも考え難い」。「さらに，代替措置を採ることによって，神戸高専における教育秩序を維持することができないとか，学校全体の運営に看過することができない重大な支障を生ずるおそれがあったとは認められない」。「そうすると，代替措置を採ることが実際上不可能であったということはできない。」

Point

　「代替措置を採ることは憲法20条3項に違反するとも主張するが，信仰上の真しな理由から剣道実技に参加することができない学生に対し，代替措置として，例えば，

他の体育実技の履修，レポートの提出等を求めた上で，その成果に応じた評価をすることが，その目的において宗教的意義を有し，特定の宗教を援助，助長，促進する効果を有するものということはできず，他の宗教者又は無宗教者に圧迫，干渉を加える効果があるともいえないのであって，およそ代替措置を採ることが，その方法，態様のいかんを問わず，憲法20条3項に違反するということができないことは明らかである。」また，「学生が信仰を理由に剣道実技の履修を拒否する場合に，学校が……当事者の説明する宗教上の信条と履修拒否との合理的関連性が認められるかどうかを確認する程度の調査をすることが公教育の宗教的中立性に反するとはいえないものと解される」。

「以上によれば……Yの措置は，考慮すべき事項を考慮しておらず，又は考慮された事実に対する評価が明白に合理性を欠き，その結果，社会観念上著しく妥当を欠く処分をしたものと評するほかはなく，本件各処分は，裁量権の範囲を超える違法なものといわざるを得ない。」

⇩ **この判決が示したこと** ⇩

① 留年や退学といった重大な処分をするには，慎重な配慮が要求され，そのような配慮に欠けるときには，校長の処分は違法となる。
② 剣道実技の受講の代わりにレポートを提出させることなどが可能であったこと，剣道実技の受講拒否が，Xの信仰上の理由に基づく真しなものであったことなどに対する配慮が欠けており，処分は違法である。
③ 信仰を理由に特別扱いすることは政教分離原則（憲20条3項）に反しない。

☝ **解説**

　教育は生身の生徒・学生を相手に行われるのであって，生徒や学生に日常向き合っている校長をはじめとした先生たちにこそ，最も適切な判断が期待できる。したがって，そのような先生たちの判断は，裁判所といえども，一定程度，尊重すべきであろう。本判決では，このような考え方を（校長に）「教育的裁量」（がある）という言い方で表している。このような場合には，裁判所は，①全く事実の基礎を欠く場合や，②社会観念上著しく妥当を欠く，といった場合に限り違法だと判断するとした。

　もっとも，留年や退学は，学生にとってみれば重大な不利益である。そこで，本判決は，このような処分を行うにあたっては，「特に慎重な配慮」をしなければならないと指摘する。そして，Yがレポートなど，実技履修に代わる方法がありうるのにそのようにしなかったことや，Xが信仰上の理由から真剣に実技履修を拒否していることなどをまじめに受け取らなかったことを非難した。

　これに対して，Y側は，さまざまな理屈をつけて，レポートなどの代わりの措置を認めることが困難だったと主張していた。その中でも特に，特定の学生につき，信仰上の理由から，必修の授業の履修を免除すれば，政教分離原則違反となるという主張が注目される。しかし，この点も含めて，本判決では，Y側の主張をすべて退けている。

事案をみてみよう

　三重県津市では，体育館を建設するにあたって，工事の安全などを祈願するために，起工式（地鎮祭）を行うこととした。地鎮祭は，市の職員が進行役を務め，神社の神主によって神道の方式で行われた。この費用（7663円）は，市の公金から支出された。

　この津市による地鎮祭の挙行および公金の支出に対して，憲法が定める政教分離原則に違反するとして，住民訴訟が提起された。

☑ 読み解きポイント

① 政教分離原則とはなにか。
② どのような場合に政教分離原則に反したといえるか。

📖 判決文を読んでみよう

　「憲法は，政教分離規定を設けるにあたり，国家と宗教との完全な分離を理想とし，国家の非宗教性ないし宗教的中立性を確保しようとしたもの，と解すべきである。

　しかしながら，元来，政教分離規定は，いわゆる制度的保障の規定であって，信教の自由そのものを直接保障するものではなく，国家と宗教との分離を制度として保障することにより，間接的に信教の自由の保障を確保しようとするものである。ところが，宗教は，信仰という個人の内心的な事象としての側面を有するにとどまらず，同時に極めて多方面にわたる外部的な社会事象としての側面を伴うのが常であって，この側面においては，教育，福祉，文化，民俗風習など広汎な場面で社会生活と接触することになり，そのことからくる当然の帰結として，国家が，社会生活に規制を加え，あるいは教育，福祉，文化などに関する助成，援助等の諸施策を実施するにあたって，宗教とのかかわり合いを生ずることを免れえないこととなる。したがって，現実の国家制度として，国家と宗教との完全な分離を実現することは，実際上不可能に近いものといわなければならない。更にまた，政教分離原則を完全に貫こうとすれば，かえって社会生活の各方面に不合理な事態を生ずることを免れないのであって，例えば，特定宗教と関係のある私立学校に対し一般の私立学校と同様の助成をしたり，文化財である神社，寺院の建築物や仏像等の維持保存のため国が宗教団体に補助金を支出したりすることも疑問とされるに至り，それが許されないということになれば，そこに

*1
国や地方公共団体は，文化財保護法や文化財保護条例を制定し，文化財のうち重要なものを国宝，重要文化財，史跡，名勝，天然記念物等として指定，選定，登録し，現状変更や輸出などについて一定の制限を課す一方，保存修理や防災施設の設置，史跡等の公有化等に対し補助を行うことにより，文化財の保存を図っている。このような文化財の中には，神社仏閣や仏像なども含まれている。文化財保護政策の概要については，文化庁ウェブサイト（http://www.bunka.go.jp/seisaku/bunkazai/）を参照のこと。

は，宗教との関係があることによる不利益な取扱い，すなわち宗教による差別が生ずることになりかねず，また例えば，刑務所等における 教誨活動^{*2} も，それがなんらかの宗教的色彩を帯びる限り一切許されないということになれば，かえって受刑者の信教の自由は著しく制約される結果を招くことにもなりかねないのである。これらの点にかんがみると，政教分離規定の保障の対象となる国家と宗教との分離にもおのずから一定の限界があることを免れず，政教分離原則が現実の国家制度として具現される場合には，それぞれの国の社会的・文化的諸条件に照らし，国家は実際上宗教とある程度のかかわり合いをもたざるをえないことを前提としたうえで，そのかかわり合いが，信教の自由の保障の確保という制度の根本目的との関係で，いかなる場合にいかなる限度で許されないこととなるかが，問題とならざるをえない」。「政教分離原則は，国家が宗教的に中立であることを要求するものではあるが，国家が宗教とのかかわり合いをもつことを全く許さないとするものではなく，宗教とのかかわり合いをもたらす行為の目的及び効果にかんがみ，そのかかわり合いが右の諸条件に照らし相当とされる限度を超えるものと認められる場合にこれを許さないとするものであると解すべきである。」

*2│
刑務所や少年院などでは，希望に応じて，民間の宗教家がボランティアで，宗教の専門家（宗教者）としての立場から，受刑者や少年院在院者等とさまざまな話をして，これらの者の改善更生と社会復帰に貢献している。これを教誨活動という。

憲法20条3項にいう宗教的活動とは，「そのかかわり合いが右にいう相当とされる限度を超えるものに限られるというべきであって，当該行為の目的が宗教的意義をもち，その効果が宗教に対する援助，助長，促進又は圧迫，干渉等になるような行為をいうものと解すべきである」。「ある行為が右にいう宗教的活動に該当するかどうかを検討するにあたっては，当該行為の主宰者が宗教家であるかどうか，その順序作法（式次第）が宗教の定める方式に則ったものであるかどうかなど，当該行為の外形的側面のみにとらわれることなく，当該行為の行われる場所，当該行為に対する一般人の宗教的評価，当該行為者が当該行為を行うについての意図，目的及び宗教的意識の有無，程度，当該行為の一般人に与える効果，影響等，諸般の事情を考慮し，社会通念に従って，客観的に判断しなければならない。」

本件起工式は，「宗教とかかわり合いをもつものであることは，否定することができない」。しかしながら，「一般人の意識においては，起工式にさしたる宗教的意義を認めず，建築着工に際しての慣習化した社会的儀礼として，世俗的な行事と評価しているものと考えられる」。また，「本件のような儀式をとり入れた起工式を行うことは，特に工事の無事安全等を願う工事関係者にとっては，欠くことのできない行事とされているのであり，このことと前記のような一般人の意識に徴すれば，建築主が一般の慣習に従い起工式を行うのは，工事の円滑な進行をはかるため工事関係者の要請に応じ建築着工に際しての慣習化した社会的儀礼を行うという極めて世俗的な目的によるものであると考えられる」。

「元来，わが国においては，……宗教意識の雑居性が認められ，国民一般の宗教的関心度は必ずしも高いものとはいいがたい。他方，神社神道自体については，祭祀儀礼に専念し，他の宗教にみられる積極的な布教・伝道のような対外活動がほとんど行われることがないという特色がみられる。このような事情と前記のような起工式に対する一般人の意識に徴すれば」，本件のような起工式が行われたとしても，「参列者及

び一般人の宗教的関心を特に高めることとなるものとは考えられず，これにより神道を援助，助長，促進するような効果をもたらすことになるものとも認められない」。

⬇ **この判決が示したこと** ⬇

① 日本国憲法は国家と宗教とを分離し，国家の宗教的中立性を確保しようとしている。

② ただし，国家と宗教との完全な分離にも限界があり，一定の関わり合いをもたざるをえないことがある。そして，宗教と関わり合いをもつ国家の行為が憲法違反になるのは，そのような行為の目的やそれがもたらす効果などにかんがみ，関わり合いが相当とされる限度を超える場合である。

☞ 解説

日本国憲法は，国家と宗教団体との関係について，一定のルールを設けている。憲法20条1項後段や3項，89条前段がそれであるが，これらの規定はまとめて国家と宗教団体ないし政治と宗教の分離（「政教分離」）を定めたものと理解されている。

国家と宗教団体との関係（政教関係）を憲法で定めるというのは，多くの国にみられる特徴であり，アメリカやフランスなども日本同様の政教分離を原則としている。もっとも，政教分離とは異なる形の政教関係を採用する国もあり（たとえばイギリスやドイツなど），政教分離だけが唯一の形ではない。

*3|
イギリスではイングランド国教会が国教とされ，ドイツではカトリック教会やプロテスタントの教会などが公認されている。

さて，国家と宗教とを分離するといっても，それほど簡単なものではない。本判決も憲法は国家と宗教の完全な分離を理想としているとしつつも，実際には不可能に近く，政教分離を徹底すると教誨活動や文化財保護などかえって不合理な帰結をもたらす例もあることを指摘している。

そうなると，国家と宗教との一定の関わり合いを避けることはできない。そこで，そのような関わり合いが，どこから憲法上許されないのかが問題になる。この点について，本判決は，国家と宗教との関わり合いが憲法違反となるかは，「当該行為の目的が宗教的意義をもち，その効果が宗教に対する援助，助長，促進又は圧迫，干渉等になる」かという観点から審査するという「目的効果基準」を示した。

本判決は，このような観点から，本件で問題になった地鎮祭は，建築着工に際し社会的儀礼を行うという世俗的な目的からなされたものであり，また，地鎮祭に対する一般人の意識からすれば，地鎮祭が宗教的意識を特に高めるものではないなどと指摘し，津市が地鎮祭を行ったことは政教分離原則に反しないとした。

本判決以後，政教分離原則が問題となるたびに，最高裁は，基本的には，この目的効果基準に従って判断をしており，違憲判決も出されている（愛媛玉ぐし料事件上告審〔最大判平成9・4・2民集51巻4号1673頁（百選Ⅰ-44）〕）。

この基準に対しては，あまりにも不明確な基準ではないかといった批判が寄せられてきたが，近年の最高裁は，本判決が目的効果基準に言及する直前に示した，政教分離原則については，「それぞれの国の社会的・文化的諸条件に照らし，国家は実際上

宗教とある程度のかかわり合いをもたざるをえないことを前提としたうえで，そのかかわり合いが，信教の自由の保障の確保という制度の根本目的との関係で，いかなる場合にいかなる限度で許されないこととなるかが，問題とならざるをえない」という基本的な考え方に立ち戻って，事件の特性を踏まえて検討する傾向にある。

このような考え方のもと，最高裁は，地域の氏子集団によって管理されている神社の敷地として市有地が無償提供されていることについて，神社が宗教的施設であり，氏子集団の宗教的活動を容易にするものであって，憲法89条や20条1項に反するとした（空知太神社事件上告審〔最大判平成22・1・20民集64巻1号1頁（百選Ⅰ-47）〕）。また，最近でも，市の管理する都市公園内にある孔子廟について，その敷地の使用料を市長が免除していることも，憲法20条3項に反するとされている（那覇孔子廟事件上告審〔最大判令和3・2・24民集75巻2号29頁〕）。

15 税関検査と検閲の禁止

札幌税関事件

最高裁昭和59年12月12日大法廷判決（民集38巻12号1308頁）　▶ 百選Ⅰ-69

事案をみてみよう

　憲法21条2項は，検閲の禁止を定める。検閲とは，典型的には戦前に内務省が新聞や書籍について発表前に提出させて行った審査のようなものを指すが，現在ではどのようなものが検閲にあたるのだろうか。

　私たちが外国から物を持ち込むときには，入国時に荷物の検査を受ける（税関検査）。そこでは，麻薬や偽ブランド商品など，国内への持込みが禁止されている物（輸入禁制品）がないかをチェックしている。輸入禁制品の一つに「公安又は風俗を害すべき書籍，図画，彫刻物その他の物品」がある（関税定率法21条1項3号〔当時。現在の関税法69条の11第1項7号〕）。X は，外国の商社から8ミリ映画フィルム[*1]や書籍を購入し配送してもらったところ，函館税関長（Y1）から税関検査の業務の委任を受けた函館税関札幌税関支署長（Y2）によって，同号に掲げる貨物（3号物件）にあたる旨の通知[*2]を受けた。X は，関税定率法21条4項（現在の関税法89条に相当）に基づき Y1 に対して異議の申出を行ったが，棄却された。そこで，X は，輸入禁制品の通知と異議申出棄却決定の取消し等を求める訴訟を提起して，①税関検査は検閲を禁止した憲法21条2項に違反する，②関税定率法21条1項3号の「風俗を害すべき」という文言は不明確で憲法21条1項に違反するなどと主張した[*3]。第1審は，税関検査は憲法21条2項が禁止する検閲に該当するとして，通知・決定を取り消した。控訴審は，税関検査は検閲にあたらないとして，第1審判決を取り消した。X が上告。

*1 ｜ 映像を記録する媒体の一種。いまでいうDVDのようなもの。

*2 ｜ この輸入禁制品の通知がなされると，荷物は税関で留め置かれることになる。

*3 ｜ このほか，本件物件はわいせつ物ではなく，仮にわいせつ物だとしても自分のために使うだけなのだから，これらを輸入禁制品に含める関税定率法21条1項3号は憲法21条1項等に違反する，また税関検査は憲法21条2項の通信の秘密に違反するとの主張も行った。

✓ 読み解きポイント

① 憲法21条2項にいう「検閲」には例外的に許される場合があると考えているだろうか。

② 憲法21条2項にいう「検閲」とは何だと述べているか。税関検査は「検閲」にあたるか。その理由は何だろうか。

③ 「風俗を害すべき書籍，図画」等という文言の明確性についてどう判断しているだろうか。

📖 判決文を読んでみよう

\ Point ／

(1)　「憲法が，……検閲の禁止についてかような特別の規定を設けたのは，検閲がその性質上表現の自由に対する最も厳しい制約となるものであることにかんがみ，こ

れについては，公共の福祉を理由とする例外の許容（憲法 12 条，13 条参照）をも認めない趣旨を明らかにしたものと解すべきである。……憲法 21 条 2 項前段の規定は，……検閲の絶対的禁止を宣言した趣旨と解されるのである。」

(2) 「憲法 21 条 2 項にいう『検閲』とは，行政権が主体となって，思想内容等の表現物を対象とし，その全部又は一部の発表の禁止を目的として，対象とされる一定の表現物につき網羅的一般的に，発表前にその内容を審査した上，不適当と認めるものの発表を禁止することを，その特質として備えるものを指すと解すべきである。」

「そこで，3 号物件に関する税関検査が憲法 21 条 2 項にいう『検閲』に当たるか否かについて判断する。

（一）税関検査の結果，……3 号物件に該当すると認めるのに相当の理由があるとして税関長よりその旨の通知がされたときは，以後これを適法に輸入する途（みち）が閉ざされること前述のとおりであって，その結果，当該表現物に表された思想内容等は，わが国内においては発表の機会を奪われることとなる。また，表現の自由の保障は，他面において，これを受ける者の側の知る自由の保障をも伴うものと解すべきところ……，税関長の右処分により，わが国内においては，当該表現物に表された思想内容等に接する機会を奪われ，右の知る自由が制限されることとなる。これらの点において，税関検査が表現の事前規制たる側面を有することを否定することはできない。

しかし，これにより輸入が禁止される表現物は，一般に，国外においては既に発表済みのものであって，その輸入を禁止したからといって，それは，当該表現物につき，事前に発表そのものを一切禁止するというものではない。また，当該表現物は，輸入が禁止されるだけであって，税関により没収，廃棄されるわけではないから，発表の機会が全面的に奪われてしまうというわけのものでもない。その意味において，税関検査は，事前規制そのものということはできない。

（二）税関検査は，関税徴収手続の一環として，これに付随して行われるもので，……思想内容等それ自体を網羅的に審査し規制することを目的とするものではない。

（三）税関検査は行政権によって行われるとはいえ，その主体となる税関は，……特に思想内容等を対象としてこれを規制することを独自の使命とするものではな〔い〕。

以上の諸点を総合して考察すると，3 号物件に関する税関検査は，憲法 21 条 2 項にいう『検閲』に当たらない」。

(3) 「表現の自由を規制する法律の規定について限定解釈をすることが許されるのは，その解釈により，規制の対象となるものとそうでないものとが明確に区別され，かつ，合憲的に規制し得るもののみが規制の対象となることが明らかにされる場合でなければならず，また，一般国民の理解において，具体的場合に当該表現物が規制の対象となるかどうかの判断を可能ならしめるような基準をその規定から読みとることができるものでなければならない」。

「これを本件についてみるのに，……関税定率法 21 条 1 項 3 号の『風俗を害すべき書籍，図画』等を猥褻（わいせつ）な書籍，図画等のみを指すものと限定的に解釈することによって，合憲的に規制し得るもののみがその対象となることが明らかにされたものとい

うことができる。また，右規定において『風俗を害すべき書籍，図画』とある文言が専ら猥褻な書籍，図画を意味することは，現在の社会事情の下において，わが国内における社会通念に合致するものといって妨げない。そして，猥褻性の概念は刑法175条の規定の解釈に関する判例の蓄積により明確化されており，規制の対象となるものとそうでないものとの区別の基準につき，明確性の要請に欠けるところはなく，前記3号の規定を右のように限定的に解釈すれば，憲法上保護に値する表現行為をしようとする者を萎縮させ，表現の自由を不当に制限する結果を招来するおそれのないものということができる。」

⇩ この判決が示したこと ⇩

① 憲法21条2項の「検閲」の禁止は絶対的である。
② 憲法21条2項の「検閲」とは**(2)**Point部分のとおりである。税関検査は，国外で発表済みの表現物の輸入を禁止するもので発表前に内容を審査してその発表を禁止するものではないなどの理由から，「検閲」にはあたらない。
③ 「風俗を害すべき書籍，図画」とはわいせつな書籍，図画だと限定解釈できることから，憲法21条1項に違反しない。

☞ 解説

　憲法21条2項は検閲の禁止を定める。学説は，これには特別な意味があり，1項の表現の自由は公共の福祉に基づく制限が認められるのに対し，2項は検閲が絶対に許されないことを定めたのだと主張してきており，最高裁もこれを認めた（判決文**(1)**）。もっとも，最高裁がいう「検閲」とは，①行政権が主体で，②思想内容等の表現物を対象とし，③その全部または一部の発表の禁止を目的として，④対象となる表現物について網羅的，一般的に，⑤発表前にその内容を審査する，という条件をすべてみたすものである（判決文**(2)**）。これにあたるものは現在の日本では考えづらい。本件でも，税関検査は外国で発表済みの表現物の輸入時の検査なので⑤をみたさないなどとして検閲ではないとした。最高裁は，有害図書指定制度や教科書検定制度も，この定義を用いて検閲にはあたらないとしている（岐阜県青少年保護育成条例事件〔最判平成元・9・19刑集43巻8号785頁（百選I-50）〕，第1次家永教科書事件〔最判平成5・3・16民集47巻5号3483頁（百選I-88）〕）。学説からは，この定義は「検閲」を狭くとらえすぎていて，国民の「知る権利」の保障の趣旨から，発表前だけでなく，発表後でも国民が受け取る前の審査であれば検閲と解すべきではないかなどの批判がある。

　税関検査が検閲にあたらず憲法21条2項に違反しないとしても，なお表現の自由の侵害として憲法21条1項に違反する可能性がある。本件では，「風俗を害すべき書籍，図画」という文言の意味があいまいで何が禁止されるのかが明らかでないので，規制は内容が明確でなければならないという要請（明確性の原則）に反しないかが問題とされた。しかし，最高裁は，「風俗を害すべき書籍，図画」がわいせつな書籍，図画のみを指すことはわかるので，明確性の原則に反しないとした（判決文**(3)**）。

<table>
<tr><td>16</td><td># 名誉毀損表現と裁判所による
出版差止め</td></tr>
</table>

名誉毀損表現と裁判所による出版差止め

「北方ジャーナル」事件

最高裁昭和61年6月11日大法廷判決（民集40巻4号872頁）　　▶ 百選Ⅰ-68

 事案をみてみよう

　北方ジャーナル社は，北海道知事選挙への立候補を予定していた Y について，「ある権力主義者の誘惑」と題する記事を雑誌「北方ジャーナル」1979（昭和54）年4月号に掲載しようとした。そこでは，Y の人格について，「嘘と，ハッタリと，カンニングの巧みな」少年であったとか，「ゴキブリ」「言葉の魔術者であり，インチキ製品を叩き売っている（政治的な）大道ヤシ」「天性の嘘つき」「美しい仮面にひそむ，醜悪な性格」「己れの利益，己れの出世のためなら，手段を選ばないオポチュニスト」「メス犬の尻のような市長」「素顔は，昼は人をたぶらかす詐欺師，夜は闇に乗ずる凶賊で，云うならばマムシの道三」などと述べ，Y の私生活について，「クラブのホステスをしていた新しい女を得るために，罪もない妻を卑劣な手段を用いて離別し，自殺せしめた」とか「老父と若き母の寵愛をいいことに，異母兄たちを追い払」ったことがあるなどと書かれていた。それを知った Y が[*1]，この記事は自分の名誉を傷つけるものだとして，札幌地方裁判所に出版差止めの仮処分命令を求めたところ[*2]，裁判所はこれを認めた。これに対して，北方ジャーナル社の代表取締役 X は，損害賠償を請求する訴訟を提起した。X の主張は，雑誌が出る前にこれを差し止めること（事前差止め）は，①憲法21条2項が禁止する検閲にあたり許されない，②また仮にこの差止めが検閲にあたらないとしても，表現行為に対する事前抑制として憲法21条1項に違反するのでやはり許されない，というものであった。X は，第1審，控訴審で敗訴したので，上告した。

*1
Yがこのことを知った経緯は気になるところであるが，判決文からは不明である。

*2
仮処分には，金銭債権以外の物に関する権利をもつ者が将来その権利の強制執行を円滑に行えるようにするために，裁判所が暫定的にその物（係争物）の現状の維持を求める命令（「係争物に関する仮処分」。民保23条1項）と，どのような権利であれ，訴訟が確定するまでの間にその権利に生じる著しい損害または急迫の危険を避けるために，裁判所がその権利関係について暫定的に発する命令（「仮の地位を定める仮処分」。民保23条2項）との2種類がある。この事件は民事保全法が制定される前のものであるが，現在であれば名誉を保護するための出版差止めは「仮の地位を定める仮処分」にあたる。

☑ 読み解きポイント

① 裁判所による事前差止めは憲法21条2項が禁止する「検閲」にあたるか。
② 名誉毀損を理由とする出版差止めの仮処分命令は「検閲」にあたらないとしても，表現の自由を侵害するもので憲法21条1項に違反しないか。

📖 判決文を読んでみよう

(1)　「憲法21条2項前段にいう検閲とは，行政権が主体となって，思想内容等の表現物を対象とし，その全部又は一部の発表の禁止を目的として，対象とされる一定の表現物につき網羅的一般的に，発表前にその内容を審査したうえ，不適当と認めるものの発表を禁止することを，その特質として備えるものを指すと解すべきことは，前

Point

掲大法廷判決〔最大判昭和 59・12・12 民集 38 巻 12 号 1308 頁（〔判例 **15**〕）〕の判示すると ころである。ところで，一定の記事を掲載した雑誌その他の出版物の印刷，製本，販 売，頒布等の仮処分による事前差止めは，裁判の形式によるとはいえ，口頭弁論ない し債務者の審尋を必要的とせず，立証についても疎明で足りるとされているなど簡略 な手続によるものであり，また，いわゆる満足的仮処分として争いのある権利関係を ^{*3} 暫定的に規律するものであって，非訟的な要素を有することを否定することはできな いが，仮処分による事前差止めは，表現物の内容の網羅的一般的な審査に基づく事前 規制が行政機関によりそれ自体を目的として行われる場合とは異なり，個別的な私人 間の紛争について，司法裁判所により，当事者の申請に基づき差止請求権等の私法上 の被保全権利の存否，保全の必要性の有無を審理判断して発せられるものであって， 右判示にいう『検閲』には当たらないものというべきである。」

(2) 「事前差止めの合憲性に関する判断に先立ち，実体法上の差止請求権の存否に ついて考えるのに，人の品性，徳行，名声，信用等の人格的価値について社会から受 ける客観的評価である名誉を違法に侵害された者は，損害賠償（民法 710 条）又は 名誉回復のための処分（同法 723 条）を求めることができるほか，人格権としての 名誉権に基づき，加害者に対し，現に行われている侵害行為を排除し，又は将来生ず べき侵害を予防するため，侵害行為の差止めを求めることができる」。「しかしながら， ^{*4} 言論，出版等の表現行為により名誉侵害を来す場合には，人格権としての個人の名誉 の保護（憲法 13 条）と表現の自由の保障（同 21 条）とが衝突し，その調整を要す ることとなるので，いかなる場合に侵害行為としてその規制が許されるかについて憲 法上慎重な考慮が必要である。」

(3) 「表現行為に対する事前抑制は，新聞，雑誌その他の出版物や放送等の表現物 がその自由市場に出る前に抑止してその内容を読者ないし聴視者の側に到達させる途 を閉ざし又はその到達を遅らせてその意義を失わせ，公の批判の機会を減少させるも のであり，また，事前抑制たることの性質上，予測に基づくものとならざるをえない こと等から事後制裁の場合よりも広汎にわたり易く，濫用の虞があるうえ，実際上の 抑止的効果が事後制裁の場合より大きいと考えられるのであって，表現行為に対する 事前抑制は，表現の自由を保障し検閲を禁止する憲法 21 条の趣旨に照らし，厳格か つ明確な要件のもとにおいてのみ許容されうるものといわなければならない。

出版物の頒布等の事前差止めは，このような事前抑制に該当するものであって，と りわけ，その対象が公務員又は公職選挙の候補者に対する評価，批判等の表現行為に 関するものである場合には，そのこと自体から，一般にそれが公共の利害に関する事 項であるということができ，……その表現が私人の名誉権に優先する社会的価値を含 み憲法上特に保護されるべきであることにかんがみると，当該表現行為に対する事前 差止めは，原則として許されないものといわなければならない。ただ，右のような場 合においても，その表現内容が真実でなく，又はそれが専ら公益を図る目的のもので ないことが明白であって，かつ，被害者が重大にして著しく回復困難な損害を被る虞 があるときは，当該表現行為はその価値が被害者の名誉に劣後することが明らかであ るうえ，有効適切な救済方法としての差止めの必要性も肯定されるから，かかる実体

的要件を具備するときに限って，例外的に事前差止めが許される」。

↓ この判決が示したこと ↓

① 裁判所による事前差止めは，「検閲」にはあたらず，憲法21条2項に違反しない。

② 事前差止めは原則として許されないが，①表現内容が真実でないこと，またはその表現がもっぱら公益を図る目的のものでないことが明白であって，かつ②被害者が重大にして著しく回復困難な損害を被るおそれがあるときに限って例外的に許され，本件の出版差止めはこの例外にあたるので憲法21条1項に違反しない。

解説

　表現の自由は憲法上の重要な権利であるが，あらゆる表現が認められるわけではない。他人の名誉を傷つける表現もこれを行うと刑事責任（刑法230条の名誉毀損罪）や民事責任（民法709条・710条の不法行為に基づく損害賠償責任など）を負わされるが，このようなかたちでの名誉毀損表現に対する規制は許されると考えられている。[*5]

　問題は，表現を行う前にこれを止めることまで許されるかである。本件では，まず，裁判所による事前差止めが憲法21条2項の禁止する「検閲」にあたるかについて，札幌税関事件（[判例15]）で打ち立てた「検閲」の定義にこれをあてはめて，裁判所による事前差止めは，行政権が主体となって行うものでもないし，網羅的一般的に審査をするものでもないことなどから，「検閲」にはあたらないとした（判決文(1)）。

　しかし，裁判所による事前差止めは，「検閲」にあたらなくても，表現をする前に（あるいは情報が受け手に届く前に）公権力がその内容をみてそれを止めること（「事前抑制」）には違いないので，表現の自由に対する侵害として憲法21条1項に違反しないかが問題となる。この点，この判決は，表現行為によって名誉を侵害されそうな者が，これを防ぐために，人格権としての名誉権に基づき裁判所に表現行為の事前差止めを求める可能性を認めつつ（判決文(2)），これが事前抑制であることを重くみて，特に公務員や公職選挙の候補者に対する評価，批判等の表現である場合には，公共の利害に関する事柄なので原則的に許されないとした。なぜなら，事前抑制は，(a)公権力が情報の流通を止めてしまう，あるいは遅らせてしまうため受け手の人々からその情報に基づいて批判する機会を奪ってしまい，また(b)事後制裁（たとえば名誉毀損罪で処罰すること）であれば，すでに表現行為は終わっておりどのような被害が生じたのかが明らかであるのに対して，事前抑制の場合には被害の内容や程度を予測に基づき大きく見積もって表現を止める方向に傾きがちだからである。そこで，この判例は，憲法21条1項の表現の自由の保障の中に事前抑制の原則的禁止の法理が含まれることを明らかにした（判決文(3)）。もっとも，「この判決が示したこと」の①②の要件をみたす場合には例外として事前差止めが許され，本件はこれらを両方ともみたすので差止めは合憲だとされている。

*5

もっとも，このような，表現の内容に着目した規制（内容規制）は，それを利用して公権力が自己に都合の悪い情報を止めるおそれがあることから，特に警戒すべきである。本件の名誉毀損表現のように規制が許される場合があるのもたしかであるが，学説は，内容規制は原則的に違憲だという目で厳格に審査すべきだと説く。たとえば，最高裁は，わいせつ文書の頒布を処罰する刑法175条について，『チャタレー夫人の恋人』事件（最大判昭和32・3・13刑集11巻3号997頁〔百選I-51〕）で，性道徳の維持などを理由に挙げて同条を合憲としたのに対し，学説は，道徳を法に持ち込むのは適切ではないのではないか，他の理由として〈見たくないものを見ない自由〉の保護などが考えられるがわいせつ物の頒布を一律に規制するのは行きすぎでないかとの疑問を投げかけている。最近では，ヘイトスピーチに対し，市長による拡散防止措置や氏名等の公表を認める条例の諸規定の合憲性が問題となった事件（最判令和4・2・15民集76巻2号190頁）で，最高裁はこれらの規定を合憲とした。学説ではヘイトスピーチ規制の是非をめぐり議論が続いている。

事案をみてみよう

　現在，インターネット上には情報が氾濫している。個人に関する情報も，ネットニュースだけでなく電子掲示板やウェブサイトでの書き込みなど様々なかたちで拡散されている。それらは時間が経過してもインターネット上に残されることが多い。そのため，各種の検索サービスを使って氏名等で検索すれば，昔のことで本人が忘れてしまいたいことでも容易に他人に知られることになる。そこで，個々の発信者に対して書き込みの削除を求めるのではなく，検索事業者に対して検索結果等の削除を求める事案が増えている。本件もその一つである。

　Xは，2011（平成23）年11月，児童買春をしたとの容疑に基づき，「児童買春，児童ポルノに係る行為等の処罰及び児童の保護等に関する法律*1」4条違反で逮捕され，同年12月に罰金刑に処された。Xが逮捕された事実は報道され，その内容がインターネット上の電子掲示板にも書き込まれた。

　Yは，インターネットの大手検索サイトを運営している事業者である。この検索サービスでは，検索窓に言葉を入力すれば，検索結果として，リンク先のウェブサイトのURL，表題と，その内容の抜粋が表示される。

　Xの逮捕から3年あまり後に，XがYの検索サイトでみずからの住所がある県名と氏名を入力して検索したところ，みずからの逮捕に関する記事が検索結果として表示されていた。Xは，検索結果の表示によってみずからの「更生を妨げられない利益」が侵害されているとし，Yを相手に検索結果の削除を求める仮処分の申立てをした*2。

　裁判所はXの申立てを認め検索結果削除の仮処分命令を出し，Yは異議を申し立てたが，保全異議審も仮処分命令を認可する決定を行った*3。Yの抗告に対して，抗告審は，Yが責任を負う主体となることは認めたものの，名誉権侵害とプライバシー権侵害のいずれも否定し，削除は認められないとした*4。そこで，Xが上告した。

*1
現在は名称が変わり「児童買春，児童ポルノに係る行為等の規制及び処罰並びに児童の保護等に関する法律」である。

*2
これは民事保全法23条2項の仮の地位を求める仮処分の申立てである。［判例**16**］*2を参照。

*3
保全命令に対しては，債務者（命令を出された相手方）は同じ裁判所に異議の申立てをすることができる（民保26条）。さらにその判断に対しては，保全抗告を行うことができる（同法41条）。

*4
保全異議審はXが「忘れられる権利」をもつことを認めて注目された。しかし，抗告審は，Xが主張する「忘れられる権利」の内容は人格権としての名誉権あるいはプライバシー権に基づく差止請求権と同じものであるとして，「忘れられる権利」については判断しなかった。

☑ 読み解きポイント

① 検索結果の提供は検索事業者による表現行為といってよいか。またどのような役割を果たしていると評価しているか。

② 検索結果の削除を求めることができるのはどのような場合だとしているか。

📖 決定文を読んでみよう

(1) 「個人のプライバシーに属する事実をみだりに公表されない利益は，法的保護の対象となるというべきである……。他方，検索事業者は，インターネット上のウェブサイトに掲載されている情報を網羅的に収集してその複製を保存し，同複製を基にした索引を作成するなどして情報を整理し，利用者から示された一定の条件に対応する情報を同索引に基づいて検索結果として提供するものであるが，この情報の収集，整理及び提供はプログラムにより自動的に行われるものの，同プログラムは検索結果の提供に関する検索事業者の方針に沿った結果を得ることができるように作成されたものであるから，検索結果の提供は検索事業者自身による表現行為という側面を有する。また，検索事業者による検索結果の提供は，公衆が，インターネット上に情報を発信したり，インターネット上の膨大な量の情報の中から必要なものを入手したりすることを支援するものであり，現代社会においてインターネット上の情報流通の基盤として大きな役割を果たしている。そして，検索事業者による特定の検索結果の提供行為が違法とされ，その削除を余儀なくされるということは，上記方針に沿った一貫性を有する表現行為の制約であることはもとより，検索結果の提供を通じて果たされている上記役割に対する制約でもあるといえる。」

(2) 「以上のような検索事業者による検索結果の提供行為の性質等を踏まえると，検索事業者が，ある者に関する条件による検索の求めに応じ，その者のプライバシーに属する事実を含む記事等が掲載されたウェブサイトの URL 等情報を検索結果の一部として提供する行為が違法となるか否かは，当該事実の性質及び内容，当該 URL 等情報が提供されることによってその者のプライバシーに属する事実が伝達される範囲とその者が被る具体的被害の程度，その者の社会的地位や影響力，上記記事等の目的や意義，上記記事等が掲載された時の社会的状況とその後の変化，上記記事等において当該事実を記載する必要性など，当該事実を公表されない法的利益と当該 URL 等情報を検索結果として提供する理由に関する諸事情を比較衡量して判断すべきもので，その結果，当該事実を公表されない法的利益が優越することが明らかな場合には，検索事業者に対し，当該 URL 等情報を検索結果から削除することを求めることができるものと解するのが相当である。」

(3) 「これを本件についてみると，……児童買春をしたとの被疑事実に基づき逮捕されたという本件事実は，他人にみだりに知られたくない X のプライバシーに属する事実であるものではあるが，児童買春が児童に対する性的搾取及び性的虐待と位置付けられており，社会的に強い非難の対象とされ，罰則をもって禁止されていることに照らし，今なお公共の利害に関する事項であるといえる。また，本件検索結果は X の居住する県の名称及び X の氏名を条件とした場合の検索結果の一部であることなどからすると，本件事実が伝達される範囲はある程度限られたものであるといえる」。

「以上の諸事情に照らすと，X が妻子と共に生活し，……罰金刑に処せられた後は一定期間犯罪を犯すことなく民間企業で稼働していることがうかがわれることなどの事情を考慮しても，本件事実を公表されない法的利益が優越することが明らかである

とはいえない。」

⬇ この決定が示したこと ⬇

① 検索結果の提供は，検索事業者の表現行為の側面をもち，またインターネット上の情報流通の基盤として大きな役割を果たしていると評価した。

② 当該事実を公表されない法的利益と当該URL等情報を検索結果として提供する理由に関する諸事情を比較衡量して，当該事実を公表されない法的利益が優越することが明らかな場合には検索結果の削除を求めることができるとした。

✍ 解説

インターネット上に他人のプライバシーを侵害する書き込みを行った本人は，表現の自由をもつ反面，その表現に責任も負わなければならず，人格権としての名誉権やプライバシー権を侵害すれば，損害賠償のほか，書き込みの削除をしなければならない。[*5] しかし，そのような書き込みが知られるのは検索サイトでその人の氏名などを入れて検索を行った結果であることが多いことを考えると，検索サイトの事業者にも独自の責任があるのではないかが問題となる。この決定は，検索サイトの事業者も表現の自由の主体であり，プライバシー侵害を理由として検索結果等の削除をしなければならない場合がありうることを最高裁として初めて認めたものである。

本決定は，まず，Ｘの逮捕事実はプライバシーに属するもので法的保護に値するとした一方で，検索結果の表示は検索事業者の表現行為だと評価する。検索結果の表示は，すでに存在するウェブサイトを示すだけで独自の表現行為ではないようにもみえ，そうだとすれば事業者は責任を負わなくてよい（もっぱら書き込みを行った本人に削除を求めるべきだ）ということになる。しかし，最高裁は，プログラムの組み方に検索事業者の創意が入っているとみて，検索結果の表示を検索事業者の表現行為だと評価した。また，検索サービスがインターネット上での情報の発信，必要な情報の入手を手助けし，インターネット利用者の表現の自由の行使に資するもので「情報流通の基盤として大きな役割を果たしている」とも評価した（決定文(1)）。

本決定は，次に，これらの評価を踏まえて，検索結果等の表示の削除が認められる場合がありうることを前提に，その判断は「この決定が示したこと」の②のように行うとした（決定文(2)）。もっとも，本件では，児童買春は時間の経過によっても社会の人々が関心をもつ事実（公共の利害に関する事実）であること，検索結果が表示されるのは住所の県名と氏名を入力したときであるから知られる範囲は狭いことを挙げ，当該事実を公表されない法的利益が優越することが明らかであるとはいえないとして，削除請求を否定している（決定文(3)）。[*6]

*5
書き込みを行った本人が削除をしなければならないかの判断は，紙媒体での表現に対する差止めを認めるか否かの判断と同様に行われる。〔判例16〕や，小説の描写がモデルとされた本人の人格権としての名誉やプライバシーを侵害するとして単行本の出版等の差止めを認めた「石に泳ぐ魚」事件（最判平成14・9・24判時1802号60頁〔百選I-62〕）を参照。

*6
その後，建造物侵入罪で逮捕された記事をツイートに転載され，罰金納付後8年以上が経過し元の記事が削除された時点でも本人の氏名で検索するとそのツイートが表示されるため，プライバシー侵害を理由にツイートの削除をTwitterの運営事業者に対して求めた事案で，最高裁は，「本件事実を公表されない法的利益が本件各ツイートを一般の閲覧に供し続ける理由に優越する場合には，本件各ツイートの削除を求めることができる」として（「優越することが明らかな場合」とはされていない），ツイートの削除請求を認めている（最判令和4・6・24民集76巻5号1170頁）。

18 駅構内でのビラ配布と表現の自由

吉祥寺駅構内ビラ配布事件

最高裁昭和59年12月18日判決（刑集38巻12号3026頁）　▶百選I-57

事案をみてみよう

　Xらは，京王井の頭線の吉祥寺駅構内で，駅員の許諾を得ないで乗降客や通行人に対して，狭山事件の被告人の救援活動として翌日開催される予定であった集会への参加を呼びかけるビラを多数枚配布し，演説を繰り返し行った。同駅の管理者によって駅構内からの退去を求められたが，Xらは，これを無視して，約20分間にわたり駅構内にとどまった。そこで，これらのビラ配布・演説と不退去の所為が鉄道営業法35条および刑法130条後段にあたるとして起訴された。Xらは，現場は乗客以外の一般人も通行する公道に準じた場所であり，Xらはそこで通行人の流れを妨げることなく平穏に集会への参加の勧誘を行っていただけなので，その行為は，憲法21条1項によって保障されるものであり，外形的には鉄道営業法35条および刑法130条後段が禁止する行為にあたるとしてもこれを処罰するのは憲法21条1項に違反すると主張した。第1審，控訴審ともにXらは有罪とされたので，Xらが上告した。

☑ 読み解きポイント

　Xらの駅構内でのビラ配りや演説を処罰することは憲法21条1項に違反しないか。

📖 判決文を読んでみよう

　「所論は，憲法21条1項違反をいうが，憲法21条1項は，表現の自由を絶対無制限に保障したものではなく，公共の福祉のため必要かつ合理的な制限を是認するものであって，たとえ思想を外部に発表するための手段であっても，その手段が他人の財産権，管理権を不当に害するごときものは許されないといわなければならないから，原判示井の頭線吉祥寺駅構内において，他の数名と共に，同駅係員の許諾を受けないで乗降客らに対しビラ多数枚を配布して演説等を繰り返したうえ，同駅の管理者からの退去要求を無視して約20分間にわたり同駅構内に滞留した被告人4名の本件各所為につき，鉄道営業法35条及び刑法130条後段の各規定を適用してこれを処罰しても憲法21条1項に違反するものでないことは，当裁判所大法廷の判例〔最大判昭和24・5・18刑集3巻6号839頁，最大判昭和25・9・27刑集4巻9号1799頁，最大判昭和45・6・17刑集24巻6号280頁〕の趣旨に徴し明らかであって，所論は理由がない。」

*1
狭山事件とは，1963（昭和38）年に埼玉県狭山市で発生した，高校1年生の少女が下校途中に行方不明となり，身代金を要求する脅迫状が自宅に届いたが，3日後に遺体が発見されたという殺人事件である。第1審の死刑判決の後，被告人は冤罪を主張し，最高裁で無期懲役刑が確定したが，現在に至るまで再審請求が繰り返されている。被告人が被差別部落出身者だったことから，多くの部落解放運動団体や新左翼セクトが，この事件を「差別裁判」として糾弾し，大きな政治運動となった。

*2
鉄道営業法35条は，「鉄道係員の許諾を受けずして車内，停車場其の他鉄道地内に於て旅客又は公衆に対し寄附を請ひ，物品の購買を求め，物品を配付し其の他演説勧誘等の所為を為したる者は科料に処す」と定めている。

*3

刑法130条（当時）は，
「故なく人の住居又は人
の看守する邸宅，建造
物若くは艦船に侵入し
又は要求を受けて其(その)場
所より退去せざる者は三
年以下の懲役又は五十
円以下の罰金に処す」
と定めていた。

*4

最高裁判所の裁判官は，
それぞれが意見を表示
しなければならないとさ
れている（裁11条）。し
かし，実際には，多数意
見（結論と理由づけとも
に過半数の裁判官の意
見が一致して作られる
意見）を誰が書いたか
は明らかとはならない。
これに対し，裁判官の氏
名を（場合によっては複
数の裁判官の氏名を連
名で）明示して書かれる
ものを個別意見という。
個別意見には，反対意
見，意見，補足意見の3
種類がある。反対意見と
は，多数意見の結論に
反対の意見である。意見
とは，結論は多数意見と
同じであるが，理由づけ
が異なるものである。補
足意見とは，結論も理由
づけも多数意見に賛成
したうえで，簡潔に書か
れることが多い多数意
見の意味するところを補
うために書かれるもので
ある。

伊藤正己裁判官の補足意見 [*4]

「一般公衆が自由に出入りすることのできる場所においてビラを配布することによって自己の主張や意見を他人に伝達することは，表現の自由の行使のための手段の一つとして決して軽視することのできない意味をもっている。特に，社会における少数者のもつ意見は，マス・メディアなどを通じてそれが受け手に広く知られるのを期待することは必ずしも容易ではなく，それを他人に伝える最も簡便で有効な手段の一つが，ビラ配布であるといってよい。いかに情報伝達の方法が発達しても，ビラ配布という手段のもつ意義は否定しえないのである。この手段を規制することが，ある意見にとって社会に伝達される機会を実質上奪う結果になることも少なくない。

……他方において，一般公衆が自由に出入りすることのできる場所であっても，他人の所有又は管理する区域内でそれを行うときには，その者の利益に基づく制約を受けざるをえないし，またそれ以外の利益（例えば，一般公衆が妨害なくその場所を通行できることや，紙くずなどによってその場所が汚されることを防止すること）との調整も考慮しなければならない。ビラ配布が言論出版という純粋の表現形態でなく，一定の行動を伴うものであるだけに，他の利益との較量の必要性は高い……。

以上説示したように考えると，ビラ配布の規制については，その行為が主張や意見の有効な伝達手段であることからくる表現の自由の保障においてそれがもつ価値と，それを規制することによって確保できる他の利益とを具体的状況のもとで較量して，その許容性を判断すべきであり，形式的に刑罰法規に該当する行為というだけで，その規制を是認することは適当ではない」。

「一般公衆が自由に出入りできる場所は，それぞれその本来の利用目的を備えているが，それは同時に，表現のための場として役立つことが少なくない。道路，公園，広場などは，その例である。これを『パブリック・フォーラム』と呼ぶことができよう。このパブリック・フォーラムが表現の場所として用いられるときには，所有権や，本来の利用目的のための管理権に基づく制約を受けざるをえないとしても，その機能にかんがみ，表現の自由の保障を可能な限り配慮する必要があると考えられる。」

「もとより，道路のような公共用物と，一般公衆が自由に出入りすることのできる場所とはいえ，私的な所有権，管理権に服するところとは，性質に差異があり，同一に論ずることはできない。」

「本件においては，原判決及びその是認する第1審判決の認定するところによれば，Xらの所為が行われたのは，駅舎の一部であり，パブリック・フォーラムたる性質は必ずしも強くなく，むしろ鉄道利用者など一般公衆の通行が支障なく行われるために駅長のもつ管理権が広く認められるべき場所であるといわざるを〔ない〕」。

駅構内でのビラ配りや演説について，思想を外部に発表するための手段であっても，他人の財産権，管理権を不当に害するようなものは許されないとして，Xらの行為を処罰することは憲法21条1項に違反しないとした。

👆 解説

表現の自由に対する規制には，表現の内容に着目した規制（〔判例**16**〕＊5を参照）のほかに，鉄道営業法35条のような，街頭演説やビラ配りといった，表現の時，場所，方法に着目した規制が存在する。このような規制は，街頭演説やビラの内容がどのようなものかには関係しないので，「表現内容中立規制」と呼ばれる。

内容中立規制は，内容規制が特定の内容の表現を完全に禁止するのに対して，禁止される時，場所，方法以外であれば表現することが可能であること，また内容規制に比べて規制の理由や基準が明確なので濫用されるおそれが低いことなどから，その合憲性は内容規制に比べて緩やかに判断してよいと学説は一般に考えている。

この判決は，「その手段が他人の財産権，管理権を不当に害するごときものは許されない」と述べ，敷地内でのビラ配りや演説を表現の手段としており，本件処罰を内容中立規制と捉えているようにみえる。とはいえ，内容中立規制にかこつけて実際には特定の内容の表現が狙い撃ちされるおそれがあり，警戒しなければならない。しかし，この判決ではその点への配慮が見られず，「たとえ思想を外部に発表するための手段であっても，その手段が他人の財産権，管理権を不当に害するごときものは許されない」という理由のみでビラ配り等に対する処罰が合憲だとされている。この点は，ビラ投函のために集合住宅の敷地に立ち入った行為が刑法130条前段にあたるとして処罰することの合憲性が問題となった立川反戦ビラ事件（最判平成20・4・11刑集62巻5号1217頁〔百選Ⅰ-58〕）でも同様で，合憲とする理由としては「たとえ思想を外部に発表するための手段であっても，その手段が他人の権利を不当に害するようなものは許されない」という一般的な判断だけが示され，この事件の具体的な状況のもとでの表現内容のもつ価値やその表現活動により損なわれる利益についての立ち入った検討はなされていないようにみえる。

また，表現を行う場所の所有者の管理権を根拠として，その場所における表現活動に対する規制が広範に認められるとも考えられる（民法の考え方だけでいえば，ある土地の所有者がそこでのビラ配りや街頭演説を禁止することは自由だということになるので，公有地であればその土地をもつ国や自治体が同様に自由に禁止することができてしまう）が，道路や公園など市民の自由な集会や表現活動に対して開かれている場所については，表現の自由を重視すべきだとも考えられる（「パブリック・フォーラム論」）。伊藤正己裁判官の補足意見は，一種の「パブリック・フォーラム論」を提唱したものとして注目されるが，本件では活動場所が駅舎の一部で駅長の管理権が広く認められるとして，処罰を合憲としている。

取材資料の提出命令と報道・取材の自由

博多駅事件

最高裁昭和44年11月26日大法廷決定（刑集23巻11号1490頁）　　▶百選Ⅰ-73

 事案をみてみよう

　1968（昭和43）年1月，アメリカの原子力空母エンタープライズの長崎県佐世保市にある米軍基地への寄港をめぐり，反対運動が巻き起こった。当時は学生運動が盛んで，この寄港阻止闘争のために全学連[*1]の学生たちが全国から集まり，九州大学に拠点を置くため博多駅で下車したが，それを待ち構えていた機動隊が博多駅の構内から学生を排除した上で検問，持物検査を行おうとして，学生たちと衝突する事件が起きた（いわゆる博多駅事件）。そこである学生が機動隊員の誰かに暴行を加えられたとして，学生側を応援していた政治団体（護憲連合）などが，被疑者の氏名不詳のまま，特別公務員暴行陵虐罪，公務員職権濫用罪にあたるとして告発したが，検察は不起訴処分としたため，付審判請求[*2]を行った。

　これを受けた福岡地方裁判所は，審理のため，当時の状況を取材していたXら（NHK福岡放送局ら4社）に対して取材フィルムの提出命令を出した。これに対し，Xらは，報道の自由が保障されるためには事実を収集し編集する過程も自由でなければならず，取材資料を報道以外の目的のために提供するかどうかも報道機関が自主的，自発的に決定できるものでなければならないなどとして，裁判所による取材フィルムの提出命令は憲法21条に違反するなどと主張し，この命令の取消しを求めた。福岡高裁は抗告を棄却したので，Xらが最高裁に特別抗告した。

✓ **読み解きポイント**

① 報道の自由，取材の自由は憲法21条1項によって保障されるか。

② 刑事裁判のための，報道機関の取材資料に対する裁判所の提出命令が認められるのはどのような場合か。

 決定文を読んでみよう

(1)　「報道機関の報道は，民主主義社会において，国民が国政に関与するにつき，重要な判断の資料を提供し，国民の『知る権利』に奉仕するものである。したがって，思想の表明の自由とならんで，事実の報道の自由は，表現の自由を規定した憲法21条の保障のもとにあることはいうまでもない。また，このような報道機関の報道が正しい内容をもつためには，報道の自由とともに，報道のための取材の自由も，憲法21条の精神に照らし，十分尊重に値いするものといわなければならない。」

*1
全日本学生自治会総連合。1948（昭和23）年に145大学の学生自治会で結成された。当初は日本共産党の影響が強かったが，その後，独自に活動しようとする者達が主流派となる。この者達が1958（昭和33）年にブント（共産主義者同盟）を結成して，全学連を主導した。1960年安保闘争の後，ブント系の学生運動組織は離合集散を繰り返した。エンタープライズの寄港反対運動は，ブント派，中核派（［判例23］*1を参照），社会党系の社青同解放派の三派全学連を中心に行われた。

(2) 「取材の自由といっても，もとより何らの制約を受けないものではなく，たとえば公正な裁判の実現というような憲法上の要請があるときは，ある程度の制約を受けることのあることも否定することができない。

　本件では，まさに，公正な刑事裁判の実現のために，取材の自由に対する制約が許されるかどうかが問題となるのであるが，公正な刑事裁判を実現することは，国家の基本的要請であり，刑事裁判においては，実体的真実の発見が強く要請されることもいうまでもない。このような公正な刑事裁判の実現を保障するために，報道機関の取材活動によって得られたものが，証拠として必要と認められるような場合には，取材の自由がある程度の制約を蒙る（こうむ）こととなってもやむを得ないところというべきである。しかしながら，このような場合においても，一面において，審判の対象とされている犯罪の性質，態様，軽重および取材したものの証拠としての価値，ひいては，公正な刑事裁判を実現するにあたっての必要性の有無を考慮するとともに，他面において取材したものを証拠として提出させられることによって報道機関の取材の自由が妨げられる程度およびこれが報道の自由に及ぼす影響の度合その他諸般の事情を比較衡量して決せられるべきであり，これを刑事裁判の証拠として使用することがやむを得ないと認められる場合においても，それによって受ける報道機関の不利益が必要な限度をこえないように配慮されなければならない。」

(3) 　本件の付審判請求事件の「審理は，現在において，被疑者および被害者の特定すら困難な状態であって，事件発生後2年ちかくを経過した現在，第三者の新たな証言はもはや期待することができず，したがって，当時，右の現場を中立的な立場から撮影した報道機関の本件フイルムが証拠上きわめて重要な価値を有し，被疑者らの罪責の有無を判定するうえに，ほとんど必須のものと認められる状況にある。他方，本件フイルムは，すでに放映されたものを含む放映のために準備されたものであり，それが証拠として使用されることによって報道機関が蒙る不利益は，報道の自由そのものではなく，将来の取材の自由が妨げられるおそれがあるというにとどまるものと解される……。また，本件提出命令を発した福岡地方裁判所は，本件フイルムにつき，一たん押収した後においても，時機に応じた仮還付などの措置により，報道機関のフイルム使用に支障をきたさないよう配慮すべき旨を表明している。以上の諸点その他各般の事情をあわせ考慮するときは，本件フイルムを付審判請求事件の証拠として使用するために本件提出命令を発したことは，まことにやむを得ないものがあると認められるのである」。

Point

＊2｜
付審判請求とは，刑事裁判は原則として検察官が起訴しなければ始まらないところ，公務員職権濫用罪など一定の罪について，検察官が不起訴にした場合に，これらの罪を告発，告訴した者が，その検察官所属の検察庁の所在地を管轄する地方裁判所に，事件を裁判所の審判に付すよう求めることである。検察官による不当な不起訴処分の可能性があるため設けられている制度である。裁判所が請求に理由があると認めたときに，裁判所が指定する弁護士が検察官役となって刑事裁判が進められる。

⇩ この決定が示したこと ⇩

① 報道は国民の「知る権利」に奉仕するものであるとして，報道の自由は憲法21条で保障されることを明言した。これに対し，取材の自由については，憲法21条の精神に照らし，十分尊重に値するものであると述べた。

② 刑事裁判のために取材活動によって得られた資料の提出命令が認められるかは，一方で審判の対象とされている犯罪の性質，態様，軽重および取材したものの証

拠としての価値などを，他方で，提出によって報道機関の取材の自由が妨げられる程度や報道の自由に及ぼす影響の度合いなどを比較衡量して決めることを示した。

👆 解説

　この事件では，公権力（裁判所も公権力である）がメディア（報道機関）に取材で得た資料を提出させることができるかが争われているが，これは取材の自由に対する制限の問題となる。なぜなら，公権力によって取材資料の提出が強制されると，報道前であれば直ちにその報道の妨げとなるし，報道後の提出でもそれが認められるならば，メディアは，今後，取材資料が公権力に利用されることを嫌がる取材先から協力が得られなくなるおそれがあり，取材活動全般が困難になるかもしれないからである。

　それでは，メディアの取材・報道活動は表現の自由で保障されるのだろうか。本決定は，報道の自由が憲法 21 条で保障されることを明言したが，取材の自由については，「憲法 21 条の精神に照らし，十分尊重に値いする」という表現を用いており，報道の自由と異なり，憲法 21 条で保障されるものではないと考えているようにも読める点に注意が必要である（決定文(1)）。[3]

　その上で，本決定は，裁判所による取材資料の提出命令が，取材の自由に対する制約として許されるかを検討している。そこで，公正な刑事裁判の実現も国家の基本的要請であることを明らかにした上で，取材資料の提出命令が許されるか否かは，一方で審判の対象である犯罪の性質等や取材資料の証拠としての価値，公正な刑事裁判の実現のための取材資料の必要性などを，他方で取材資料の提出が強制されることによって取材の自由が妨げられる程度や報道の自由に及ぼす影響の度合いなどを比較衡量して決めるという判断枠組みが示された（決定文(2)）。この事件の問題を，両方とも憲法上の要請である「取材の自由，報道の自由」と「公正な刑事裁判の実現」のどちらを重く見るか，と考えたからだと思われる。

　そして結局，この事件では，一方で事件が公務員の犯罪であることや取材フィルムが証拠として決定的な価値をもつこと，他方で報道が済んでいることや裁判所が押収後も適宜仮還付することで報道に支障が出ないようにすると述べていることなどに着目して，公正な刑事裁判の実現のほうを重く見て提出命令を合憲だとした（決定文(3)）。その後，最高裁は，本決定を先例として，捜査段階での取材資料の差押えについても，日本テレビ事件（最決平成元・1・30 刑集 43 巻 1 号 19 頁）や TBS 事件（最決平成 2・7・9 刑集 44 巻 5 号 421 頁〔百選 I -74〕）で合憲としている。

*3
これに対し，表現の自由を「情報収集権—情報提供権—情報受領権」から構成される「情報の自由」だととらえる学説の理解によれば，報道の自由が情報提供権に含まれ表現の自由として保障されるのはもちろん，取材の自由も情報収集権に含まれ表現の自由として憲法21条で保障されるべきことになる。

20 拘置所内での新聞閲読の自由

よど号ハイジャック記事黒塗り事件

最高裁昭和58年6月22日大法廷判決（民集37巻5号793頁）　　▶ 百選I-14

事案をみてみよう

　1970（昭和45）年3月31日に羽田発福岡行きの日本航空のジェット機（愛称「よど号[*1]」）が，赤軍派を名乗る9名の犯人グループによってハイジャックされる事件が発生した。事件は，4月3日に犯人グループがよど号で北朝鮮に亡命して終結した。

　Xらは，新左翼運動の一環で国際反戦デー闘争等の公安事件を起こし凶器準備集合罪等で起訴され，東京拘置所[*2]に勾留[*3]されていた。Xらは拘置所内において私費で新聞を購読していたが，この間，当時の監獄法31条2項[*4]，監獄法施行規則86条1項[*5]に基づき，よど号事件の記事を墨で黒塗りされたものが配付された。その背景には，当時，拘置所にはXらのような公安事件の関係者が多くいて，刺激的なニュースに接したときは，大勢が大声を発し，シュプレヒコール，拍手，扉や壁の乱打などをするほか，職員の指示に反抗し，暴力的行為に出る者がおり，また拘置所の外から数名が棒や火炎ビン等をもって所内に乱入した事件も発生したという事情があった。Xらは，そのような新聞記事の扱いに対し「知る権利」を侵害されたとして，国家賠償請求訴訟を提起した。第1審，控訴審ともに敗訴したので，Xらは上告。

✓ 読み解きポイント

① 新聞紙，図書等の閲読の自由は憲法上保障されるか。

② 未決拘禁者の閲読の自由に対する制限はどのような場合に許されるか。

判決文を読んでみよう

　「監獄は，多数の被拘禁者を外部から隔離して収容する施設であり，右施設内でこれらの者を集団として管理するにあたっては，内部における規律及び秩序を維持し，その正常な状態を保持する必要があるから，この目的のために必要がある場合には，未決勾留によって拘禁された者についても，この面からその者の身体的自由及びその他の行為の自由に一定の制限が加えられることは，やむをえない……。そして，この場合において，これらの自由に対する制限が必要かつ合理的なものとして是認されるかどうかは，右の目的のために制限が必要とされる程度と，制限される自由の内容及び性質，これに加えられる具体的制限の態様及び程度等を較量して決せられるべきものである〔最大判昭和45・9・16民集24巻10号1410頁〕。」

*1│

赤軍派は，1968（昭和43）年～69（同44）年の日大闘争，東大闘争の後にブント（〔判例19〕*1参照）から分派した新左翼セクトである。革命を起こせる状況をもたらすにはまず武装蜂起が必要だとし，1969年11月に首相官邸，警視庁を襲撃する計画を立て，山梨県の大菩薩峠で軍事訓練を行おうとしたところそこに集まった53人全員が逮捕された。そこで革命組織の根拠地を海外に作ろうとして，ハイジャック計画が立てられたのであった。

*2│

拘置所とは，刑事収容施設のひとつで，法務省が所管する施設である。未決拘禁者（*3を参照）のほか，死刑が確定して刑が執行されるまでの者もここに収容される。懲役，禁錮，拘留の刑が確定した者を刑の執行のために収容する施設である刑務所とは別の施設であることに注意してほしい。

*3│

勾留とは，起訴される前の被疑者あるいは起訴されて裁判中で有罪と確定していない被告人が，逃亡や証拠隠滅の防止を目的として拘置所などに拘禁（身柄を拘束）されることをいう。起訴前の勾留と起訴後の勾留を合わせて「未決拘禁」と呼ばれる。

「およそ各人が、自由に、さまざまな意見、知識、情報に接し、これを摂取する機会をもつことは、その者が個人として自己の思想及び人格を形成・発展させ、社会生活の中にこれを反映させていくうえにおいて欠くことのできないものであり、また、民主主義社会における思想及び情報の自由な伝達、交流の確保という基本的原理を真に実効あるものたらしめるためにも、必要なところである。それゆえ、これらの意見、知識、情報の伝達の媒体である新聞紙、図書等の閲読の自由が憲法上保障されるべきことは、思想及び良心の自由の不可侵を定めた憲法19条の規定や、表現の自由を保障した憲法21条の規定の趣旨、目的から、いわばその派生原理として当然に導かれるところであり、また、すべて国民は個人として尊重される旨を定めた憲法13条の規定の趣旨に沿うゆえんでもあると考えられる。しかしながら、このような閲読の自由は、生活のさまざまな場面にわたり、極めて広い範囲に及ぶものであって、……それぞれの場面において、これに優越する公共の利益のための必要から、一定の合理的制限を受けることがあることもやむをえない……。……未決勾留により監獄に拘禁されている者の新聞紙、図書等の閲読の自由についても、逃亡及び罪証隠滅の防止という勾留の目的のためのほか、……監獄内の規律及び秩序の維持のために必要とされる場合にも、一定の制限を加えられることはやむをえないものとして承認しなければならない。しかしながら、未決勾留は、前記刑事司法上の目的のために必要やむをえない措置として一定の範囲で個人の自由を拘束するものであり、他方、これにより拘禁される者は、当該拘禁関係に伴う制約の範囲外においては、原則として一般市民としての自由を保障されるべき者であるから、監獄内の規律及び秩序の維持のためにこれら被拘禁者の新聞紙、図書等の閲読の自由を制限する場合においても、それは、右の目的を達するために真に必要と認められる限度にとどめられるべきものである。したがって、右の制限が許されるためには、当該閲読を許すことにより右の規律及び秩序が害される一般的、抽象的なおそれがあるというだけでは足りず、被拘禁者の性向、行状、監獄内の管理、保安の状況、当該新聞紙、図書等の内容その他の具体的事情のもとにおいて、その閲読を許すことにより監獄内の規律及び秩序の維持上放置することのできない程度の障害が生ずる相当の蓋然性があると認められることが必要であり、かつ、その場合においても、右の制限の程度は、右の障害発生の防止のために必要かつ合理的な範囲にとどまるべきものと解するのが相当である。」

「これらの規定〔監獄法31条2項、監獄法施行規則86条1項〕を通覧すると、その文言上はかなりゆるやかな要件のもとで制限を可能としているようにみられるけれども、上に述べた要件及び範囲内でのみ閲読の制限を許す旨を定めたものと解するのが相当であり、かつ、そう解することも可能であるから、右法令等は、憲法に違反するものではない」。

「具体的場合における前記法令等の適用にあたり、当該新聞紙、図書等の閲読を許すことによって監獄内における規律及び秩序の維持に放置することができない程度の障害が生ずる相当の蓋然性が存するかどうか、及びこれを防止するためにどのような内容、程度の制限措置が必要と認められるかについては、監獄内の実情に通暁し、直接その衝にあたる監獄の長による個個の場合の具体的状況のもとにおける裁量的判断

にまつべき点が少なくないから，障害発生の相当の蓋然性があるとした長の認定に合理的な根拠があり，その防止のために当該制限措置が必要であるとした判断に合理性が認められる限り，長の右措置は適法として是認すべきものと解するのが相当である。」

⇩ **この判決が示したこと** ⇩

① 新聞紙，図書等の閲読の自由は，憲法21条（と19条）の規定の趣旨，目的から，その派生原理として当然に導かれ，憲法上保障されるべきものであることを明らかにした。

② 未決拘禁者の閲読の自由の制限が許されるのは，具体的事情の下で，閲読を許すことにより監獄内の規律および秩序の維持上放置することのできない程度の障害が生ずる相当の蓋然性がある場合であり，制限の程度は，必要かつ合理的な範囲にとどまるべきものであるとした。

☞ 解説

　本判決は，新聞や図書などの「閲読の自由」が憲法21条（と19条）の派生原理として憲法上保障されることを明らかにした。[*6]

　ただ，ここで問題になっているのは一般市民ではなくて，刑事施設収容者の権利である。刑事施設収容者は，刑事施設という一般社会から隔離された空間に収容されており，公権力との間で特殊な関係にあるため，人権の保障のあり方も一般市民の場合とは異なってくる。もっとも，未決拘禁者は，刑事施設に入れられているとはいえ，有罪が確定して刑罰として自由が奪われている受刑者とは違い，捜査や裁判の関係で逃亡や証拠隠滅の防止のために身柄を拘束されているにすぎない立場である。それゆえ，できる限り一般市民と同じ扱いを受けるべきである。最高裁は，一般論として，逃亡・証拠隠滅の防止や刑事施設内の規律・秩序の維持のために諸自由に制限が加えられるのはやむをえないとしても，その制限が認められるかどうかは，目的のために制限が必要とされる程度と，制限される自由の内容および性質，これに加えられる具体的制限の態様および程度等を較量して決せられるべきだとした上で（利益衡量論），閲読の自由に対する制限が許されるのは，刑事施設内の規律および秩序が害される一般的，抽象的なおそれがあるだけでは不十分で，具体的な事情の下で「相当の蓋然性」があると認められる場合に限られると，ある程度絞ってとらえた。[*7]

　しかし，最高裁は，刑事施設内の規律および秩序が害される「相当の蓋然性」の認定は刑事施設の長の裁量的判断にゆだねられ，その判断に合理性が認められる限り長の措置は適法なものとして認められると述べる。そして，本件では公安事件に関係する被拘禁者らによる拘置所内の規律，秩序に対するかなり激しい侵害行為が頻繁に行われていた状況だったことなどから，本件新聞記事の閲読を許した場合には拘置所内の規律，秩序に障害が生じる相当の蓋然性があると拘置所長が判断したことには合理的な根拠があり，拘置所長の措置は適法だったと結論づけた。

[*6]
これに対し，表現の自由を「情報の自由」ととらえる学説（［判例19］*3参照）の理解によれば，新聞や図書などの閲読の自由は，人々が受け手の立場で社会に流れている情報を自由に受け取ることができる権利（情報受領権）の一部として，当然に憲法21条で保障されることとなる。

[*7]
「相当の蓋然性」とは，法律が保護しようとしている利益に対する侵害が発生する危険性の程度をあらわす「ものさし」のひとつである。この「ものさし」の程度が高いものから，「明白かつ現在の危険」（これに類似の表現として，「明らかな差し迫った危険」［［判例23］］），「高度の具体的蓋然性」，「相当の蓋然性」，「一般的，抽象的なおそれ」といった言葉が用いられる。「相当の蓋然性」は，「一般的，抽象的なおそれ」よりは高く，「明らかな差し迫った危険」ほどは高くない危険性の程度ということになる。

公務員の政治活動の禁止（1）

最高裁昭和49年11月6日大法廷判決（刑集28巻9号393頁）　　▶百選Ⅰ-12

👓 事案をみてみよう

　日本では，公務員の政治活動が広く禁止されており，これに違反すれば刑罰が科される[*1]。もちろん，公務員は「全体の奉仕者」（憲15条）であるので，たとえば政策形成に関わったり許認可をしたりする公務員が自分の党派の主張を政策に盛り込んだり，許認可の際に自分と同じ党派の者をえこひいきしたりすることが許されないのは当然である。しかし，定型的な事務作業を中心に行う公務員が，プライベートの時間に，職場以外の場所で，一個人として政治活動をすることまで禁止してよいだろうか。

　本件は，そのことが問題となる事件だった。被告人Xは北海道猿払村鬼志別郵便局に勤務する公務員で[*2]，郵便貯金や簡易保険に関してお金や書類を整理したり電話番をしたりする仕事をしていた。またXはその地域の労働組合の協議会の事務局長をしていた。1967（昭和42）年に行われた衆議院議員総選挙のときに，Xは，協議会の決定に従い，日本社会党を応援するため同党公認候補者のポスターをみずから公営掲示場に掲示したほか[*3]，掲示を頼んで他人に配った。これらの行為が国家公務員法102条1項などの諸規定（以下「本件規定」という）が定める政治的行為にあたるとして，Xは起訴された。Xは，ポスターを貼ったり配ったりする政治活動は憲法21条の表現の自由で保障される行為であり，Xのような非管理職で，単純な事務を行っているにすぎない者が，勤務時間外に，国の施設を利用することなく，また公務員の職務を利用しないで，むしろ労働組合の活動の一環として行った政治活動を処罰するのは，憲法21条・31条に違反すると主張した。第1審はこの主張を認め，本件の行為にまで本件規定を適用してXを処罰するのは憲法違反であるとの判断を行い，Xを無罪[*4]として注目された。控訴審も第1審判決を支持したので，検察側が上告した。

✅ 読み解きポイント

① 本件罰則規定の合憲性を判断するにあたり，どのような審査基準を用いているか。

② ①の審査基準をどのように当てはめて，どのような判断を下したか。

📖 判決文を読んでみよう

(1) 「行政の中立的運営が確保され，これに対する国民の信頼が維持されることは，憲法の要請にかなうものであり，公務員の政治的中立性が維持されることは，国民全

*1
国家公務員法102条1項は「職員は，政党又は政治的目的のために，寄附金その他の利益を求め，若しくは受領し，又は何らの方法を以てするを問わず，これらの行為に関与し，あるいは選挙権の行使を除く外，人事院規則で定める政治的行為をしてはならない」と定め，人事院規則14-7は，猿払事件で問題となった政治的目的を有する文書や図画などの発行，掲示や配布（6項13号）のほか，政治団体への勧誘（同項6号），集会などでの意見の公表（同項11号）などの行為を広く禁止する。これに違反した者は，3年以下の懲役または10万円以下の罰金（事件当時の国家公務員法110条1項19号。現在は同法111条の2第2号により3年以下の禁錮または100万円以下の罰金）が科される。ちなみに，地方公務員も同様に地方公務員法36条によって政治的行為が広く制限されている。

*2
2007（平成19）年10月に郵政が民営化されるまで，郵便局員は国家公務員であった。

*3
公営掲示場とは，選挙運動期間になると街中のいたるところで立てられる選挙ポスターの掲示板のことである。

体の重要な利益にほかならないというべきである。したがって，公務員の政治的中立性を損うおそれのある公務員の政治的行為を禁止することは，それが合理的で必要やむをえない限度にとどまるものである限り，憲法の許容するところであるといわなければならない。」

(2) 「国公法 102 条 1 項及び規則による公務員に対する政治的行為の禁止が右の合理的で必要やむをえない限度にとどまるものか否かを判断するにあたっては，禁止の目的，この目的と禁止される政治的行為との関連性，政治的行為を禁止することにより得られる利益と禁止することにより失われる利益との均衡の 3 点から検討することが必要である。」

*4｜
法令そのものを違憲とする（法令違憲）のではなく，法令をある事実に適用することを違憲とする手法で，適用違憲と呼ばれる。

「まず，禁止の目的及びこの目的と禁止される行為との関連性について考えると，もし公務員の政治的行為のすべてが自由に放任されるときは，おのずから公務員の政治的中立性が損われ，ためにその職務の遂行ひいてはその属する行政機関の公務の運営に党派的偏向を招くおそれがあり，行政の中立的運営に対する国民の信頼が損われることを免れない。また，公務員の右のような党派的偏向は，逆に政治的党派の行政への不当な介入を容易にし，行政の中立的運営が歪められる可能性が一層増大するばかりでなく，そのような傾向が拡大すれば，本来政治的中立を保ちつつ一体となって国民全体に奉仕すべき責務を負う行政組織の内部に深刻な政治的対立を醸成し，そのため行政の能率的で安定した運営は阻害され，ひいては議会制民主主義の政治過程を経て決定された国の政策の忠実な遂行にも重大な支障をきたすおそれがあり，このようなおそれは行政組織の規模の大きさに比例して拡大すべく，かくては，もはや組織の内部規律のみによってはその弊害を防止することができない事態に立ち至るのである。したがって，このような弊害の発生を防止し，行政の中立的運営とこれに対する国民の信頼を確保するため，公務員の政治的中立性を損うおそれのある政治的行為を禁止することは，まさしく憲法の要請に応え，公務員を含む国民全体の共同利益を擁護するための措置にほかならないのであって，その目的は正当なものというべきである。また，右のような弊害の発生を防止するため，公務員の政治的中立性を損うおそれがあると認められる政治的行為を禁止することは，禁止目的との間に合理的な関連性があるものと認められるのであって，たとえその禁止が，公務員の職種・職務権限，勤務時間の内外，国の施設の利用の有無等を区別することなく，あるいは行政の中立的運営を直接，具体的に損う行為のみに限定されていないとしても，右の合理的な関連性が失われるものではない。」

「次に，利益の均衡の点について考えてみると，……公務員の政治的中立性を損うおそれのある行動類型に属する政治的行為を，これに内包される意見表明そのものの制約をねらいとしてではなく，その行動のもたらす弊害の防止をねらいとして禁止するときは，同時にそれにより意見表明の自由が制約されることにはなるが，それは，単に行動の禁止に伴う限度での間接的，付随的な制約に過ぎず，かつ，国公法 102 条 1 項及び規則の定める行動類型以外の行為により意見を表明する自由までをも制約するものではなく，他面，禁止により得られる利益は，公務員の政治的中立性を維持し，行政の中立的運営とこれに対する国民の信頼を確保するという国民全体の共同

利益なのであるから，得られる利益は，失われる利益に比してさらに重要なものというべきであり，その禁止は利益の均衡を失するものではない。」

☝ 解説

　最高裁は，Xの公務員としての役職，政治活動をした時間や場所などには着目せず，公務員の政治活動を一律に処罰する本件規定を合憲とした上で，本件規定が合憲である以上，Xの処罰も許されるとした。ここで本件規定の合憲性を判断するにあたって，最高裁は合理的関連性の基準を用いている。この基準は，「この判決が示したこと」でみたように3点を検討するもので，一見すると合憲性を丁寧に判断するもののようにみえる。しかし，①行政の中立的運営とそれに対する国民の信頼の確保という目的が正当であるのは当然である。また，②目的と手段の合理的関連性は，厳密な証明が必要とされるものではなく，明らかにおかしいものでなければ認められる。そのため，公務員の政治的中立性を損なうおそれがある活動を一律に刑罰で禁止することと目的との合理的関連性も簡単に認められる。③利益の均衡も，政治的行為の禁止により得られる利益は，行政の中立的運営とそれに対する国民の信頼であると大きくとらえるのに対し，失われる利益は意見表明の自由（表現の自由）ではあるが，禁止の直接の対象はポスターの掲示などの行為であり，意見表明の自由は行為の禁止に伴って制約されるにすぎず小さいと評価している（間接的・付随的制約論）。このような審査基準の使い方をみると，この基準は，実はかなり緩やかなもの（法令を合憲としやすいもの）だといわざるをえない。表現の自由に対する制約の合憲性を判断するのにこのような緩やかな審査基準を用いたこと，刑罰をもって一律に国家公務員の政治活動を禁止する本件規定を合憲としたことに対しては，学説から強い批判が向けられた。最近，実質的にこの判断が見直され，刑罰の対象になるのは，公務員の職務遂行の政治的中立性を損なうおそれが現実的に起こりうるものと実質的に認められる政治的行為だけだとされることになった（堀越事件〔[判例 22]〕）。もっとも，この最近の理解を前提としても，本件では公務員が特定の政党の候補者を積極的に支援する行為であることが一般人にわかるものであったので，本件でXが有罪とされたことは妥当だったとされる（堀越事件〔[判例 22]〕判決文(4)）。

22 公務員の政治活動の禁止（2）

堀越事件

最高裁平成24年12月7日判決（刑集66巻12号1337頁）　　▶ 百選Ⅰ-13

事案をみてみよう

　被告人Xは旧社会保険庁に勤務する国家公務員であった。Xは人事権などをもつ[*1]管理職ではなく，その業務も，社会保険事務所の国民年金業務課で，国民年金がもら[*2]えるか，どれくらいもらえそうかといった問い合わせに対して，コンピュータに保管されている記録を調査し，その情報に基づいて回答し，必要な手続をとるよう促すという裁量の余地のないものであった。Xは，2003（平成15）年の衆議院議員総選挙の時に，日本共産党を応援する目的で，休日に，勤務先やその職務と関わりなく，勤務先やその管轄区域から離れた自宅周辺で，公務員であることを明らかにせず，住宅や事務所の郵便受けに党の機関紙などを配布した。この行為が国家公務員法110条1項19号をはじめとする諸規定（以下，「本件罰則規定」という）が定める政治的行為に[*3]あたるとして，Xは起訴された。第1審はXを有罪としたが，控訴審は，Xの地位や職務の内容，配布行為の性質や態様に照らすと，Xの配布行為に対し本件罰則規定を適用してXを処罰することは，国家公務員の政治活動の自由に対して必要やむをえない限度を超えた制約を加え，これを処罰の対象とするものといわざるをえず，憲法21条1項および31条に違反するとしてXを無罪としたので，検察側が上告した。

☑ 読み解きポイント

① 本件罰則規定で処罰されるのはどのような行為だと解釈しているだろうか。
② 本件罰則規定の合憲性についてどのように判断しているだろうか。
③ どういう筋道でXを無罪にしたのだろうか。

判決文を読んでみよう

(1) 国家公務員法102条1項は，「公務員の職務の遂行の政治的中立性を保持することによって行政の中立的運営を確保し，これに対する国民の信頼を維持することを目的とするものと解される」。「他方，国民は，憲法上，表現の自由（21条1項）としての政治活動の自由を保障されており，この精神的自由は立憲民主政の政治過程にとって不可欠の基本的人権であって，民主主義社会を基礎付ける重要な権利であることに鑑みると，上記の目的に基づく法令による公務員に対する政治的行為の禁止は，国民としての政治活動の自由に対する必要やむを得ない限度にその範囲が画されるべきものである。」

*1
この訴訟は，Xの名を冠して，「堀越事件」と呼ばれたり，勤務先の名称から「目黒社会保険事務所事件」と呼ばれたりする。

*2
社会保険事務所とは，社会保険庁の出先機関で，年金や政府管掌健康保険を担当していた役所である。2009（平成21）年に社会保険庁が廃止され，現在は日本年金機構（特殊法人であり，職員は公務員ではなくなっている）が事務を行っている。

*3
国家公務員法の条文は猿払事件（［判例21］）を参照。堀越事件では，人事院規則14-7第6項13号に加えて7号（「政党その他の政治的団体の機関紙たる新聞その他の刊行物を発行し，編集し，配布し又はこれらの行為を援助すること」）にもあたるとされている。

「本法102条1項の文言，趣旨，目的や規制される政治活動の自由の重要性に加え，同項の規定が刑罰法規の構成要件となることを考慮すると，同項にいう『政治的行為』とは，公務員の職務の遂行の政治的中立性を損なうおそれが，観念的なものにとどまらず，現実的に起こり得るものとして実質的に認められるものを指し，同項はそのような行為の類型の具体的な定めを人事院規則に委任したものと解するのが相当である。」人事院規則14-7第6項7号，13号（5項3号）も，「それぞれが定める行為類型に文言上該当する行為であって，公務員の職務の遂行の政治的中立性を損なうおそれが実質的に認められるものを当該各号の禁止の対象となる政治的行為と規定したものと解するのが相当である」。「公務員の職務の遂行の政治的中立性を損なうおそれが実質的に認められるかどうかは，当該公務員の地位，その職務の内容や権限等，当該公務員がした行為の性質，態様，目的，内容等の諸般の事情を総合して判断するのが相当である。具体的には，当該公務員につき，指揮命令や指導監督等を通じて他の職員の職務の遂行に一定の影響を及ぼし得る地位（管理職的地位）の有無，職務の内容や権限における裁量の有無，当該行為につき，勤務時間の内外，国ないし職場の施設の利用の有無，公務員の地位の利用の有無，公務員により組織される団体の活動としての性格の有無，公務員による行為と直接認識され得る態様の有無，行政の中立的運営と直接相反する目的や内容の有無等が考慮の対象となるものと解される。」

(2) 本件罰則規定が憲法21条1項，31条に違反するかについては，「本件罰則規定による政治的行為に対する規制が必要かつ合理的なものとして是認されるかどうかによることになるが，これは，本件罰則規定の目的のために規制が必要とされる程度と，規制される自由の内容及び性質，具体的な規制の態様及び程度等を較量して決せられるべきものである」。

「本件罰則規定の目的は，前記のとおり，公務員の職務の遂行の政治的中立性を保持することによって行政の中立的運営を確保し，これに対する国民の信頼を維持することにあるところ，これは，議会制民主主義に基づく統治機構の仕組みを定める憲法の要請にかなう国民全体の重要な利益というべきであり，公務員の職務の遂行の政治的中立性を損なうおそれが実質的に認められる政治的行為を禁止することは，国民全体の上記利益の保護のためであって，その規制の目的は合理的であり正当なものといえる。他方，本件罰則規定により禁止されるのは，民主主義社会において重要な意義を有する表現の自由としての政治活動の自由ではあるものの……禁止の対象とされるものは，公務員の職務の遂行の政治的中立性を損なうおそれが実質的に認められる政治的行為に限られ，このようなおそれが認められない政治的行為や本規則が規定する行為類型以外の政治的行為が禁止されるものではないから，その制限は必要やむを得ない限度にとどまり，前記の目的を達成するために必要かつ合理的な範囲のものというべきである。そして，上記の解釈の下における本件罰則規定は，不明確なものとも，過度に広汎な規制であるともいえないと解される。」

(3) 本件配布行為は，人事院規則14-7第6項7号，13号（5項3号）が定める「行為類型に文言上該当する行為であることは明らかであるが，公務員の職務の遂行の政治的中立性を損なうおそれが実質的に認められるものかどうかについて，前記諸般の

事情を総合して判断する。」

「前記のとおり，被告人は，社会保険事務所に年金審査官として勤務する事務官であり，管理職的地位にはなく，その職務の内容や権限も，来庁した利用者からの年金の受給の可否や年金の請求，年金の見込額等に関する相談を受け，これに対し，コンピューターに保管されている当該利用者の年金に関する記録を調査した上，その情報に基づいて回答し，必要な手続をとるよう促すという，裁量の余地のないものであった。そして，本件配布行為は，勤務時間外である休日に，国ないし職場の施設を利用せずに，公務員としての地位を利用することなく行われたものである上，公務員により組織される団体の活動としての性格もなく，公務員であることを明らかにすることなく，無言で郵便受けに文書を配布したにとどまるものであって，公務員による行為と認識し得る態様でもなかったものである。これらの事情によれば，本件配布行為は，管理職的地位になく，その職務の内容や権限に裁量の余地のない公務員によって，職務と全く無関係に，公務員により組織される団体の活動としての性格もなく行われたものであり，公務員による行為と認識し得る態様で行われたものでもないから，公務員の職務の遂行の政治的中立性を損なうおそれが実質的に認められるものとはいえ」ず，本件配布行為は本件罰則規定の構成要件に該当しない。

Point

(4) 検察官の上告趣意は，Ｘの行為に本件罰則規定の適用を否定し，無罪とした原判決は，確立した判例である猿払事件（［判例 21］）に反する判断であると主張する。しかし，猿払事件の事案は，「公務員により組織される団体の活動としての性格を有するものであり，勤務時間外の行為であっても，その行為の態様からみて当該地区において公務員が特定の政党の候補者を国政選挙において積極的に支援する行為であることが一般人に容易に認識され得るようなもので」，「公務員の職務の遂行の政治的中立性を損なうおそれが実質的に認められるものであった」。それゆえ，「判例違反の主張は，事案を異にする判例を引用するものであって，本件に適切ではな」い。

⇩ **この判決が示したこと** ⇩

① 本件罰則規定で処罰されるのは，公務員の職務の遂行の政治的中立性を損なうおそれが実質的に認められる行為に限られると解釈した。

② 利益衡量に基づき，本件罰則規定は憲法21条1項，31条に違反しないと判断した。

③ Ｘの配布行為は，管理職でもなくまたその職務内容や権限に裁量の余地のない公務員によって，団体の活動としての性格もなく行われたものであり，公務員による行為だともわからないものであったので，本件罰則規定で処罰される政治的行為に当たらないとしてＸを無罪とした。

解説

この判決は，まず，国家公務員法 102 条 1 項が禁止する「政治的行為」とはなにかについて，「公務員の職務の遂行の政治的中立性を損なうおそれが，観念的なもの

にとどまらず，現実的に起こり得るものとして実質的に認められるもの」のみを指すとの解釈を明らかにした（判決文(1)）。規制される政治活動の自由——表現の自由——の重要性や，この規定に違反すれば刑罰を科されることを考えると，ここで規制対象となる「政治的行為」は狭く解釈するべきだというのである。

　次に，この解釈を前提として，本件罰則規定の合憲性を審査している。ここでは，判断枠組みとして，猿払事件で用いられた「合理的関連性の基準」（猿払事件［判例 **21**］解説参照）ではなく，利益衡量（総合衡量）が用いられている。そして，ⓐ規制の目的は行政の中立的運営の確保とそれに対する国民の信頼の維持であり合理的で正当なものであって，他方，ⓑ規制される自由は表現の自由としての政治活動の自由であるが，公務員の職務の遂行の政治的中立性を損なうおそれが現実的にあるものと実質的に認められる政治的行為に限られるので，目的達成のために必要かつ合理的な範囲のものであるとして，合憲だと結論づけた（判決文(2)）。しかし，本件のＸの配布行為については，Ｘが管理職でもなく，その仕事も機械的なものであって，またＸの行為は職務と関係なく公務員だとわからないようなかたちで行われたものであるので，公務員の職務の遂行の政治的中立性を損なうおそれが実質的に認められる行為とはいえないとして，Ｘを無罪とした（判決文(3)）。

　猿払事件において，最高裁は，本件罰則規定の処罰対象が公務員の職種・職務権限，勤務時間の内外，国の施設利用の有無などを問わずおよそ一律に政治的行為を広く含むという解釈を前提にしてこれを合憲としたのだと考えられてきた。この解釈に従えば，本件のＸの行為も当然に処罰の対象となるはずである。しかし，本件でＸは無罪とされた。この判断はなぜ可能だったのだろうか。

　一つの説明は，猿払事件と本件とは事案が違うというものである。猿払事件での被告人の行為は，労働組合の組織的な活動の一環として行われたもので，その公務員が特定の政党の候補者を応援していることがわかる行為であったが，本件でのＸの行為はそうではないので「政治的行為」にあたらない，という説明である（判決文(4)も参照）。この説明によれば，猿払事件判決で本件罰則規定が一律に政治的行為を広く含むものと（そしてそのような本件罰則規定を合憲だと）述べていたようにみえる部分も，猿払事件で被告人の行為が「政治的行為」にあてはまり，被告人を有罪とする関係でしか意味はなかったのだという。それゆえ，猿払事件のときから，最高裁は「政治的行為」の意味について，実は本判決と同じ解釈をとっていたということとなる。

　もう一つの説明は，この判決によって最高裁は猿払事件からこっそりと判例を変更したというものである。[*4] 猿払事件判決では，本件罰則規定が政治的行為を一律に広く処罰するものと解釈したうえでそれを合憲と判断していたのに対し，この判決では，本件罰則規定が合憲という結論は変わっていないものの，その処罰対象となる「政治的行為」の範囲を限定する解釈を行っており，これは，猿払事件判決のように「政治的行為」の範囲を広く捉えると憲法違反になるとの判断に基づいて解釈を変更した（合憲限定解釈を行った）のだという理解である。この判決では，本件罰則規定の合憲性を判断するにあたっても，猿払事件で用いた合理的関連性の基準を用いておらず，比較衡量によりながら丁寧に判断している点でも違いがみられる。

＊4
最高裁は，それなりの理由があれば判例を変更することができる。しかし，判例を変更するには大法廷で裁判をしなければならない（裁10条3号）。それゆえ，この事件でも本当ならば大法廷を開くべきだったのだが，何かの理由から小法廷限りで判断をすることとなったので，最高裁は，本判決が判例変更ではない点を説明，強調する必要があったのだと推測される。

23 市民会館の利用と集会の自由 泉佐野市民会館事件

最高裁平成7年3月7日判決（民集49巻3号687頁）　　　　　▶百選Ⅰ-81

🔍 事案をみてみよう

　Xらは，関西国際空港建設の反対運動をしている者であり，「関西新空港反対全国総決起集会」を開催するため，大阪府にある泉佐野市民会館ホールの使用許可の申請をした。しかし，この集会の実質的な主催者である中核派[*1]は，関空建設に反対して大阪府庁などに時限発火装置による爆破や放火を行い，また左翼運動の主導権をめぐって革マル派などの他のグループと暴力による抗争を行っている団体であった。泉佐野市長は，この集会のための会館の使用が市立泉佐野市民会館条例7条1号，3号に当たるとして申請の不許可処分を行った。そこでXらは，本件条例7条1号，3号が憲法21条1項に違反し，また本件不許可処分が集会の自由を侵害し憲法21条1項に違反するなどと主張して，泉佐野市（Y）を相手どって国家賠償請求訴訟を提起した。Xらは第1審，控訴審ともに敗訴したので，上告した。[*2]

☑ 読み解きポイント

① 集会のための施設の利用を拒否できるのはどのような場合であるとしたか。

② 本件条例7条1号の合憲性についてどのように判断したか。

📖 判決文を読んでみよう

(1)　「地方自治法244条にいう普通地方公共団体の公の施設として，本件会館のように集会の用に供する施設が設けられている場合，住民は，その施設の設置目的に反しない限りその利用を原則的に認められることになるので，管理者が正当な理由なくその利用を拒否するときは，憲法の保障する集会の自由の不当な制限につながるおそれが生ずることになる。したがって，本件条例7条1号及び3号を解釈適用するに当たっては，本件会館の使用を拒否することによって憲法の保障する集会の自由を実質的に否定することにならないかどうかを検討すべきである。」

　「このような観点からすると，集会の用に供される公共施設の管理者は，当該公共施設の種類に応じ，また，その規模，構造，設備等を勘案し，公共施設としての使命を十分達成せしめるよう適正にその管理権を行使すべきであって，これらの点からみて利用を不相当とする事由が認められないにもかかわらずその利用を拒否し得るのは，利用の希望が競合する場合のほかは，施設をその集会のために利用させることによっ

*1

中核派は，新左翼セクトの一つである。1960年の安保運動の後，全学連は分裂し，何人かの指導者は革共同（革命的共産主義者同盟）という団体に移ったが，この結果，革共同が分裂をして中核派と革マル派が生まれた。中核派は，三派全学連（[判例19]*1を参照）を構成して，1967年以降の成田空港建設反対闘争（三里塚闘争），1968〜69年の東大安田講堂事件などに参加する。しかし，この頃から新左翼運動に対する一般市民の支持が得られなくなり，また新左翼セクト，とくに中核派と革マル派との間での暴力行使（内ゲバ）が激しくなる。中核派の活動そのものも，1980年代に入ると放火や爆破といったテロが中心になっていた。

*2

市立泉佐野市民会館条例7条は，

「市長は，つぎの各号の一に該当すると認めた場合は，使用を許可してはならない。

一　公の秩序をみだすおそれがある場合

［二　略］

三　その他会館の管理上支障があると認められる場合」

と定めていた。

Point

て，他の基本的人権が侵害され，公共の福祉が損なわれる危険がある場合に限られるものというべきであり，このような場合には，その危険を回避し，防止するために，その施設における集会の開催が必要かつ合理的な範囲で制限を受けることがあるといわなければならない。そして，右の制限が必要かつ合理的なものとして肯認されるかどうかは，基本的には，基本的人権としての集会の自由の重要性と，当該集会が開かれることによって侵害されることのある他の基本的人権の内容や侵害の発生の危険性の程度等を較量して決せられるべきものである。本件条例7条による本件会館の使用の規制は，このような較量によって必要かつ合理的なものとして肯認される限りは，集会の自由を不当に侵害するものではなく，また，検閲に当たるものではなく，したがって，憲法21条に違反するものではない。」

「このような較量をするに当たっては，集会の自由の制約は，基本的人権のうち精神的自由を制約するものであるから，経済的自由の制約における以上に厳格な基準の下にされなければならない〔最大判昭和50・4・30民集29巻4号572頁（〔判例**28**〕）参照〕。」

(2) 「本件条例7条1号は，『公の秩序をみだすおそれがある場合』を本件会館の使用を許可してはならない事由として規定しているが，同号は，広義の表現を採っているとはいえ，右のような趣旨からして，本件会館における集会の自由を保障することの重要性よりも，本件会館で集会が開かれることによって，人の生命，身体又は財産が侵害され，公共の安全が損なわれる危険を回避し，防止することの必要性が優越する場合をいうものと限定して解すべきであり，その危険性の程度としては，……単に危険な事態を生ずる蓋然性（がいぜんせい）があるというだけでは足りず，明らかな差し迫った危険の発生が具体的に予見されることが必要であると解するのが相当である……。そう解する限り，このような規制は，他の基本的人権に対する侵害を回避し，防止するために必要かつ合理的なものとして，憲法21条に違反するものではなく，また，地方自治法244条に違反するものでもないというべきである。」

(3) 「主催者が集会を平穏に行おうとしているのに，その集会の目的や主催者の思想，信条に反対する他のグループ等がこれを実力で阻止し，妨害しようとして紛争を起こすおそれがあることを理由に公の施設の利用を拒むことは，憲法21条の趣旨に反するところである。しかしながら，……本件不許可処分は，本件集会の目的やその実質上の主催者と目される中核派という団体の性格そのものを理由とするものではなく，また，Ｙの主観的な判断による蓋然的な危険発生のおそれを理由とするものでもなく，中核派が，本件不許可処分のあった当時，関西新空港の建設に反対して違法な実力行使を繰り返し，対立する他のグループと暴力による抗争を続けてきたという客観的事実からみて，本件集会が本件会館で開かれたならば，本件会館内又はその付近の路上等においてグループ間で暴力の行使を伴う衝突が起こるなどの事態が生じ，その結果，グループの構成員だけでなく，本件会館の職員，通行人，付近住民等の生命，身体又は財産が侵害されるという事態を生ずることが，具体的に明らかに予見されることを理由とするものと認められる。」

「したがって，本件不許可処分が憲法21条，地方自治法244条に違反するということはできない。」

① 集会のための公共施設の利用を拒否できるのは，①その施設の規模や構造等の関係から利用が不相当である場合，②利用の希望が競合する場合のほか，③集会のため施設を利用させることにより他の人権が侵害され，公共の福祉が損なわれる危険がある場合に限られるとした。

② 本件条例7条1号の「公の秩序をみだすおそれがある場合」とは，集会の自由の重要性よりも，集会によって他人の人権が侵害され公共の安全が損なわれる危険性を回避する必要性のほうが勝つ場合を意味し，またその危険性の程度としては，明らかな差し迫った危険の発生が具体的に予想されることが必要であると解すべきであり，そう解する限りで本件条例7条1号は憲法21条に違反しないとした。

☞ 解説

市民会館は，地方公共団体が管理する施設であることから，管理権を根拠とする利用拒否が広く認められそうにもみえる。しかし，市民会館は，市民がさまざまなイベントや集会を行うために作られた施設である。学説は，このように一般市民に開かれ集会に用いられる公共の施設については，集会の自由を保障するため，利用拒否の合憲性を厳格に判断しなければならないと主張する（パブリック・フォーラム論。吉祥寺駅構内ビラ配布事件〔[判例18]〕も参照）。本件で，最高裁も，市民会館が地方自治法244条にいう「公の施設」であることから，管理者が正当な理由なくその利用を拒否するときは憲法の保障する集会の自由の不当な制限につながるとして，利用拒否が許される場合を，「この判決が示したこと」の①②③の場合に限定した（判決文(1)）。

本件条例7条1号の文言は，「公の秩序をみだすおそれがある場合」であり，これに当てはまるケースは多いようにも読める。しかし，最高裁は，上でみたとおり市民会館の利用拒否が許されるのは（とくに③の場合に）限定されることから，同号の「公の秩序をみだすおそれがある場合」とは，集会の自由の重要性と集会により他人の人権が侵害され公共の安全が損なわれる危険を回避する必要性を比較衡量して後者が勝つ場合であり，またその危険性の程度としては，明らかな差し迫った危険の発生が具体的に予想できることが必要であると限定的に解した上で，この条文を合憲だとした（判決文(2)）。ここには，集会の自由を重く見て，利用拒否が許される場合を狭くとらえようという姿勢がうかがえる。さらに，この姿勢は，主催者が平穏に集会を開こうとしているのにその反対派が妨害しようとして危険が発生することを理由とする利用拒否は許されないと述べるところにも表れている（判決文(3)。「敵対的聴衆の法理」と呼ばれる）。しかし，本件では主催者自身が危険な団体であり，危険の発生が具体的に明らかに予想できることを理由とするものだとして，利用拒否を合憲だとしている。

*3
地方自治法244条2項は，「普通地方公共団体……は，正当な理由がない限り，住民が公の施設を利用することを拒んではならない。」と定めている。

事案をみてみよう

＊1

暴走族とは，バイクや自動車でしばしば爆音を出しながら無秩序な運転をする集団である。髙橋ツトム『爆音列島』を見よ。

＊2

広島市は1970（昭和45）年に広島市基本構想を策定して以来，広島平和記念都市建設法にいう「恒久の平和を誠実に実現しようとする理想の象徴」としての「平和記念都市」の建設（1条）に加え，豊かな文化と人間性をはぐくむ都市，世界に開かれた都市を目指している。

＊3

漢字で書くと「蝟集」である。「蝟」とはハリネズミのことであり，ハリネズミの毛のように，多く寄り集まることである。「集会」とは参加者が同じ目的に向かって能動的に行動するものであるのに対し，「い集」とは多くの者が一時的に寄り集まる状態を指しているようである。

　暴走族の中には，バイク等に乗って暴走するだけでなく，特攻服を着て町中でたむろする者たちもいる。広島市では，暴走族が週末ごとに繁華街の公園などで集会をしたため観光客がその周辺に近づくのを避けるようになり，また，大きな祭りの際には中心街の広場や道路を占拠して警察官と衝突し，ケガ人が出たり，バスや路面電車が立ち往生したりした。そしてそのようなことが報道されたこともあり，広島市の国際平和文化都市としてのイメージが傷つけられていた。そこで，広島市では暴走族追放条例が定められた。本条例の16条1項では，「何人も，次に掲げる行為をしてはならない」として，1号で「公共の場所において，当該場所の所有者又は管理者の承諾又は許可を得ないで，公衆に不安又は恐怖を覚えさせるようない集又は集会を行うこと」を掲げる。そして，17条は，「前条第1項第1号の行為が，本市の管理する公共の場所において，特異な服装をし，顔面の全部若しくは一部を覆い隠し，円陣を組み，又は旗を立てる等威勢を示すことにより行われたときは，市長は，当該行為者に対し，当該行為の中止又は当該場所からの退去を命ずることができる」とし，19条は，この市長の命令に違反した者は，6か月以下の懲役または10万円以下の罰金に処するものと規定している。

　Xは，暴走族Aにおいて，「面倒見」と呼ばれる，Aを指導する立場であった。Xは，Aのメンバー約40人とともに，広島市が管理する広場で，Aの名を刺しゅうした「特攻服」を着て，顔面の全部または一部を隠し，円陣を組み，旗を立てるなどして，人々に不安や恐怖を覚えさせるような集会を行い，広島市職員から退去命令を受けたにもかかわらず，これに従わずに集会を続けたことから，刑法60条，本条例16条1項1号，17条，19条違反で起訴された。Xは第1審，控訴審で有罪となった（懲役4か月，執行猶予3年）。Xは，本条例16条1項が「何人も」という文言を用いていること，また本条例2条7号が定める「暴走族」の定義も「暴走行為をすることを目的として結成された集団又は公共の場所において，公衆に不安若しくは恐怖を覚えさせるような特異な服装若しくは集団名を表示した服装で，い集，集会若しくは示威行為を行う集団」であり，世間でいう暴走族以外の集団も広く含まれるものとなっていることから，本条例16条1項1号，17条，19条は憲法21条1項および31条に違反するとして上告した。

📖 判決文を読んでみよう

(1)「所論は，本条例16条1項1号，17条，19条の規定の文言からすれば，その適用範囲が広範に過ぎると指摘する。

なるほど，本条例は，暴走族の定義において社会通念上の暴走族以外の集団が含まれる文言となっていること，禁止行為の対象及び市長の中止・退去命令の対象も社会通念上の暴走族以外の者の行為にも及ぶ文言となっていることなど，規定の仕方が適切ではなく，本条例がその文言どおりに適用されることになると，規制の対象が広範囲に及び，憲法21条1項及び31条との関係で問題があることは所論のとおりである。しかし，本条例19条が処罰の対象としているのは，同17条の市長の中止・退去命令に違反する行為に限られる。そして，本条例の目的規定である1条は，『暴走行為，い集，集会及び祭礼等における示威行為が，市民生活や少年の健全育成に多大な影響を及ぼしているのみならず，国際平和文化都市の印象を著しく傷つけている』存在としての『暴走族』を本条例が規定する諸対策の対象として想定するものと解され，本条例5条，6条も，少年が加入する対象としての『暴走族』を想定しているほか，本条例には，暴走行為自体の抑止を眼目としている規定も数多く含まれている。また，本条例の委任規則である本条例施行規則3条は，『暴走，騒音，暴走族名等暴走族であることを強調するような文言等を刺しゅう，印刷等をされた服装等』の着用者の存在（1号），『暴走族名等暴走族であることを強調するような文言等を刺しゅう，印刷等をされた旗等』の存在（4号），『暴走族であることを強調するような大声の掛合い等』（5号）を本条例17条の中止命令等を発する際の判断基準として挙げている。このような本条例の全体から読み取ることができる趣旨，さらには本条例施行規則の規定等を総合すれば，<u>本条例が規制の対象としている『暴走族』は，本条例2条7号の定義にもかかわらず，暴走行為を目的として結成された集団である本来的な意味における暴走族の外（ほか）には，服装，旗，言動などにおいてこのような暴走族に類似し社会通念上これと同視することができる集団に限られるものと解され，したがって，市長において本条例による中止・退去命令を発し得る対象も，被告人に適用されている『集会』との関係では，本来的な意味における暴走族及び上記のようなその類似集団による集会が，本条例16条1項1号，17条所定の場所及び態様で行われている場合に限定されると解される。</u>

そして，<u>このように限定的に解釈すれば，本条例16条1項1号，17条，19条の規定による規制は，広島市内の公共の場所における暴走族による集会等が公衆の平穏を害してきたこと，規制に係る集会であっても，これを行うことを直ちに犯罪として処罰するのではなく，市長による中止命令等の対象とするにとどめ，この命令に違反</u>

*4│
本条例18条は，「この条例の施行に関し必要な事項は，市長が定める」として，市長が定める「規則」（自治15条1項）に条例の補充や細目の定めを委任している。

Point

Point

した場合に初めて処罰すべきものとするという事後的かつ段階的規制によっていること等にかんがみると，その弊害を防止しようとする規制目的の正当性，弊害防止手段としての合理性，この規制により得られる利益と失われる利益との均衡の観点に照らし，いまだ憲法21条1項，31条に違反するとまではいえないことは，〔最大判昭和49・11・6刑集28巻9号393頁（[判例 **21**]），最大判平成4・7・1民集46巻5号437頁（[判例 **35**]）〕の趣旨に徴して明らかである。」

(2) 「なお，所論は，本条例16条1項1号，17条，19条の各規定が明確性を欠き，憲法21条1項，31条に違反する旨主張するが，各規定の文言が不明確であるとはいえないから，所論は前提を欠く。」

⬇ この判決が示したこと ⬇

① 本条例の規制対象は，本条例2条7号の定義や本条例16条1項の「何人も」という文言にもかかわらず，暴走族とその類似集団に限られると解釈した。

② ①のように限定解釈すれば本条例16条1項1号，17条，19条は憲法21条1項，31条に違反しないとした。

☝ 解説

　憲法21条1項の表現の自由（集会の自由）に対する規制は，どのような行為が規制されるかが法律の文言から明らかでなければならず，また必要な範囲を超えて規制してはならないという要請が特に当てはまる（前者を「明確性の原則」，後者を「過度の広汎[*5]性ゆえに無効の法理」と呼ぶ）。これは，表現行為に対する規制は，文言がわかりづらいと実際には規制対象でない行為でもそれに含まれるおそれがあるとして自粛させてしまいやすく（萎縮効果），その結果，規制の違憲性が裁判で争われることのないままその規制が残るのを防ぐためである。本条例16条では「何人も」と書かれているので，たとえば，コスプレ姿での集会でも公衆に不安や恐怖を覚えさせるならば規制対象に当てはまるおそれがある[*6]。Xはこのような定め方を問題視したのである。

　日本の判例では，「明確性の原則」と「過度の広汎性ゆえに無効の法理」とは区別されず論じられてきた（徳島市公安条例事件（[判例 **49**]），札幌税関事件（[判例 **15**]）など）。しかし，この判決では，「過度に広汎」であるかが明確性の原則とは別に正面から取り上げられた。最高裁は，本条例の目的がいわゆる「暴走族」対策であること，条例の規定には暴走行為自体の抑止を念頭に置いているものが多くあること，条例の施行規則が中止命令を発する基準として「暴走族」を想定していることを総合して考えると，この条例の規制対象は本来的な意味の暴走族とその類似集団に限られると解釈した。そしてこのように処罰対象を限定解釈すれば，本条例の規制は憲法21条，31条に違反しないとした（判決文(1)）。これは，本条例の規制が「過度に広汎」ではないかというX側の主張に対し，限定解釈ができるのでそうではないと最高裁が判断したものだといえる。そのうえで最高裁は，本条例の規制が「明確性の原則」に反していないかを別に取り上げてこれも否定している（判決文(2)）。

*5 ｜
判決文中には「広範」とあるが同じ意味である。

*6 ｜
仮に本条例16条の規制対象が「暴走族」に限られるのだとしても，本条例2条7号によれば「暴走族」には「公共の場所において，公衆に不安若しくは恐怖を覚えさせるような特異な服装若しくは集団名を表示した服装で，い集，集会若しくは示威行為を行う集団」も含まれるので，やはりコスプレ姿での集会がこれに当てはまる可能性がある。

<table>
<tr><td>**25**</td><td colspan="2">## 学問の自由と大学の自治</td><td>ポポロ事件</td></tr>
<tr><td></td><td colspan="3">最高裁昭和38年5月22日大法廷判決（刑集17巻4号370頁） ▶百選Ⅰ-86</td></tr>
</table>

 事案をみてみよう

　1952（昭和27）年2月，東京都文京区にある東京大学の教室において，同大学公認の学生団体である「劇団ポポロ」が主催する演劇発表会が開催されることになった。当日は，演劇「何時の日にか」などが上演される予定となっていたが，その内容は，松川事件[*1]を題材にしたものであり，また，この演劇発表会は，当時の学生らによる社会運動の一環として行われ，当日，松川事件のための資金のカンパ[*2]が行われることとなっていた。当時は，連合国軍総司令部（GHQ）による占領が終了する2か月ほど前の時期にあたり，その2年前（1950〔昭和25〕年）には朝鮮戦争が勃発するなど，東西冷戦の構造にわが国も巻き込まれようとする時期にあり，「レッド・パージ」[*3]なども行われ，これに反発する市民や学生が社会運動や政府批判を展開するといった状況にあった。この演劇発表会は，こうした動きを背景にしたものでもある。

　全国の警察は，このような社会情勢にかんがみ，政府批判の運動などを注視するようになり，東大がある地区を所轄する警察署（本富士警察署）の職員も，「私服」で大学構内に立ち入り，学内情勢を視察し，学生・教職員の思想動向や背後関係の調査を行うなど，情報収集のための活動を続けていた（この警察署は，東大の自治に隠れて全学連〔[判例 **19**〕の＊1参照〕などが非合法な活動をするおそれがあるとして，特に東大を情報収集活動の対象として重視していた）。警察署の巡査らは，東京大学の学生新聞等でこの演劇発表会の開催を知り，情報収集の必要があると考え，入場券を購入し演劇発表会に参加した。第1幕が終わった頃，巡査の一人が学生の視線を感じたため，急きょ会場を退出しようとした時，学生Xに腕をつかまえられるなどしてもみあいとなった。その際，Xは，この巡査の右手を押さえ腹部を殴り，警察手帳を取り出させようとして巡査の洋服内ポケットに手を入れ，オーバーのボタンをもぎ取るなどの暴行を加えたなどとして，逮捕・起訴された。第1審は，警察官の大学構内における情報収集活動（警備活動）は，大学自治の原則から一定の限界があり，本件における警察官の学内立入り行為は違法なものであるとして，Xに無罪を言い渡した。控訴審もこれを支持したため，検察側が上告した。

*1

松川事件とは，1949（昭和24）年8月，東北本線松川駅付近（現福島県福島市）で生じた列車転覆事件である。当時，国鉄の人員整理が大きな問題になっており，これに反対する国鉄労組の組合員らが実行したとして，逮捕された。被告人らに対する救援活動が展開され，最終的に最高裁で全員の無罪が確定した。

*2

「カンパ」とは，人々から社会運動などのために資金を募ることをいう（政治的な大衆行動を意味するロシア語の「カンパニア」の略とされる）。なお，演劇発表会のこのような性格づけについて，差戻審では，カンパは必ずしも松川事件と関連するものとはいえないとされるなど，若干異なる事実認定をしている（東京地判昭和40・6・26下刑集7巻6号1275頁）。

*3

「レッド・パージ」とは，共産党員とその同調者を公職・企業などから追放する動きをいう。わが国では，GHQの指令に基づき，1949〜1950年（昭和24〜25年）の間，大規模に行われた。「赤狩り」ともいう。

✓ 読み解きポイント

① 憲法23条が保障する「学問の自由」とは，どのような内容だろうか。
② 学問の自由は，どのような活動に対して保障されるのだろうか。

📖 判決文を読んでみよう

(1) 憲法23条の学問の自由は，「学問的研究の自由とその研究結果の発表の自由とを含むものであって」，これは，「一面において，広くすべての国民に対してそれらの自由を保障するとともに，他面において，大学が学術の中心として深く真理を探究することを本質とすることにかんがみて，特に大学におけるそれらの自由を保障することを趣旨としたものである」。教育・教授の自由は，学問の自由と密接な関係を有するけれども必ずしもこれに含まれるものではない。しかし大学については，憲法の趣旨と学校教育法の規定[*4]に基づき，教授等の研究者は，その研究結果を大学の講義・演習において教授する自由を保障される。「そして，以上の自由は，すべて公共の福祉による制限を免れるものではないが，大学における自由は，右のような大学の本質に基づいて，一般の場合よりもある程度で広く認められると解される。」「大学における学問の自由を保障するために，伝統的に大学の自治が認められている。この自治は，とくに大学の教授その他の研究者の人事に関して認められ，大学の学長，教授その他の研究者が大学の自主的判断に基づいて選任される。また，大学の施設と学生の管理についてもある程度で認められ，これらについてある程度で大学に自主的な秩序維持の権能が認められている。」

(2) 「これらの自由と自治の効果として，施設が大学当局によって自治的に管理され，学生も学問の自由と施設の利用を認められるのである。」「大学における学生の集会も，右の範囲において自由と自治を認められるものであって，大学の公認した学内団体であるとか，大学の許可した学内集会であるとかいうことのみによって，特別な自由と自治を享有するものではない。学生の集会が真に学問的な研究またはその結果の発表のためのものでなく，実社会の政治的社会的活動に当る行為をする場合には，大学の有する特別の学問の自由と自治は享有しないといわなければならない。」本件演劇発表会は，真に学問的な研究と発表のためのものでなく，実社会の政治的社会的活動であるから，大学の学問の自由と自治は享有しないものであり，本件演劇発表会に警察官が立ち入ったことは，大学の学問の自由・自治を犯すものではない。

*4|
「大学は，学術の中心として，広く知識を授けるとともに，深く専門の学芸を教授研究」することなどを目的とする（現行学教83条1項）。

> ⬇ この判決が示したこと ⬇
>
> ① 憲法23条の「学問の自由」は，学問的研究とその研究結果の発表の自由を含み，広く国民一般にも保障されるが，学術の中心として真理を探究する大学におけるそれらの自由を特に保障するものであり，このため，伝統的に大学の自治が認められている，と判断した。

② 大学における学生の集会も，①の範囲で自由と自治が認められるので，それが真に学問的な研究やその結果の発表ではなく，実社会の政治的社会的活動にあたる場合は，学問の自由と自治の保障は及ばない，と判断した。

解説

この事件で，警察官は，ほぼ連日のように大学構内に入り情報収集活動を行っていたとされ，こうした継続的な警察活動が，学問の自由や大学の自治を脅かしているのではないか，という点が大きな問題となった[*5]。警察官による本件演劇発表会への立入りはその一環であったが，仮にこうした警察活動が学問の自由・大学の自治を侵害する違法なものであれば，その阻止を試みた X の行為は，学問の自由という憲法上の要請を重くみるなら，罪に問うべきではないのではないか（違法性を阻却すべきではないか）[*6]，という問題が生じたのである（第1審はこのように考え，Xを無罪とした）。最高裁は，学問の自由・大学の自治の意義について示した上で，学生集会が実社会の政治的社会的活動にあたる場合には大学の学問の自由と自治の保障は及ばないとして，警察官の立入りはこれらの自由と自治を犯す（侵す）ものではない，とした。本件はその後差し戻されたが，差戻し後の第1審・控訴審でXは有罪とされ，差戻上告審で最高裁もこれを支持した（最判昭和48・3・22刑集27巻2号167頁）。本判決については，警察官による恒常的な情報収集活動の一環として大学構内への立入りが行われていたのであり，そのことを十分考慮すべきであった，といった指摘もある。

憲法23条が保障する「学問の自由」について，最高裁は，①学問の自由は，研究の自由とその結果発表の自由を含むこと，②この自由は，学術の中心として真理を探究することを本質とする大学において特に保障され，大学における教授の自由や，大学の自治も保障されること，③大学における学生の集会も，②の大学の本質の範囲で自由と自治が認められるので，実社会の政治的社会的活動にあたるようなものには保障が及ばないこと（そのような集会は学問の自由を享有しないこと），を明らかにした。②については，学問の自由と教授の自由の主たる担い手を大学とし，それ以外の初等中等教育機関を射程に入れない姿勢を示しているといえる[*7]。また，③については，たとえ学生の集会が学問の自由で保障されないとしても，集会の自由（憲21条1項）の保障は及び，その観点から，本件立入り・警察活動が適法だったかも問題となりうる[*8]。

*5
警察は，公共の安全の維持等のため，任意で情報収集活動を行うことがある。なお，警察官は，犯罪予防などのため，他人の土地・建物等に立ち入ることができ，また多数の客が来集する場所の管理者等は正当な理由なく立入りを拒むことができない。管理者等の要求があれば，警察官は，立入りの理由を告げ，身分を示す証票（警察手帳など）を呈示しなければならない（警職6条）。

*6
刑法上，犯罪として定められた行為に該当する（構成要件に該当する）行為であり，違法と推定されるが，特別の事由で違法性の推定が破られることを，「違法性阻却」という。刑法では，正当行為・正当防衛・緊急避難の3つがある（刑35条〜37条）。

*7
旭川学力テスト事件（[判例32]）では，普通教育（小中学校・高等学校普通科の教育）について，大学教育とは異なり，児童生徒に批判能力がなく，教育の機会均等を図る点などから，普通教育の教師に完全な教授の自由を認めることはとうてい許されない，と述べた。

*8
本判決では，本件演劇発表会は少なくとも屋内集会であるとして，警察活動が集会の自由を侵害する可能性のあることを指摘する裁判官の意見があった（入江俊郎裁判官ほかの補足意見）。ただしこの意見も，Xの行為は，違法性を阻却するような緊急にして必要やむを得ない行為であったとは認められないとしている。

Chapter

III

経済的自由・社会権

憲法は，職業選択の自由を保障し（22条1項），モノを所有・使用する権利として，「財産権は，これを侵してはならない」，と定めている（29条1項）。私たちは，職を得たり，必要なモノを購入し，活用するなど，さまざまな経済的活動を行っているが，憲法は，これらの権利・自由を経済的自由として保障している。ただし，経済活動は，ほかの基本的人権に比べ，他者と関わる部分が大きく（商売もお客さんがいなければ成り立たず，モノの売買も相手があってはじめて成立する），社会に影響を与える場合もある。このため，これらの権利は，精神的自由と異なり，何らかの規制が求められる（憲法も「公共の福祉」による制約を認めている〔22条1項・29条2項〕）。この **Chapter** では，こうした制約がどこまでなら許されるかが問題となった判例をみてみよう。

かつては，自由な経済活動が社会を発展・活性化させるので，国はできるだけ経済活動に干渉しないほうがよい，という考え方がとられた。しかし，その結果，貧富の差が大きくなり，また，雇用主に対し労働者が弱い立場に置かれるなど，さまざまな社会問題が生じた。このため，経済活動に対する積極的な規制や，社会的弱者への救済を行うため，各国の憲法は，生活保障への権利やそのための政策実施を掲げるようになった。日本国憲法も，生存権（25条1項），教育を受ける権利（26条1項），労働者の権利（27条1項・28条）といった権利（社会権）を保障している。これらに関する判例も，ここでみておこう。

Contents

Introduction

1. 経済的自由権

> ラーメンが大好きなうちのおじさんが，会社員を辞めてラーメン屋をはじめたんだけど，食中毒を出しちゃって，営業停止になっちゃったんだ。食中毒は怖いけど，それが理由で営業停止って厳しすぎないかな？

　憲法は，経済的自由権として，職業選択の自由（22条1項）と財産権（29条1項）を保障する。職業選択の自由には，職業を選択する自由と，それを実際に行う自由（職業遂行の自由）が含まれると解されている（［判例28］参照。ここにいう「職業」には，営利を目的とする自主的な活動である「営業」も含まれる）。また，財産権の保障には，人が実際に所有している財産（土地等の不動産や著作権など，財産価値を含むもの）を権利として保障することに加え，財産権の行使を可能にするような法制度（私有財産制）の保障も含んでいると考えられている（［判例29］参照）。

　経済活動は，「商売」やモノの売買がそうであるように，人と人との関係の中で営まれるものであり，その活動が他者に与える具体的な影響も大きい。このため，精神的自由権に比べ，規制が特に必要になると考えられている（［判例28］もこの点を指摘する）。しかし，行きすぎた規制や根拠のない規制は，経済的自由権を不当に制限することになる。このため，どこまでなら許される規制かが問題となる。

　制約の限界についていえば，基本的人権の保障は，一般に，「公共の福祉」（12条・13条）による制限が課される，と解されている。ある人の自由や権利の行使が他人に危害を加える場合，それは制約されてもやむをえないといえるだろう。「公共の福祉」とは，まず，①自分の基本的人権の行使が他者の人権を侵害したり，これと対立したりするような場合に，両者を調整するために課される制約を含むと考えられている（内在的制約）。一方，現代では，累進課税[*1]などを通じ，富める者の財産に大きく課税し，そのぶんを社会的弱者向けの施策に充てるという政策も実施されている。「公共の福祉」は，こうした，②社会経済政策を実現するために課される制約も含まれると考えられている（政策的〔外在的〕制約[*2]）。ただし，基本的人権が「公共の福祉」によって制約されるといっても，その制約のあり方は，問題となる基本的人権の性質などに注意しながら，具体的に考えていく必要がある。

　憲法は，職業選択の自由と財産権について，特に「公共の福祉」に言及しているが，それは，②の制約が妥当することを示している。本章では，職業選択の自由について，国民の生命・健康保護の観点からなされる規制（消極的・警察的規制）［判例28］と，社会経済政策の観点からなされる規制［判例27］が問題となった事例をみよう。また，財産権の制約が問題となった例も取り上げる［判例29］。

*1　租税制度において，課税の対象となる所得等が高くなるに従って税率を上げる仕組み。富める者から貧しい者に所得を再分配する機能を果たすといわれている。

*2　このほか，未成年に対する飲酒や喫煙の規制のように，ある権利・自由を認めておくことが，本人のためにならないことを理由に制限される場合がある。学説では，こうした観点からの一定の制約も，「公共の福祉」に含まれるとする考え方がある。

2. 社会権

> 友だちのお父さんは，新型コロナウイルスの影響で，勤めていた飲食店が経営難になって仕事を失って，やっと再就職できたけど，給料がとても安くて，生活していくのが大変な時期があったんだって。こんな状況にまきこまれたのは自分の責任でそうなったわけじゃないのに，それで生活が苦しくなるって，なんだかおかしい気がする。

　近代憲法は，国家からの介入を排除する自由権を中心に保障していたが，そこで想定されていたのは，国家はできるだけ個人の自由や生活に干渉しないほうが望ましい，という考え方であった。しかし，経済活動が活発となり，社会の産業化が進んでいくと，富める者とそうでない者が生じ，社会的に弱い立場の人々が現れるようになった。20世紀以降，こうした状況に対処しようとして，憲法で，社会的・経済的生活の保障を国の責務として実施すべきことを明らかにしたり，あるいは，それらを要求する権利があることを規定する憲法がみられるようになった。日本国憲法は，「健康で文化的な最低限度の生活を営む権利」を保障し（25条1項。「生存権」），国に社会保障政策などを実施すべきことを求めている（同条2項）。また，憲法は，労働者が使用者との関係で不利な立場に置かれがちであることをふまえた上で，労働者の権利を保障し，使用者との関係をより対等なものとすることを目指している。勤労権の保障と勤労条件に関する基準を法律で定めるべきこと（27条1項・2項）や，労働基本権（団結権・団体交渉権・団体行動権。28条）を保障しているのはその現れである。ここでは，生存権の代表的判例として［判例30］と［判例31］を取り上げる。また，労働者の権利が公務員にどこまで保障されるかが問題となった事例として，［判例33］を取り上げる。

　私たちが社会の一員として生活し，人間として成長する上で，基本的な教養や知識を身につけておくことは大切である。これらを学ぶ教育について，憲法は，教育を受ける権利を保障し，義務教育を無償とするなど（26条），国民の生活・経済状況がどのようなものであっても，国によって等しく基礎的教育を受ける機会が保障されるべきことを求めている。教育は，歴史的にみると，親による子の教育から始まり，民間の教育を経て，次第に国がこれを担うようになった。このため，国に教育の責務があるとしても，本来国民も担ってきた教育について，どこまで国が関与できるかが問題となる。この点が問題となったのが，［判例32］である。

NHK 受信契約の締結を
強制することの合憲性

NHK 受信料訴訟大法廷判決

最高裁平成29年12月6日大法廷判決（民集71巻10号1817頁）　　▶百選Ⅰ-77

事案をみてみよう

＊1｜

放送法64条1項本文は「協会の放送を受信することのできる受信設備……を設置した者は，……協会と受信契約を締結しなければならない」と定める。ここにいう協会とは，「日本放送協会」すなわちNHKのことであり，受信設備とはテレビ（ワンセグ機能付き携帯電話などを含む）のことである。受信契約の詳細は，日本放送協会放送受信規約で定められている。この点も含めてNHKのウェブサイト（https://www.nhk-cs.jp/jushinryo/）を参照のこと。

＊2｜

NHK以外の地上波テレビ放送や衛星放送の多くのチャンネルが無料で視聴できるのは，放送にかかわる費用を広告料などによって賄っているからである。なお，このほかにWOWOWやスカパー！のような有料放送も増えてきている。これらの有料放送は，契約し，視聴料を払わなければ視聴できない。

　大学に入学するにあたってひとり暮らしを始めて，テレビを買ったという人もいるかもしれない。放送法64条1項によれば，テレビを買って設置した人は，NHKと受信契約を締結し，受信料を納めなければならない。けれども，テレビを買っても，NHKを視るつもりはなく，民放だけで十分という人もいるだろう。NHKの受信料は電気料金などと同じ公共料金だといわれる。電気を使ったら電気代を払わなくてはいけないのはわかる。でも，なぜ，視もしないNHKと受信契約を締結し，十分ではない（かもしれない）生活費の中から，受信料を支払わなければならないのか。

　このように考え，受信料制度に反発する人は昔から少なからずいた。とくに，2004（平成16）年にNHKの大きな不祥事が明るみにでると，そのような反発の声はさらに高まった。その結果，受信契約の締結や受信料の支払を拒む人が増えてきた。そこで，NHKは，受信料の徴収強化に乗り出した。この事件は，このような事情を背景にして，NHKが，受信契約の申込みをしたにもかかわらずそれに応じなかった人に対して，放送法64条1項に基づき，契約を締結する義務があるのだから，契約の申込みを承諾しなくてはならず，その承諾によって成立する契約に基づいて受信料を支払うことなどを求めた事件である。

　これに対して，相手方は，契約を締結する／しないは，契約の自由という民法上の大原則であり，憲法でも保障されているのだから，契約の締結を強制できるとした放送64条1項は違憲であると主張した。また，テレビを設置した人が必ずNHKの受信料を支払わなければならないとすれば，NHKを視るつもりがない人も受信料を支払うことになったり，受信料を払いたくないがゆえに，テレビの設置自体をやめて，民放も視なくなったりすることを余儀なくされるのであり，憲法21条1項の表現の自由で保障されているはずの無料の民放のみを視聴する自由も侵害されているとも主張していた。

✓ 読み解きポイント

① 憲法は放送をどのように捉えているか。

② 放送においてNHKはどのような役割を担っているか。

③ 受信料徴収のために受信契約の締結を強制することは合憲か。

📖 判決文を読んでみよう

(1)「放送は，憲法21条が規定する表現の自由の保障の下で，国民の知る権利を実質的に充足し，健全な民主主義の発達に寄与するものとして，国民に広く普及されるべきものである。」

(2)「放送法は……旧法下において社団法人日本放送協会のみが行っていた放送事業について，公共放送事業者と民間放送事業者とが，各々その長所を発揮するとともに，互いに他を啓もうし，各々その欠点を補い，放送により国民が十分福祉を享受することができるように図るべく，二本立て体制を採ることとしたものである。そして，同法は，二本立て体制の一方を担う公共放送事業者として原告〔NHK〕を設立することとし……原告を，民主的かつ多元的な基盤に基づきつつ自律的に運営される事業体として性格付け，これに公共の福祉のための放送を行わせることとした ものである。」

(3)「放送法が……原告につき，営利を目的として業務を行うこと及び他人の営業に関する広告の放送をすることを禁止し（20条4項，83条1項），事業運営の財源を受信設備設置者から支払われる受信料によって賄うこととしているのは，原告が公共的性格を有することをその財源の面から特徴付けるものであ」り，「特定の個人，団体又は国家機関等から財政面での支配や影響が原告に及ぶことのないようにし，現実に原告の放送を受信するか否かを問わず，受信設備を設置することにより原告の放送を受信することのできる環境にある者に広く公平に負担を求めることによって，原告が上記の者ら全体により支えられる事業体であるべきことを示すものにほかならない。」

(4) 二本立て体制は「憲法21条の保障する表現の自由の下で国民の知る権利を実質的に充足すべく採用され，その目的にかなう合理的なものであると解されるのであり，かつ，放送をめぐる環境の変化が生じつつあるとしても，なおその合理性が今日までに失われたとする事情も見いだせないのであるから，これが憲法上許容される立法裁量の範囲内にあることは，明らかというべきである。このような制度の枠を離れて被告が受信設備を用いて放送を視聴する自由が憲法上保障されていると解することはできない」。

(5)「受信料の支払義務を受信契約により発生させることとするのは，……原告が，基本的には，受信設備設置者の理解を得て，その負担により支えられて存立することが期待される事業体であることに沿うものであり，現に，放送法施行後長期間にわたり，原告が，任意に締結された受信契約に基づいて受信料を収受することによって存立し，同法の目的の達成のための業務を遂行してきたことからも，相当な方法であるといえる。」

(6)「任意に受信契約を締結しない者に対してその締結を強制するに当たり，放送法には，締結を強制する契約の内容が定められておらず，一方当事者たる原告が策定する放送受信規約によってその内容が定められることとなっている点については……同法が予定している受信契約の内容は，同法に定められた原告の目的にかなうものとして，受信契約の締結強制の趣旨に照らして適正なもので受信設備設置者間の公平が

図られていることを要するものであり，放送法64条1項は，受信設備設置者に対し，上記のような内容の受信契約の締結を強制するにとどまると解されるから，前記の同法の目的を達成するのに必要かつ合理的な範囲内のものとして，憲法上許容されるというべきである。」

⇩　この判決が示したこと　⇩

① 放送は，表現の自由（憲21条1項）の保障下にあるとともに，国民の知る権利を充足する役割を持つ。
② わが国の放送制度は，NHKと民放の二本立て体制となっており，その中でNHKには，民主的かつ多元的な基盤に基づきつつ自律的に運営される事業体として，公共の福祉のための放送を行うことが求められている。
③ このため，NHKが受信料によって運営され，受信料を含む受信契約の内容も，適正・公平なものとなるよう工夫されているから，そのような契約の締結を強制しても憲法違反にはならない。

解説

　本判決の直接の争点は，受信設備設置者に受信契約の締結を義務づける放送法64条1項の合憲性である。この点に応えるために，最高裁は，まず，放送や公共放送としてのNHKの意義を説く。

　それによれば，放送は，表現の自由の下で，国民の知る権利を実質的に充足するものであり（判決文(1)），NHKと民放からなる二本立ての放送体制も，このような放送の役割を十分に果たすための制度として立法者が選択したものだということである（判決文(2)）。

　たしかに，主としてスポンサーからの広告料で運営される民放には，スポンサーの利害が反映されるのではないかという懸念がある。また，放送を税金その他の公金で運営すれば，政治家から圧力がかかることも予想される。そうすると，立法者が，広告料からなる民放と受信料からなるNHKという二本立ての放送制度を構想したのにも理由があるというのである（判決文(3)）。

　もちろん，受信料は，不当に高かったり，不公正なものであったりしてはいけない。しかし，放送法は，NHKの予算を国会にチェックさせたり，受信契約の内容を総務大臣の認可事項としていたりして，この点に一定の対策を施している。

　また，最高裁は，放送法64条1項を，NHKが契約を申し込むと直ちに契約の成立を認められるのではなく，NHKが契約の締結を申し込み，説明を尽くした後に，それでも契約の締結に応じない者に対して契約の締結を強制するものだと理解している。したがって，強制の程度はそれほど高くなく，また，NHKが公共放送や受信料の意義を説明する機会を確保することが期待できる（判決文(6)）。最高裁は，このように考えて，放送法64条1項を合憲とした。

<table>
<tr><td>27</td><td>小売市場の開設と職業選択の自由 小売市場事件</td></tr>
</table>

最高裁昭和47年11月22日大法廷判決（刑集26巻9号586頁）　▶百選Ⅰ-91

 ## 事案をみてみよう

　戦後，わが国では，戦争による経済の荒廃や人々が復員したことなどにより，失業者があふれていた。そのような中，消費者に物を売る仕事（小売商）は，わずかな資金と多少の商品知識で開業できるので，失業者の多くが生活の糧を求めて参入した。その結果，小売商は過剰参入となり，乱売合戦や原価割れ販売など競争の弊害が生じた。しかも，その後，経済が回復してくると，今度は，百貨店や生協のほか，複数の小売商が入居する小売市場が台頭し，競争はますますエスカレートした。

　そのような中，1959（昭和34）年に，小売商の事業活動の機会を適正に確保し，小売商業の正常な秩序を阻害する要因を除去することなどを目的として，小売商業調整特別措置法が制定された。この法律では，政令市等における小売市場開設には都道府県知事の許可を必要とすることが定められ（3条），許可の条件として，①競争が過度に行われるため中小小売商の経営が著しく不安定となるおそれがある場合（5条1号），②小売市場の建物の貸付条件等が省令に定める基準に適合しない場合（5条2号以下）といった不許可事由が定められた。そして，大阪府では，①に関して，新設しようとする小売市場が既存の最も近い小売市場から一定の距離離れていなければ開設を許可しないという内規（距離制限）を設けていた。

　Xは，市場経営等を行う会社Mの代表者であり，Mの事業として大阪府下で新規の小売市場を開設しようと考えたが，距離制限によって開設の許可を受けられそうもなかったので，許可を受けずに小売市場を開設し，小売商人に店舗を貸し付けたところ，XとMは起訴された。第1審・控訴審ともに，XとMは有罪となり，罰金15万円の刑が言い渡された。

*1 |

小売商業調整特別措置法にいう小売市場とは，1つの建物であって，10以上の小売商（その全部または一部が政令で指定する物品〔生鮮食料品等〕を販売する場合に限る）の店舗の用に供されるものをいう。そして，同法3条1項は，都道府県知事の許可がなければ，ある建物を小売市場とするために，その全部または一部を店舗の用に供する小売商に貸し付けたり，譲り渡したりしてはならないと定めている。

☑ 読み解きポイント

① 職業選択の自由に営業の自由は含まれるか。

② 社会経済政策の一環として，職業選択の自由を制限することは許されるか。

③ 社会経済政策によって職業選択の自由を制限する場合に，その合憲性はどのように判断されるか。

判決文を読んでみよう

　「憲法22条1項は，国民の基本的人権の一つとして，職業選択の自由を保障して

Point

*2|

営業の自由とは,学説上,営利を目的とする活動の自由を意味するとされることが多いが,多くの場面で薬局距離制限違憲判決（[判例28]）が示した職業遂行の自由と重なると考えられている。

*3|

消極目的規制（警察目的規制）と呼ばれる。たとえば,国民の生命・健康の安全を確保するために,医業に類似した行為を禁止することや,社会秩序の確保のために古物商を許可制とすることなどがその例。

おり，そこで職業選択の自由を保障するというなかには，広く一般に，いわゆる営業の自由を保障する趣旨を包含しているものと解すべきであり，ひいては，憲法が，個人の自由な経済活動を基調とする経済体制を一応予定しているものということができる。」

「個人の経済活動に対する法的規制は，個人の自由な経済活動からもたらされる諸々の弊害が社会公共の安全と秩序の維持の見地から看過することができないような場合に，消極的に，かような弊害を除去ないし緩和するために必要かつ合理的な規制である限りにおいて許されるべきことはいうまでもない。のみならず，憲法の他の条項をあわせ考察すると，憲法は，全体として，福祉国家的理想のもとに，社会経済の均衡のとれた調和的発展を企図しており，その見地から，すべての国民にいわゆる生存権を保障し，その一環として，国民の勤労権を保障する等，経済的劣位に立つ者に対する適切な保護政策を要請していることは明らかである。このような点を総合的に考察すると，憲法は，国の責務として積極的な社会経済政策の実施を予定しているものということができ，個人の経済活動の自由に関する限り，個人の精神的自由等に関する場合と異なって，右社会経済政策の実施の一手段として，これに一定の合理的規制措置を講ずることは，もともと，憲法が予定し，かつ，許容するところと解するのが相当であり，国は，積極的に，国民経済の健全な発達と国民生活の安定を期し，もって社会経済全体の均衡のとれた調和的発展を図るために，立法により，個人の経済活動に対し，一定の規制措置を講ずることも，それが右目的達成のために必要かつ合理的な範囲にとどまる限り，許されるべきであって，決して，憲法の禁ずるところではないと解すべきである。」

「社会経済の分野において，法的規制措置を講ずる必要があるかどうか，その必要があるとしても，どのような対象について，どのような手段・態様の規制措置が適切妥当であるかは，主として立法政策の問題として，立法府の裁量的判断にまつほかない。というのは，法的規制措置の必要の有無や法的規制措置の対象・手段・態様などを判断するにあたっては，その対象となる社会経済の実態についての正確な基礎資料が必要であり，具体的な法的規制措置が現実の社会経済にどのような影響を及ぼすか，その利害得失を洞察するとともに，広く社会経済政策全体との調和を考慮する等，相互に関連する諸条件についての適正な評価と判断が必要であって，このような評価と判断の機能は，まさに立法府の使命とするところであり，立法府こそがその機能を果たす適格を具えた国家機関であるというべきであるからである。したがって，右に述べたような個人の経済活動に対する法的規制措置については，立法府の政策的技術的な裁量に委ねるほかはなく，裁判所は，立法府の右裁量的判断を尊重するのを建前とし，ただ，立法府がその裁量権を逸脱し，当該法的規制措置が著しく不合理であることの明白である場合に限って，これを違憲として，その効力を否定することができるものと解するのが相当である。」

「小売市場の乱設に伴う小売商相互間の過当競争によって招来されるのであろう小売商の共倒れから小売商を保護するためにとられた措置であると認められ」ること，「過当競争による弊害が特に顕著と認められる場合についてのみ，これを規制する趣

旨であることが窺われる」ことといった諸点からみると、「本法所定の小売市場の許可規制は、国が社会経済の調和的発展を企図するという観点から中小企業保護政策の一方策としてとった措置ということができ、その目的において、一応の合理性を認めることができないわけではなく、また、その規制の手段・態様においても、それが著しく不合理であることが明白であるとは認められない」。

⬇ **この判決が示したこと** ⬇

① 憲法22条1項は営業の自由も保障する。
② 社会経済全体の均衡のとれた調和的発展を図るために、社会経済政策の観点から職業選択の自由に制限を加えることも、それが必要かつ合理的なものであれば許される。
③ 規制が必要かつ合理的なものであるかは第一に立法府が判断すべきものだから、裁判所としては、規制が著しく不合理であることが明白である場合に限って違憲とするものとし、本件規制については合憲とした。

👆 解説

　この判決で、最高裁は、職業選択の自由が社会経済政策のために制約を受けうることを初めて明らかにした。したがって、社会経済政策のために行われる職業選択の自由の規制もただちに違憲となるわけではない。その理由を、最高裁は、生存権（25条）や勤労権（27条）を保障していることからして、憲法は、「国の責務として積極的な社会経済政策の実施を予定しているものということができ」るからだと説明する。

　あわせて、この判決は、このような制約は精神的自由については許されないことを示唆している。これは、学説が提唱する、精神的自由に対する規制は厳格に審査し、経済的自由に対する規制はそれほど厳格でなくてもよいという二重の基準の発想に近く、実際、この判決が、裁判所も二重の基準を受け入れていることを示す証拠として挙げられることも多い。

　もちろん、社会経済政策のための規制であればどのようなものであっても許されるわけではなく、必要のない規制や不合理な規制が許されないのは当然である。しかし、この判決は、どのような規制が必要で適切であるかは、基本的には、社会経済の実態についての正確な基礎資料を持ち、社会経済全体を見渡すことのできる立法府が判断すべきであり、裁判所も立法府の判断をできる限り尊重するという考え方を示している。

　なお、どのような法律を制定するかについて、立法府が、一定の枠内で、自由に考え、判断できるという考え方を「立法裁量（がある）」という。このような立法裁量は、憲法が、明示的に法律を制定するよう求めている場合や、法律を制定するにあたって政策的、専門的な判断を必要とする場合に特に強調される。最高裁は、違憲審査権の行使にあたって、しばしば立法裁量を尊重する姿勢を見せている。

事案をみてみよう

　1963（昭和38）年7月12日に施行された改正薬事法[1]は，薬局を新しく開く際に，都道府県が条例で定める適度な距離（約100m）を保つことを求め，新しい薬局が，以前からある薬局にあまりにも近い場合には，薬局の開設を許可しないことにしていた（適正配置規制といわれている）。

　スーパーマーケットなどを経営していた株式会社Xは，広島県A市の商店街で薬局を開業しようと考え，Y（広島県知事）に対して許可申請をしていたが，県の条例が定める配置基準に適合しないとの理由で許可されなかった。そこで，Xは，新しい薬局の出店ができないのは憲法22条が保障する職業選択の自由を侵害するものであるとして訴えた。

　このような薬局の適正配置規制は，薬局どうしの競争が激しすぎれば，価格競争になり，薬の品質も悪くなるので，公共の福祉に基づく規制であり，憲法違反ではないとの主張がYからなされた。

☑ **読み解きポイント**

職業の許可制や許可条件の合憲性は，どのような枠組みで判断されるか。

判決文を読んでみよう

(1) 職業は個人の人格的価値とも不可分の関連を有するものであるから，憲法22条1項は，「狭義における職業選択の自由[2]のみならず，職業活動の自由の保障をも包含している」。

(2) もっとも，職業はその性質上，社会的相互関連性が大きいものであるから，「殊にいわゆる精神的自由に比較して，公権力による規制の要請がつよく」，「その規制を要求する社会的理由ないし目的も，国民経済の円満な発展や社会公共の便宜の促進，経済的弱者の保護等の社会政策及び経済政策上の積極的なものから，社会生活における安全の保障や秩序の維持等の消極的なものに至るまで千差万別で，その重要性も区々にわたる」。それゆえ，これらの規制措置の合憲性は，「具体的な規制措置について，規制の目的，必要性，内容，これによって制限される職業の自由の性質，内容及び制限の程度を検討し，これらを比較考量したうえで慎重に決定されなければなら

*1
医薬品等の製造，表示，販売，流通，広告などに対する規制は，戦後たびたび見直しが行われ，1948（昭和23）年に，戦時中に定められた薬事法（旧々薬事法）が全部改正され，医薬品の製造業や販売業について，登録制が採用された。1960（昭和35）年には，健康保険制度の開始に合わせて，1948年の薬事法（旧薬事法）がさらに全面改正されて，医薬品販売業が細分化されるとともに，それぞれに許可制が採用された。本判決で問題になった距離規制は，1963（昭和38）年の改正で追加されたものである。その後も数次の改正が行われ，2014（平成26）年からは，「医薬品，医療機器等の品質，有効性及び安全性の確保等に関する法律」という名称になっている。

*2
憲法22条1項が保障する（広義の）職業選択の自由のうち，職業の開始，継続，廃止の自由を意味する。

*3
選択した職業の遂行（内容や態様）の自由を意味する。

Point

ない」。「裁判所としては，規制の目的が公共の福祉に合致するものと認められる以上……立法府の判断がその合理的裁量の範囲にとどまるかぎり，立法政策上の問題としてその判断を尊重すべきものである。しかし，右の合理的裁量の範囲については，事の性質上おのずから広狭がありうるのであって，裁判所は，具体的な規制の目的，対象，方法等の性質と内容に照らして，これを決すべきものといわなければならない。」

(3)　「一般に許可制は，単なる職業活動の内容及び態様に対する規制を超えて，狭義における職業の選択の自由そのものに制約を課するもので，職業の自由に対する強力な制限であるから，その合憲性を肯定しうるためには，原則として，重要な公共の利益のために必要かつ合理的な措置であることを要し，また，それが社会政策ないしは経済政策上の積極的な目的のための措置ではなく，自由な職業活動が社会公共に対してもたらす弊害を防止するための消極的，警察的措置である場合には，許可制に比べて職業の自由に対するよりゆるやかな制限である職業活動の内容及び態様に対する規制によっては右の目的を十分に達成することができないと認められることを要するもの，というべきである。」「許可制の採用自体が是認される場合であっても，個々の許可条件については，更に個別的に右の要件に照らしてその適否を判断しなければならない」。

(4)　「不良医薬品の供給……から国民の健康と安全とをまもるために……許可制を採用したことは，それ自体としては公共の福祉に適合する目的のための必要かつ合理的措置として肯認することができる」。

(5)　「適正配置規制は，主として国民の生命及び健康に対する危険の防止という消極的，警察的目的のための規制措置であり」，「公共の福祉に合致するものであり，かつ，それ自体としては重要な公共の利益ということができる」。しかし，「開業場所の地域的制限は，実質的には職業選択の自由に対する大きな制約的効果を有する」。一方で，適正配置規制は，不良医薬品の供給による国民の保健に対する危険を完全に防止するために万全を期するものであり，予防的措置である。このような「予防的措置として職業の自由に対する大きな制約である薬局の開設等の地域的制限が憲法上是認されるためには，単に右のような意味において国民の保健上の必要性がないとはいえないというだけでは足りず，このような制限を施さなければ右措置による職業の自由の制約と均衡を失しない程度において国民の保健に対する危険を生じさせるおそれのあることが，合理的に認められることを必要とする」。

(6)　「薬事法6条2項，4項（これらを準用する同法26条2項）は，不良医薬品の供給の防止等の目的のために必要かつ合理的な規制を定めたものということができないから，憲法22条1項に違反し，無効である。」

Point

⇩　この判決が示したこと　⇩

職業の自由のうち，ある職業を開始したり廃止したりすることを制限する許可制は，原則として，それが，重要な公共の利益のために必要かつ合理的な措置であることを必要とし，かつ，それが，消極的目的に基づいて行われる場合には，より緩やかな規制

によっては規制の目的が十分に達成できないことが明らかにされなければならないとした。薬事法に定められていた適正配置規制は，その必要性・合理性がなく，違憲であるとされた。

解説

まず，この判決は，職業を，人々がどのように生きていくかという点とも深く関わる重要なものと考えている。けれどもだからといって，表現の自由や思想・良心の自由といった精神的自由同様の手厚い保障を与えるべきか，というとそういうわけではない。というのも，職業活動は，さまざまなかたちで相互に関連していて，どうしても規制を必要とする場面が多いからである。

それでは，職業の自由の保障とその規制の必要性をどのように調整するか。この判決は，基本的には，「規制の目的や必要性，内容」と「それによって制限される職業の自由の性質，内容および制限の程度」を見比べながら決める（＝比較考量）必要があるとする。そして，この判断は，第一次的には，国会がやるべきことだという。けれども，常に国会の判断を尊重しなければならないとしているかというと，そうではない。「具体的な規制の目的，対象，方法等の性質と内容」によっては，やはり裁判所みずからが慎重に判断すべき場合があるからである。

次に，本判決は，許可制が狭義の職業選択の自由に対する強力な制限であるということを重視した。強力な制限であるから，それは，「重要な公共の利益のために必要かつ合理的な措置である」ことが必要だというのである。

加えて，許可制を定めたり，あるいは許可に条件をつけたりすることが，生命や健康を守るためといった消極的・警察的目的からなされる場合には，より緩やかな規制によってはその目的を十分に達成することができないと認められることが必要である，とした。このような考え方は，消極的・警察的目的からなされる規制に対しては，より厳格な審査を行うべきだ，ということを示唆している（規制目的二分論）。

近年，薬剤師が対面で健康確認や使用上の注意などを説明しながら販売しなければならない医薬品（要指導医薬品）に関するネット通販の禁止を合憲だと判断した最高裁判例が注目された（最判令和 3・3・18 民集 75 巻 3 号 552 頁〔令和 3 年判決〕）。

この事件では消極目的から職業の内容・方法が規制されていたのであるが，令和 3 年判決は，［判例 28］のような厳しい審査ではなく，［判例 27］に近い判断枠組みを採用している。そうすると，なぜ［判決 28］が厳しい審査を行ったのかが問題になる。この点，通常，国民の生命や財産に対する危険を防止しようとするのであれば（消極目的），そのような危険が生ずるおそれのある行為を規制するのが原則であろう。［判決 28］で問題になった薬局開設規制は地域への薬局の参入そのものを規制するものであり（許可制），それ自体は生命を脅かす危険のある行為ではない。にもかかわらず，そのような規制をしようとするのであれば，その必要性が示されなければならない。本判決は，そのような必要性が示されていないと考えたということだろう。

<table>
<tr><td>**29**</td><td>**共有林の分割制限と財産権**　　森林法違憲判決</td></tr>
</table>

最高裁昭和62年4月22日大法廷判決（民集41巻3号408頁）　▶ 百選Ⅰ-96

事案をみてみよう

　生活の中では，一つの物を複数の人で所有することがある（共有と呼ばれる）。たとえば，兄弟で一つの土地を所有するといった場合がその例である。共有者（先の例でいえば，兄と弟）は，共有物に対して，それぞれ持分を有し，「各共有者は，共有物の全部について，その持分に応じた使用をすることができる」（民249条）ことに加え，自己の持分を自由に処分することができる。また，各共有者は，「いつでも共有物の分割を請求することができる」（民256条1項）。

　ところが，森林法186条[*1]は，森林経営の安定や森林の保全，森林の生産力の維持などの観点から，森林につき，民法256条1項にかかわらず，共有者は自分の持分価額の合計が過半数に達しない限り，共有に係る森林の分割請求ができないとしていた。

　XとYは兄弟であり，父から贈与を受けた山林につき，それぞれ2分の1の共有持分を有していた。あるとき，YがXの反対を押し切り，共有立木を伐採し搬出するなどしたため，Xは，共有山林の分割と損害賠償を求めて裁判所に訴えた。第1審では，損害賠償請求の一部は認められたものの，分割請求は認められなかったため，XYともに控訴したが棄却された。この中で，そもそも森林法186条が憲法29条の保障する財産権を制約しているのではないかが問われたのである。

*1│
この条文は本判決を受けて，1987（昭和62）年に削除された。

> ☑ **読み解きポイント**
>
> ① 森林法186条は財産権を制約しているか。
> ② 財産権を制約している立法の合憲性はどのように判断すべきか。

📖 判決文を読んでみよう

　憲法29条は，「私有財産制度を保障しているのみでなく，社会的経済的活動の基礎をなす国民の個々の財産権につきこれを基本的人権として保障するとともに，社会全体の利益を考慮して財産権に対し制約を加える必要性が増大するに至ったため，立法府は公共の福祉に適合する限り財産権について規制を加えることができる，としている」。

　「財産権は，それ自体に内在する制約があるほか，右のとおり立法府が社会全体の

Point

利益を図るために加える規制により制約を受けるものであるが，この規制は，財産権の種類，性質等が多種多様であり，また，財産権に対し規制を要求する社会的理由ないし目的も，社会公共の便宜の促進，経済的弱者の保護等の社会政策及び経済政策上の積極的なものから，社会生活における安全の保障や秩序の維持等の消極的なものに至るまで多岐にわたるため，種々様々でありうるのである。したがって，財産権に対して加えられる規制が憲法29条2項にいう公共の福祉に適合するものとして是認されるべきものであるかどうかは，規制の目的，必要性，内容，その規制によって制限される財産権の種類，性質及び制限の程度等を比較考量して決すべきものであるが，裁判所としては，立法府がした右比較考量に基づく判断を尊重すべきものであるから，立法の規制目的が前示のような社会的理由ないし目的に出たとはいえないものとして公共の福祉に合致しないことが明らかであるか，又は規制目的が公共の福祉に合致するものであっても規制手段が右目的を達成するための手段として必要性若しくは合理性に欠けていることが明らかであって，そのため立法府の判断が合理的裁量の範囲を超えるものとなる場合に限り，当該規制立法が憲法29条2項に違背するものとして，その効力を否定することができるものと解するのが相当である」。

Point

民法256条1項所定の「共有物分割請求権は，各共有者に近代市民社会における原則的所有形態である単独所有への移行を可能ならしめ，右のような公益的目的をも果たすものとして発展した権利であり，共有の本質的属性として，持分権の処分の自由とともに，民法において認められるに至ったものである」。「当該共有物がその性質上分割することのできないものでない限り，分割請求権を共有者に否定することは，憲法上，財産権の制限に該当し，かかる制限を設ける立法は，憲法29条2項にいう公共の福祉に適合することを要する」。

森林法186条の「立法目的は……森林法が1条として規定するに至った同法の目的をも考慮すると，結局，森林の細分化を防止することによって森林経営の安定を図り，ひいては森林の保続培養と森林の生産力の増進を図り，もって国民経済の発展に資することにあると解すべき」であり，「公共の福祉に合致しないことが明らかであるとはいえない」。

しかし，共有森林に関する規制は，「森林経営の安定を直接的目的とする前示の森林法186条の立法目的と関連性が全くないとはいえないまでも，合理的関連性があるとはいえない」。また，森林法が持分価額2分の1以下の共有者に分割請求権を否定した点についても，「当該森林の経営の安定化に資することにはならず，森林法186条の立法目的と同条が共有森林につき持分価額2分の1以下の共有者に分割請求権を否定したこととの間に合理的関連性のないことは……明らかである」。

このような規制が，「他の場合に比し，当該森林の細分化を防止することによって森林経営の安定を図らなければならない社会的必要性が強く存すると認めるべき根拠は，これを見出だすことができない」。というのも，まず，「当該共有森林を分割した場合に……一律に現物分割を認めないとすることは，同条の立法目的を達成する規制手段として合理性に欠け，必要な限度を超える」。また，「無期限に分割請求を禁止することも，同条の立法目的の点からは必要な限度を超えた不必要な規制というべきで

ある」。「現物分割においても，当該共有物の性質等又は共有状態に応じた合理的な分割をすることが可能である」。

「森林法186条が共有森林につき持分価額2分の1以下の共有者に民法256条1項所定の分割請求権を否定しているのは，森林法186条の立法目的との関係において，合理性と必要性のいずれをも肯定することのできないことが明らかであって，この点に関する立法府の判断は，その合理的裁量の範囲を超えるものであるといわなければならない。したがって，同条は，憲法29条2項に違反し，無効というべきである」。

⇩ この判決が示したこと ⇩

① 森林法186条は財産権を制約している。
② 財産権は，社会全体の利益を考慮して規制を加える必要もあり，また，どのような規制が必要かつ合理的であるかは，規制の目的や必要性などを比較考量して決めるべきだとした。そして，そのような判断は第一義的には立法府の役割であって，裁判所は，立法の目的が明らかに公共の福祉に合致していないか，規制が明らかに不必要だったり，不合理だったりした場合に違憲と判断するとした。もっとも，この判決では，立法の目的や規制の必要性・合理性が比較的詳細に検討され，違憲だと結論づけられている。

解説

本判決は，森林法186条が，民法256条1項と異なって，共有持分価額2分の1以下の共有者に分割請求権を否定していることが，憲法29条2項に反するとした。その理由を，本判決は，森林経営の安定という目的が合理的なものであるとしても，そのためにこのような規制を行うことには合理性が認められず，憲法29条2項にいう「公共の福祉」に適合しないのだと説明する。

本判決は，憲法29条2項が財産権の内容を「公共の福祉に適合するように，法律で」定めることとしているのは，財産権については，社会全体の利益を考慮して規制を加える必要があるからだと指摘する。このような理解を前提に本判決は，小売市場事件（［判例 27］）や薬局距離制限違憲判決（［判例 28］）とよく似た枠組みを用いて判断することを示した。すなわち，財産権を制約する立法はその目的や手段について多様なものがあり，そのうちどのような規制を行うかを判断するのは立法府の役目であること，裁判所が違憲審査を行うのは，そのような立法府の判断が明らかに合理的裁量の範囲を超える場合に限られるとしている。

このような類似性を理由に，学説では，この判決が，職業選択の自由に関する判例と同じく，規制目的二分論（［判例 27］［判例 28］参照）を採用したものとして位置づける理解がなされた。ところが，この判決では，森林法186条の立法目的は，森林経営の安定や森林の保続培養と生産力の増加を通じた国民経済の発展にあるとされている。そうだとすると，森林法186条は，社会経済の観点からなされる積極目的規制の側面を有しているのだから，原則として，立法府の判断が尊重されることになりそ

うである。にもかかわらず，この判決は，森林法186条の必要性や合理性をかなり丁寧に判断し，その必要性や合理性を否定している。言い換えれば，積極目的規制であるにもかかわらず，相当に厳格な審査がなされているように見受けられるのである。そうすると，そもそも，この判決が規制目的二分論を採用しているという理解が正しくないようにも思われる。また，最高裁はこの事件以降の判決では，積極目的，消極目的ということばを用いなくなっている。そこで，現在では，財産権の領域では規制目的二分論は用いられていないと考える学説が有力である。

なお，この事件については学説から，Xは初めから，制限のついた財産権を有しているにすぎないから，財産権の制約とは呼べないのではないか，という疑問も示されている。そもそも，この判決で争われたのは，分割請求ができないこととされている森林の共有持分について，通常の共有とは異なることが財産権の制約ではないかという点である。けれども，この点については，Xは初めからそのような制限のついた財産権を有しているにすぎないから，森林法186条は財産権の制約とはいえないのではないか，と考えることもできるというのである。そこで，学説の中には，この事件は，財産権の制約そのものが争われたのではなく，民法が定める通常の共有と異なる仕組みを森林法が作り出していることの違憲性が争われたものだと理解するものもある。

本件のような法律が作り出した一定の制度の合憲性が問題となる事例以外にも，財産権侵害が争われるものがある。

まず，すでに法律によって定められている既存の財産権が，のちの法律によって制約される事例である。このような事例では，個々の国民の既得の財産権の保障が問題になる。これが争われた事件として，国有農地等の売払いに関する法律の合憲性が争われた最大判昭和53・7・12民集32巻5号946頁（百選Ⅰ-99）や租税法律の遡及適用が問題になった最判平成23・9・22民集65巻6号2756頁（百選Ⅱ-197）などがある。

また，憲法29条3項は，「私有財産は，正当な補償の下に，これを公共のために用いることができる」と定めている。この規定は，国民が保有する財産は，①道路の建設などの公共の目的のために収用できること（そのような収用は憲法違反とならないこと），②収用する場合には，「正当な補償」を要することを明示したものである（なお，土地収用法も参照）。もっとも，どのような場合にどの程度の補償が必要となるかについては，たびたび争いが起きる。この点が争われた事例として，農地買収の対価が争われた最大判昭和28・12・23民集7巻13号1523頁（百選Ⅰ-100）などがある。

30 生活保護法の保護基準と生存権

朝日訴訟

最高裁昭和42年5月24日大法廷判決（民集21巻5号1043頁）　▶百選Ⅱ-131

事案をみてみよう

　X（朝日茂さん。この訴訟は，朝日さんの名を冠して，「朝日訴訟」と呼ばれる）は，肺結核のため，国立岡山療養所に入所していた。Xは独り身で収入もなかったため，生活保護法により，医療と生活に関する保護（医療扶助と生活扶助）を受けていた。同法によれば，「保護は，生活に困窮する者が，その利用し得る資産，能力その他あらゆるものを，その最低限度の生活の維持のために活用することを要件として行われる」（4条1項）。つまり，自身の持っている資産のほか，働ける力がある人はその能力など，生活維持のために利用しうるものをある程度活用した上で，それでもカバーできない部分を生活保護が支える，という仕組みになっている。また，民法に定める扶養義務を持つ者の扶養は，生活保護に優先する，とされている（同条2項）。Xの生活保護を担当していたのは，Xの入所する療養所がある岡山県津山市の社会福祉事務所長であったが，所長は，生活保護法のこうした仕組みをふまえ，Xと35年間離れて暮らしていた実の兄を探し出し，彼に対し，Xに毎月仕送りをするよう命じたので，Xはそれ以降，一定の仕送り（当時の金額で月1500円。以下，金額は当時のものである）を受けることになった。

　当時の生活保護法に基づく基準（保護基準）によれば，病院などに入っている患者については，生活に関する保護（生活扶助）として月600円を支給することとされていたので，Xは，月600円の生活扶助と，無料の医療扶助を受けていた。しかし，所長は，Xが仕送りを受けられるようになったことから，Xに行っていた生活保護を減らすことにした。つまり，生活扶助は停止（廃止）し，さらに，仕送り1500円のうち，これまで支給されてきた生活扶助に相当する日用品費として600円は手元に置くことを認めた上で，残りの900円は，これまで無料であった医療の保護に充てることとした（より正確にいえば，900円は医療費の一部自己負担額として負担させることとした）。

　Xは，せめて手元に1000円は残してもらいたいと考え，月600円と設定している基準について，療養所の給食では栄養不足となり，これを補うための食費（補食費）が必要なのに，これを考慮しておらず，患者の最低限度の生活が維持できないほど低いものである，などとして，生活保護を減らした処分（保護変更決定）が違法であるとして争った。第1審はXの主張を認めたが，控訴審はXの訴えを退けた。

　生活保護法では，生活保護の基準は厚生（労働）大臣が定めるものとされている（8条）。本件は，以上のように，生活保護法の基準が低すぎる，として争われ，この基

*1
生活保護法とは，憲法25条の理念に基づき，生活に困窮するすべての国民に対し，最低限度の生活を保障する法律である。具体的な保護として8種類の「扶助」があり，「生活扶助」とは，衣食等の日常生活のためのもの（主に金銭給付），「医療扶助」とは，診察や薬剤等をカバーするもの（主に現物給付）である。

*2
「扶養義務」とは，民法上，一定の範囲の親族間に認められる，ある人の生活を維持するために経済的に支援する義務をいう（民877条）。

*3
ただし，その後，兄からの仕送りは途絶えたとのことである。当時の1500円は，現在の額に換算すると，おおよそ9000円程度と考えられる（消費者物価指数でみた場合，2020〔令和2〕年平均を100とすると1956〔昭和31〕年は16.6，2021〔令和3〕年は99.7とされており，約6倍となる〔99.7÷16.6≒6.01〕。数値は，日本銀行のウェブサイトで示された，総務省統計局のものによる）。

＊4
生活保護法に関する処
分に不服のある者は，裁
判所に訴える前に，処分
をした行政機関より上の
機関に対し，不服の申立
てをする（行審4条，生
活保護64条・66条・69
条。当時と現在とでは行
政上の不服申立て制度
は異なる）。Xはこの手
続をとり，まず岡山県知
事に，次に厚生大臣（現
在の厚生労働大臣）に，
それぞれ不服を申し立
てたが，いずれも認めら
れなかった。本件は，厚
生大臣の対応（不服申
立て却下裁決）を対象と
して訴えているので，被
告は厚生大臣である。

準が生活保護法にいう「健康で文化的な生活水準」（3条）にかなっているか，基準を
設定した厚生（労働）大臣の判断に違法性はないか，が問題となった。しかし，生活
保護法が憲法25条の理念に基づく法律であったことと，この言いまわしが憲法25
条1項とほぼ同義のため，そこにいう「健康で文化的な最低限度の生活」とはいか
なるものかが争われた。

✓ **読み解きポイント**

① 憲法25条は，どのような性質の権利だろうか。
② 憲法25条1項にいう「健康で文化的な最低限度の生活」とは，いかなるものだ
　ろうか。
③ 裁判所は，生活保護法に基づく保護の水準が争われた際，どのような姿勢で
　判断するのだろうか。

📖 判決文を読んでみよう

（Xは最高裁に上告したが，訴訟が最高裁にかかっている間に亡くなってしまった。Xの養子夫
妻〔相続人。この訴訟を支援する運動に関わっていた夫妻であった〕が訴訟を引き継ごうとした
が，最高裁は，訴訟の引き継ぎ〔訴訟承継〕を認めなかった。以下の判断は，「なお，念のため
に，本件生活扶助基準の適否に関する当裁判所の意見を付加する」として，最高裁が述べた部分
である。）

(1) 　憲法25条1項は，「すべての国民が健康で文化的な最低限度の生活を営み得る
ように国政を運営すべきことを国の責務として宣言したにとどまり，直接個々の国民
に対して具体的権利を賦与したものではない…。具体的権利としては，憲法の規定の
趣旨を実現するために制定された生活保護法によって，はじめて与えられているとい
うべきである」。「生活保護法は，『この法律の定める要件』を満たす者は，『この法律
による保護』を受けることができると規定し（2条参照），その保護は，厚生大臣の
設定する基準に基づいて行うものとしているから（8条1項参照），右の権利は，厚
生大臣が最低限度の生活水準を維持するにたりると認めて設定した保護基準による保
護を受け得ることにあると解すべきである。」

(2) 　「厚生大臣の定める保護基準は，〔生活保護〕法8条2項所定の事項を遵守したも
のであることを要し，結局には憲法の定める健康で文化的な最低限度の生活を維持す
るにたりるものでなければならない。しかし，健康で文化的な最低限度の生活なるも
のは，抽象的な相対的概念であり，その具体的内容は，文化の発達，国民経済の進展
に伴って向上するのはもとより，多数の不確定的要素を綜合考量してはじめて決定で
きるものである。したがって，何が健康で文化的な最低限度の生活であるかの認定判
断は，いちおう，厚生大臣の合目的的な裁量に委されており，その判断は，当不当の
問題として政府の政治責任が問われることはあっても，直ちに違法の問題を生ずるこ
とはない。ただ，現実の生活条件を無視して著しく低い基準を設定する等憲法および
生活保護法の趣旨・目的に反し，法律によって与えられた裁量権の限界をこえた場合

または裁量権を濫用した場合には，違法な行為として司法審査の対象となることをまぬかれない。」

(3) Xのような入院患者には，日用品費の額が病気治療の効果と無関係ではないが，生活保護法上は，患者の最低限度の生活を満たす手段として，生活扶助以外に医療扶助・生業扶助等がある。治療効果を促進するために必要な費用も日用品費に含まれると断定して，その費用を計上していない生活扶助基準の違法性を攻撃することは，許されない。さらに，日用品費の需要測定尺度の妥当性は，基準の費目・単価等を個別的に検討するだけでなく，全体を統一的に把握すべきであり，日用品費中経常的に必要とするものと例外的に必要とするものをどのように組み入れるかは厚生大臣の裁量で定めうる。「以上のことを念頭に入れて検討すれば，……本件生活扶助基準が入院入所患者の最低限度の日用品費を支弁するにたりるとした厚生大臣の認定判断は，与えられた裁量権の限界をこえまたは裁量権を濫用した違法があるものとはとうてい断定することができない。」

⇩ **この判決が示したこと** ⇩

① 憲法25条1項は，国民に対し，直接，具体的権利を付与したものではなく，それは，25条の趣旨を実現するために制定された法律（生活保護法など）によって初めて与えられる，と判断した。

② 憲法25条1項にいう「健康で文化的な最低限度の生活」は，抽象的・相対的な概念であり，何がそれにあたるかの判断は，厚生（労働）大臣の判断にゆだねられている，と判断した。

③ 厚生（労働）大臣による最低生活保障の判断は，現実の生活条件を無視して著しく低い基準を設定するなど，憲法や生活保護法の趣旨・目的に反するような場合には，違法な行為として裁判所の審査の対象となる，と判断した。

解説

　最高裁は，本判決より前に，憲法25条は，個々の国民に対し具体的な権利を与えるものではない，と述べていた。[*5]本判決はその趣旨を確認し，具体的な権利は，憲法25条に基づいて制定される法律によって与えられる，という（判決文**(1)**）。その上で，憲法25条1項にいう最低限度の生活水準は，抽象的・相対的なものであり（判決文**(2)**），その具体化は行政（厚生〔労働〕大臣）の判断に任される部分が大きく，ただ，その基準が極めて低いものとなるような場合にのみ，裁判所は違法と判断できる余地がある，とした（判決文**(2)**）。以上から，最高裁は，憲法25条から具体的な権利が直接生じると解してはいないが，これを具体化する措置（生活保護法など）が存在し，しかもその内容（保護基準などの給付水準）が著しく低いなど，憲法の趣旨に反する場合には違法となりうる，と考えており，その限りで，憲法25条が法的な意味を持つものと解している。もっとも，行政や国会の判断を広く尊重する姿勢は，これ以降，社会保障立法の違憲性を争う訴訟で広くみられることになった。[*6]

*5 |
食糧管理法違反事件（最大判昭和23・9・29刑集2巻10号1235頁）。

*6 |
堀木訴訟（〔判例**31**〕）も参照。その後最高裁は，生活保護法上支給されていた老齢加算（70歳以上の者に支給されていた給付）が段階的に減額・廃止されたことが争われた訴訟で，減額・廃止に関する厚生労働大臣の裁量権を認めたが，その廃止に至る判断の過程などについて審査する枠組みを示した（最判平成24・2・28民集66巻3号1240頁〔百選Ⅱ-135〕）。

＊1｜
国民年金は，当初は自営業者が老齢に達したときに支給される年金であったが，今日では，会社員なども含め，原則として20歳〜59歳の全国民が加入する基礎的な年金である。通常の年金の受給要件を満たせない者や，国民年金制度が発足した時点ですでに高齢だったり，障害などを負っていたりする者について，補足的・経過的に，国の負担で支給されることとなった年金給付が，「福祉年金」である。「障害福祉年金」はその一つであった（現在は障害基礎年金として給付）。

＊2｜
児童扶養手当法は，母子家庭・父子家庭の子どもについて支給される給付について定めている法律である。父または母と生計を同じくしていない児童が育成される家庭の生活の安定と自立の促進に寄与するために，児童を監護する父・母などに支給される手当に関するものである。なお，本件で問題となった併給調整規定は，1審判決後に改正され，障害福祉年金等との併給が認められた。1985（昭和60）年の年金制度改正に伴い，併給は老齢福祉年金のみ認められるようになったが，現在，障害基礎年金については，子の加算部分についてのみ調整される（児童扶養手当法13条の2第3項）。

事案をみてみよう

　X（堀木フミ子さん。この訴訟は，堀木さんの名を冠して，「堀木訴訟」と呼ばれる）は，幼少時に病気にかかり，しかし貧困のため治療を受けられず，視力障害をもったので，国民年金法に基づき障害福祉年金を受給していた。Xは夫との離別後，マッサージ師の仕事をしながら，息子をひとりで養育してきたが，当時の障害福祉年金の額が月3000円程度であり（今日でいえば9000円程度），生活は決して楽ではなかった。Xは，母子家庭を対象に支給される児童扶養手当の存在を知り，Y（兵庫県知事）に対し，この手当の受給資格を得ようとして，その認定を求めた。ところがYは，この請求を認めなかった。その理由は，児童扶養手当法のある規定にあった。この規定によれば，児童の母等が公的年金給付を受給できるときは児童扶養手当を支給しないとされている。Xは，障害福祉年金という「公的年金」をすでに受給していたので，児童扶養手当は同時に支給されない，ということであった。このように，ある社会保障制度から支給されている給付をすでに受給している者が，別の制度からも給付が受けられるような場合に，財政などの観点から，2つの給付を調整することがある（どちらかが支給されなかったり，減額されたりする。これらについて定めている規定を「併給調整規定」という）。

　Xは，この規定が憲法25条などに反して無効である，として，訴えを起こした。第1審はXの主張を認めたが，控訴審ではXが敗訴したため，上告した。

✓ 読み解きポイント

① 憲法25条は，どのような性質の権利だろうか。

② 憲法25条の趣旨を具体化する立法が憲法25条に反するかどうかについて，裁判所は，どのような判断枠組みで審査するのだろうか。

判決文を読んでみよう

(1) 憲法25条1項は，「いわゆる福祉国家の理念に基づき，すべての国民が健康で文化的な最低限度の生活を営みうるよう国政を運営すべきことを国の責務として宣言したものであること」，同条2項は，「同じく福祉国家の理念に基づき，社会的立法及び社会的施設の創造拡充に努力すべきことを国の責務として宣言したものであること，そして，同条1項は，国が個々の国民に対して具体的・現実的に右のような義

務を有することを規定したものではなく，同条2項によって国の責務であるとされている社会的立法及び社会的施設の創造拡充により個々の国民の具体的・現実的な生活権が設定充実されてゆくものであると解すべきことは，すでに当裁判所の判例とするところである」。＊3

(2) 「このように，憲法25条の規定は，国権の作用に対し，一定の目的を設定しその実現のための積極的な発動を期待するという性質のものである。しかも，右規定にいう『健康で文化的な最低限度の生活』なるものは，きわめて抽象的・相対的な概念であって，その具体的内容は，その時々における文化の発達の程度，経済的・社会的条件，一般的な国民生活の状況等との相関関係において判断決定されるべきものであるとともに，右規定を現実の立法として具体化するに当たっては，国の財政事情を無視することができず，また，多方面にわたる複雑多様な，しかも高度の専門技術的な考察とそれに基づいた政策的判断を必要とするものである。したがって，憲法25条の規定の趣旨にこたえて具体的にどのような立法措置を講ずるかの選択決定は，立法府の広い裁量にゆだねられており，それが著しく合理性を欠き明らかに裁量の逸脱・濫用と見ざるをえないような場合を除き，裁判所が審査判断するのに適しない事柄であるといわなければならない。」

(3) 児童扶養手当は，もともと国民年金法所定の母子福祉年金を補完する制度として設けられ，受給者に対する所得保障である点において母子福祉年金ひいては国民年金法所定の国民年金（公的年金）一般，したがってその一種である障害福祉年金と基本的に同一の性格を有するものと見るのがむしろ自然である。一般に，社会保障法制上，同一人に同一の性格を有する二以上の公的年金が支給されることとなる複数事故において，事故が二以上重なったからといって稼得能力の喪失・低下の程度が必ずしも事故の数に比例して増加するといえないことは明らかである。「このような場合について，社会保障給付の全般的公平を図るため公的年金相互間における併給調整を行うかどうかは，さきに述べたところにより，立法府の裁量の範囲に属する事柄と見るべきである。また，この種の立法における給付額の決定も，立法政策上の裁量事項であり，それが低額であるからといって当然に憲法25条違反に結びつくものということはできない。」

⇩ **この判決が示したこと** ⇩

① 憲法25条1項は，国民の具体的・現実的な権利を定めたものではなく，同条2項が定める社会的立法などによって設定充実されるものである，と判断した。

② 憲法25条1項にいう「健康で文化的な最低限度の生活」とは，抽象的・相対的な概念であり，この規定を具体化する立法は，その時々の経済状況や国の財政事情を考慮すること，そして高度に専門的な政策判断が求められるので，立法府の広い裁量にゆだねられており，裁判所は，それが著しく合理性を欠き明らかに裁量の逸脱・濫用と見ざるをえないような場合にのみ審査できる，と判断した。

＊3｜
ここで最高裁は，食糧管理法違反事件（〔判例30〕＊5）を引用している。

　この事件では，憲法25条の趣旨に基づいて制定された法律（本件では児童扶養手当法の併給調整規定）について，それが憲法25条違反となるのはどのような場合かが問題となった。朝日訴訟（[判例30]）は，厚生（労働）大臣が定める保護の基準という行政府の行為が問題となったのに対し，この事件では，児童扶養手当法という立法府（国会）の行為が問題となった。この判決は，(1)で，先例の趣旨（食糧管理法違反事件）を確認し，次に，(2)で，憲法25条が定める権利は，国によって具体的措置が図られる部分が多いものであると性格づけている。ここで判決は，憲法の規定から直接具体的な権利を導き出せる自由権と，大きな違いがあることを確認している。そして，朝日訴訟と同様，憲法25条の「健康で文化的な最低限度の生活」とは，抽象的で相対的な概念であるので，25条を具体化しようとする場合，国会には広い立法裁量[*4]があることを認めた。

　本来，「裁量」とは，一定の規範に従って判断をする際，その規範の枠内で自由に考え，判断できることを意味する。朝日訴訟と本判決で，最高裁は，憲法25条は枠となる規範としては抽象的であり，かつ，さまざまな政策的要素（その時々の経済状況や国の財政事情のほか，専門的な判断）を考慮することが求められることから，結果として，行政・立法が判断する余地を広く認めざるをえない，と考え，行政・立法の裁量的判断を尊重する姿勢を示した。このため，裁判所が，憲法25条に基づく社会保障立法・行政について，違憲か合憲かを判断できる余地は，とても限られたものとなってしまった。

　社会保障立法が憲法25条に違反するかどうかは，この判決が先例となり，国会に対し，裁判所が大きく譲歩する傾向が続いている[*5]。また，本判決では，併給調整規定により，同じ母子家庭なのに，母が障害者で障害福祉年金を受けていれば児童扶養手当が受けられないが，母が障害者でなく障害福祉年金を受けていなければその手当を受けられるという差別が生じているなどとして，憲法14条違反についても争われた。しかし最高裁は，25条についての判断に加え，他の制度（身体障害者・母子に対する諸施策や生活保護法等）の存在を指摘し，その区別は何ら合理的理由のない不当なものとはいえないと述べ，14条に反しないとしている。しかし，社会保障は，私たちの生活に深い関わりのあるものであり，国会が不十分な立法をしたような場合に，裁判所としてはもう少し踏み込んだ審査が求められる場合もあると考えられる。

*4
立法裁量については
[判例27]の解説参照。

*5
最判平成19・9・28民集61巻6号2345頁（学生無年金障害者訴訟・百選Ⅱ-134）は，国民年金への加入が任意だった当時の制度の下で学生が障害を負ったケースで，学生等を強制加入の対象とせず，または障害福祉年金・障害基礎年金の支給対象としなかった国民年金法の規定について，憲法14条・25条に反しない，と判断した。この判決でも，本判決の広い立法裁量論を前提に判断されている。

32

教育を受ける権利と
国による教育への関与

旭川学力テスト事件

最高裁昭和51年5月21日大法廷判決（刑集30巻5号615頁）　　▶百選II-136

事案をみてみよう

　文部省（現在の文部科学省）は，1960（昭和35）年秋ごろ，全国の中学校の2・3年生を対象に，国語，数学，社会，理科，英語について，いっせい学力調査（学力テスト）をすることを企画した。それは，文部省や教育委員会が，さまざまな政策を実施し，学習指導の改善のための資料としたり，各中学校で自校の学習の到達度を全国水準との比較で知り，生徒の学習指導に役立たせるようにすることなどを目的としていた。調査は1961（昭和36）年10月26日の午前9時から午後3時までの間に行われることとされた。

　しかし，その一方で，この学力テストについては，「調査」でありながら実際には文部省による生徒の成績評価措置であり，学力で生徒を選別するものであるとか，テストの意図は学習指導要領の達成度をみる点にあり，教育内容全般に対し国が関与・統制するものであるなどとして反発も強く，日教組[*1]は，全国的な反対闘争を展開した。反対派の教職員は，学力テスト阻止のため学校に登校し，校長らを説得し，場合によっては実力で阻止することも辞さなかったため，建造物侵入罪や暴行罪などで刑事事件に発展する場合も多かった[*2]。これらの事件が「学テ裁判」として，学力テストの違法性などについて裁判所で争われることになった。

　Xらは，学力テスト実施当日，旭川市A中学校でこれを阻止する目的で，ほか数十名とともにA中学校に赴き，校長の制止にもかかわらずA中学校校舎内に侵入し，校長らに暴行・脅迫を加えて公務の執行を妨害したなどとして，①建造物侵入罪（刑130条），②公務執行妨害罪（同95条），③暴行罪・共同暴行罪（同208条，暴力行為等処罰に関する法律1条[*3]）で起訴された。第1審は①について成立を認め，③の一部は不成立としたが，②のうち校長の公務（学力テスト実施）に対する執行の妨害につき，本件学力テストは教育基本法にいう教育に対する「不当な支配」（当時の10条[*4]。現在では16条1項）にあたり，現行教育法秩序に反する違法性がある，などとして，公務執行妨害罪の成立を認めなかった。控訴審もこれを支持したため，XらとY（検察）から上告がなされた。

✓ 読み解きポイント

① 本件では，国（文部省）による全国いっせい学力テスト実施により，国が教育内容について関与・決定しているとして争われているが，教育の内容を決定

*1
日本教職員組合のこと。都道府県各地で結成された教職員組合（教職員により組織された団体）の全国連合体。教育研究集会を開催するほか，労働条件の改善や教育制度改革・文教政策についても積極的に発言している。

*2
ある資料によると，教職員等の任意出頭者2000名，逮捕61名，起訴15名とされている。

*3
暴力行為等処罰に関する法律1条は，数人で共同して刑法208条（暴行罪）の罪などを犯した者について処罰する（現在では3年以下の懲役または30万円以下の罰金），と定めている。Xらはこの罪にも問われていた。

*4
教育基本法10条（当時）は，「①　教育は，不当な支配に服することなく，国民全体に対し直接に責任を負って行われるべきものである。②　教育行政は，この自覚のもとに，教育の目的を遂行するに必要な諸条件の整備確立を目標として行われなければならない。」と定めていた。

する権能について，最高裁は，どのように判断しているだろうか。
② 教育を受ける権利を定める憲法26条の背後には，どのような考え方があるのだろうか。

📖 判決文を読んでみよう

(1) 「わが国の法制上子どもの教育の内容を決定する権能が誰に帰属するとされているかについては，二つの極端に対立する見解があり，そのそれぞれが検察官及び弁護人の主張の基底をなしているようにみうけられる。すなわち，〔①〕一の見解は，子どもの教育は，親を含む国民全体の共通関心事であり，公教育制度は，このような国民の期待と要求に応じて形成，実施されるものであって，……この国民全体の教育意思は，……国民全体の意思の決定の唯一のルートである国会の法律制定を通じて具体化されるべきものであるから，法律は，当然に，公教育における教育の内容及び方法についても包括的にこれを定めることができ，また，教育行政機関も，法律の授権に基づく限り，広くこれらの事項について決定権限を有する，と主張する。これに対し，〔②〕他の見解は，子どもの教育は，憲法26条の保障する子どもの教育を受ける権利に対する責務として行われるべきもので，このような責務をになう者は，親を中心とする国民全体であり，……したがって，権力主体としての国の子どもの教育に対するかかわり合いは，右のような国民の教育義務の遂行を側面から助成するための諸条件の整備に限られ，……教育は，その実施にあたる教師が，その教育専門家としての立場から，国民全体に対して教育的，文化的責任を負うような形で，その内容及び方法を決定，遂行すべきもので」ある，とする。「<u>当裁判所は，右の二つの見解はいずれも極端かつ一方的であり，そのいずれをも全面的に採用することはできないと考える。</u>」

Point

(2) 憲法中教育について直接定めているのは26条であるが，その背後には，「国民各自が，一個の人間として，また，一市民として，成長，発達し，自己の人格を完成，実現するために必要な学習をする固有の権利を有すること，特に，みずから学習することのできない子どもは，その学習要求を充足するための教育を自己に施すことを大人一般に対して要求する権利を有するとの観念が存在していると考えられる。換言すれば，子どもの教育は，教育を施す者の支配的権能ではなく，何よりもまず，子どもの学習をする権利に対応し，その充足をはかりうる立場にある者の責務に属するものとしてとらえられているのである」。しかしながら，同条が，子どもに与えるべき教育の内容について，国の一般的な政治的意思決定手続によって決定すべきか，それともこのような政治的意思の支配から全く自由な問題として決定・処理すべきかを，直接一義的に決定していると解すべき根拠は，どこにもみあたらない。また，学問の自由（憲23条）により，教師が教授の自由を有し，自由に子どもの教育内容を決定することができるとする見解も採用できない。[*5] 子どもの教育の結果に利害と関心をもつ関係者が，それぞれその教育の内容・方法につき深甚な関心を抱き，それぞれの立場からその決定・実施に対する支配権ないしは発言権を主張するのは，極めて自然な成行

＊5
ここで最高裁は，教師の教授の自由について，普通教育（小中学校・高等学校普通科の教育）では児童・生徒が教授内容に対し批判能力があるとはいえず，教師が影響力・支配力を有すること，普通教育においては全国的に一定の水準を確保すべき強い要請があることなどから，「普通教育における教師に完全な教授の自由を認めることは，とうてい許されないところといわなければならない」としている。[判例25] ＊7を参照。

きということができる。「憲法の次元におけるこの問題の解釈としては，右の関係者らのそれぞれの主張のよって立つ憲法上の根拠に照らして各主張の妥当すべき範囲を画するのが，最も合理的な解釈というべきである。」

(3) この観点に立って考えるときは，まず親は，子どもに対する自然的関係により，子女の教育の自由を有すると認められ，また，私学教育における自由や教師の教授の自由も，それぞれ限られた一定の範囲においてこれを肯定しうるが，「それ以外の領域においては，一般に社会公共的な問題について国民全体の意思を組織的に決定，実現すべき立場にある<u>国は，国政の一部として広く適切な教育政策を樹立，実施すべく，また，しうる者として，憲法上は，あるいは子ども自身の利益の擁護のため，あるいは子どもの成長に対する社会公共の利益と関心にこたえるため，必要かつ相当と認められる範囲において，教育内容についてもこれを決定する権能を有するものと解さざるをえず，これを否定すべき理由ないし根拠は，どこにもみいだせないのである</u>」。
本件学力調査は，文部大臣の所掌事項と合理的関連性を有し，その必要性があり，教育に対する「不当な支配」として教育基本法に反するものではない。

Point

⇩ この判決が示したこと ⇩

① 教育内容の決定権について，国または国民のいずれかに属するとの考え方は，極端かつ一方的である，とされた。

② 憲法26条の背後には子どもの学習権があり，教育内容についての決定権は，教育に関わるそれぞれの関係者がそれぞれ有し，親・教師による教育の自由以外の領域については，国は，必要かつ相当と認められる範囲で，教育内容について決定する権能を有する，と判断した。

☝ 解説

本件では，旭川市で実施された，全国いっせい学力テストを阻止しようとした人々の行動が公務執行妨害罪等に問われたものの，第1審が，そもそも「公務」である本件学力テストを実施する権限が国（文部省）にあるか，を問題にし，それを否定した。このため，国（文部省）は，憲法を含めた教育法制上，学力テストを実施する権限があるか，あるいは，国はどこまで教育内容について関与・決定しうるかが問題となった。その際主張されたのが判決文**(1)**の2つの考え方であり，①は「国家の教育権」説，②は「国民の教育権」説と呼ばれる。しかし最高裁は，いずれも「極端かつ一方的」であるとして退け，憲法26条の背後に「子どもの学習をする権利」があること（判決文**(2)**）をふまえつつ，子どもの教育に関与するそれぞれの立場（親，教師，そして国家など）がそれぞれ一定の範囲で決定権を有するとした。本判決は，国は，親などによる教育の自由の領域外では「必要かつ相当と認められる範囲」で教育内容についての決定権を有するとしつつ（判決文**(3)**），子どもの「自由かつ独立の人格」として成長することを妨げる介入は許されない，などとするが（判決文の引用は省略），国の介入の程度については，今日ではかなり広く認められているといえる。[*6]

*6
教科書検定について最判平成5・3・16民集47巻5号3483頁（第一次教科書訴訟・百選II-88），学習指導要領について最判平成2・1・18民集44巻1号1頁および判時1337号3頁（伝習館高校訴訟・百選II-137）など。

33

公務員の労働基本権

全農林警職法事件

最高裁昭和48年4月25日大法廷判決（刑集27巻4号547頁）　　▶百選Ⅱ-141

*1
この反対運動は，政治
団体などにとどまらず，
文化人の団体なども「反
対国民会議」に参加す
るなど，幅広いものであ
った。当時の週刊誌では，
「デートも邪魔する警職
法」という特集が組まれ
たほどであった。

*2
「争議行為」とは，労働
者が労働条件などに関
する主張を貫徹するた
めに，使用者の業務の
正常な運営を阻害する
行為をいう。集団的に業
務を停止するストライキ
（同盟罷業）などがその
例である。

*3
国家公務員法98条2項
（当時は5項）は，「職員
は，政府が代表する使
用者としての公衆に対し
て同盟罷業，怠業その他
の争議行為をなし，又は
政府の活動能率を低下
させる怠業的行為をし
てはならない。又，何人
も，このような違法な行
為を企て，又はその遂行
を共謀し，そそのかし，若
しくはあおってはならな
い」と定めている。同法
は，この規定の前段に定
める違法な行為の遂行
をあおったり，企てたりし
た者について刑事罰を
科すと定めている（現在
は111条の2第1号。令
和4年法律第68号によ
る改正法が施行されると
110条1項16号）。Xら
は，違法な争議行為の
遂行をあおった者として
罪に問われている。

事案をみてみよう

　警察官は，犯罪の容疑者などに質問をしたり，他人の土地・建物等に立ち入ったり，犯人逮捕などのために必要な場合に武器を使用したりすることが認められている。その根拠となっているのが，1948（昭和23）年に制定された警察官職務執行法（「警職法」）である。1957（昭和32）年に成立した岸信介内閣は，1958（昭和33）年10月8日，警職法改正案を国会に提出した。それは，個人の生命・財産保護などの観点からの規制であったこれまでの警職法を，公共の安全や秩序維持にまで広げ，警察官の立入り等の権限を強化するものであった。当時，岸内閣は，日米安保条約改定を進めようとしており，警職法改正は，安保条約改定に伴う反対運動などによる社会的混乱が生じるのを見越しての対応だった，といわれている。しかし，これに対する反発は非常に強く，提出から3日後の10月11日，当時の野党であった社会党は，労働組合などとともに，「共闘」する連合体（共闘連絡会議）を立ち上げ，やがてそれが「警職法改悪反対国民会議」に発展するなど，国民的な反対運動が起こった。[*1]

　農林省（現在の農林水産省）の職員などによって組織される全農林労働組合（全農林）は，かねてより，公務員の勤務条件だけでなく，公害・政治問題など，さまざまな分野に問題意識を持ち，運動を拡大していたが，上記のような国民的な動きにあわせ，警職法改正についても反対の意思表明をすることとなり，具体的な行動に出ることとなった。全農林の役員であったXらは，組合員に対し，警職法改正反対の意思表示のため，1958（昭和33）年11月5日に正午出勤の行動に入るべきこと（つまり午前中はサボること）を指示し，また，当日，出勤してきた約2500名の農林省職員に対し，その日の午前中に開催される「警職法改悪反対職場大会」に参加するよう説得・慫慂（誘いすすめること）した。こうしたXらの行為は，国家公務員である農林省職員に対し，争議行為[*2]の遂行を企て，またはあおるものであるとして，Xらは国家公務員法が定める争議行為の禁止規定違反の罪に問われた。[*3]第1審はXらを無罪としたが控訴審がこれを覆したため，Xらは，争議行為を一律に禁止する国家公務員法の規定は，労働基本権を保障する憲法28条に反しており，これらの規定が合憲であることを前提に判断する控訴審判決は憲法28条に反する，などとして上告した。

✓ 読み解きポイント

① 公務員に，労働基本権はどの程度保障されるだろうか。

② 国家公務員の争議行為を禁止する国家公務員法の規定は，憲法28条に反しないだろうか。

📖 判決文を読んでみよう

(1) 労働基本権を保障する憲法28条は，生存権の保障（憲25条）を基本理念とし，勤労権・労働条件法定を定める憲法27条と相まって，勤労者の経済的地位の向上を目的とするものである。「このような労働基本権の根本精神に即して考えると，公務員は，私企業の労働者とは異なり，使用者との合意によって賃金その他の労働条件が決定される立場にないとはいえ，勤労者として，自己の労務を提供することにより生活の資を得ているものである点において一般の勤労者と異なるところはないから，憲法28条の労働基本権の保障は公務員に対しても及ぶものと解すべきである。ただ，この労働基本権は，右のように，勤労者の経済的地位の向上のための手段として認められたものであって，それ自体が目的とされる絶対的なものではないから，おのずから勤労者を含めた国民全体の共同利益の見地からする制約を免れないものであり，このことは，憲法13条の規定の趣旨に徴しても疑いのないところである……。以下，この理を，さしあたり，本件において問題となっている非現業の国家公務員（非現業の国家公務員を以下単に公務員という。）について詳述すれば，次のとおりである。」[*4]

(2) ①公務員は，政府により任命されるものであるが，憲法15条の示すとおり，実質的には，その使用者は国民全体である。この理由のみで公務員の労働基本権を否定することは許されないが，「公務員の地位の特殊性と職務の公共性にかんがみるときは，これを根拠として公務員の労働基本権に対し必要やむをえない限度の制限を加えることは，十分合理的な理由があるというべきである」。②公務員の勤務条件の決定は，立法府において議論されるものであり，「これら公務員の勤務条件の決定に関し，政府が国会から適法な委任を受けていない事項について，公務員が政府に対し争議行為を行なうことは，的はずれであって正常なものとはいいがたく，……公務員による争議行為が行なわれるならば，使用者としての政府によっては解決できない立法問題に逢着せざるをえないこととなり，ひいては民主的に行なわれるべき公務員の勤務条件決定の手続過程を歪曲することともなって，憲法の基本原則である議会制民主主義（憲法41条，83条等参照）に背馳_{はいち}し，国会の議決権を侵す虞_{おそ}れすらなしとしないのである」。また，私企業では，提供する製品・サービスに対する需給に市場からの圧力があり，争議行為に対しても市場の抑制力が働くが，公務員の場合にはそれがない。③公務員には，特殊な公務員を除き団結権が認められ，私企業におけるような団体協約締結権は認められないものの，団体交渉権が法律上認められており，争議行為は禁止されるが，争議行為の遂行を共謀・あおる等の行為をした者にだけ罰則が設けられ，制約は最小限度にとどまっている。また，その制約に見合う代償措置とし

Point

*4｜

「現業」とは，国や地方公共団体による企業経営など，非権力的な事業をいう。かつては郵政事業や造幣事業などが典型例とされたが，今日，その多くは民営化などにより，「現業」ではなくなっている。

て，勤務条件に関し周到な規定を置き，中央人事行政機関として，公務員の給与・勤務時間そのほか勤務条件について国会・内閣に勧告・報告することが義務づけられている人事院が設けられている。「以上に説明したとおり，公務員の従事する職務には公共性がある一方，法律によりその主要な勤務条件が定められ，身分が保障されているほか，適切な代償措置が講じられているのであるから，国公法98条5項〔現2項〕がかかる公務員の争議行為およびそのあおり行為等を禁止するのは，勤労者をも含めた国民全体の共同利益の見地からするやむをえない制約というべきであって，憲法28条に違反するものではないといわなければならない。」

⇩ この判決が示したこと ⇩

① 憲法28条の労働基本権は公務員にも保障されるが，勤労者を含めた国民全体の共同利益の観点からの制約は免れない，と判断した。

② 非現業の国家公務員は，(i) その地位・職務に特殊性・公共性があり，(ii) 国会が勤労条件を決定するなどの点で民間企業と異なり，(iii) その労働基本権の制約は最小限度であり，(iv) 労働基本権の制限についての代償として，勤務条件の改善などについて国会・内閣に勧告等を行う人事院などがあるので，争議行為等の禁止は，国民全体の共同利益の観点からのやむをえない制約であり，憲法28条に反しない，と判断した。

 解説

　憲法28条は，労働者の団結権（労働者が労働条件向上等のため団体〔労働組合等〕を結成する権利）・団体交渉権（労働組合等が使用者と労働条件について交渉する権利）・団体行動権（労働組合等が使用者に対し労働条件の向上等を目的として団体で行動する権利。争議権など）を保障するが，公務員は，法律上制約されている。[*5]憲法28条にいう「勤労者」に公務員が含まれるとすれば，このような制約は憲法違反ではないか。それが，本件での問題である。最高裁は当初，公務員の「全体の奉仕者」性（憲15条2項）などを論拠に，労働基本権の制約を合憲としていた。その後，郵便局員の争議行為が問題となった全逓東京中郵事件（最大判昭和41・10・26刑集20巻8号901頁〔百選Ⅱ-139〕）を端緒に，公務員の労働基本権保障を尊重する方向が示された。そして，労働基本権制限立法について，争議行為やそのあおり行為等をすべて処罰するものと解すると，公務員の労働基本権を保障した憲法の趣旨に反し，違憲の疑いを免れないので，労働基本権保障の精神と調和しうるよう，制限立法を合理的に解釈すべきものである，とされた。[*6]

　しかし本判決では，「勤労者を含めた国民全体の共同利益の見地」から，公務員の労働基本権制約を広く許容する姿勢に転じた。それまでの判例は，労働基本権制限立法について，処罰される対象を違法性の強いものに限定するなどの「絞り込み」をして，規制の範囲を限定しようとしたが，本判決は，全面的合憲論を前提に，こうした限定解釈の手法を退け，判例変更を行っている（全司法仙台事件判決を変更）。[*7][*8]

人身の自由・選挙権・国務請求権

本章では，これまで取り上げなかった基本的人権のうち，人身の自由に関わる権利と，参政権のうち選挙権，そして国務請求権と呼ばれる権利に関する判例をみていこう。

憲法は，奴隷的拘束の禁止と意に反する苦役からの自由（18条）のほか，捜査・裁判など刑事手続についての諸原則を定め，国が刑罰を科す上での憲法的ルールを明示している。人が身体を拘束されることなく，自由に活動できるというのは，あらゆる自由を享受する上での前提となるものである。

一方，近代憲法は，国民の選挙による代表者からなる議会を中心に展開してきた。当初は選挙権を行使できる人々が限られていたが，現代では，政治参加への要求の高まりなどから，さまざまな形で広く国民が政治に参加する権利（参政権）の意義がますます大きくなっていった。日本国憲法は，国政について国民の側から請願する権利を保障し（16条），「公務員を選定し，及びこれを罷免すること」を「国民固有の権利」とし，公務員の選挙について，成年者による普通選挙を保障するなど（15条1項・3項），参政権を保障している。

そして，これらのさまざまな基本的人権保障をより確実にするために，国に対し一定の措置を講ずることを要求する権利が保障されている。公務員の不法行為に関する損害賠償請求権（17条），裁判を受ける権利（32条），刑事補償請求権（40条）などがそれであり，これらは，国務請求権と呼ばれる。この **Chapter** では，以上のうち，それぞれの領域における代表的な判例を取り上げる。

Contents

1. 人身の自由

高校の時，同じクラスの赤エンピツくんのスマホがなくなったことがあった。それを知った先生は，「犯人は絶対このクラスの中にいるはずだ。これから持ち物検査をするぞ！」っていきなり言い出して，一人ひとり僕らのカバンの中を調べはじめた。真犯人を探すのはたしかに大事だけど，クラス全員が疑われるのも心外だったし，いきなり僕らの持ち物を調べるのも，ちょっとひどくない？って思った。

　人の生命・身体が不当に侵害されれることなく，自由に行動できることは，人間にとって根源的な自由であり，さまざまな基本的人権の保障も，こうした自由があってこそはじめて意味を持つ。憲法は，人の身体に関する自由（人身の自由）について，さまざまな規定を置いている。まず，国民の生命に対する権利が，公共の福祉に反しない限り，国政の上で最大の尊重が必要とされる（13条）。そして，奴隷的拘束の禁止と意に反する苦役からの自由（18条）を定め，公務員による拷問と残虐な刑罰は絶対に禁止されるべきものとして（36条），人の生命・身体が不当に侵害されない自由を保障している。さらに，戦前，警察による社会運動の不当な取締り・弾圧などがあった経験もふまえ，日本国憲法は，刑事手続に関する手続を詳細に定めている（31条〜40条）。

　これらの中でも，法律の定める手続によらなければ刑罰を科せられないとする憲法31条は，刑事手続に関する基本的規定と考えられている。この規定は，刑罰について，その手続と刑の内容（実体）を法律で定めるだけでなく，それらが適正であることをも要求していると解されている。〔判例 **34**〕は，「適正」の意味について問題となった事例である。また，刑罰のように，国が一方的に国民に不利益を課すのは，行政手続でも生じうる。〔判例 **35**〕は，憲法31条が行政手続にも当てはまるかが問題となった事例である。一方，憲法は，人身の自由や市民の私的生活の保障を確実にするため，逮捕と住居等の捜索等について，司法官憲（裁判官）が発する令状によることを要求する（憲33条・35条）。ここでは住居等の捜索に関連して，GPS捜査の適法性が争われた〔判例 **36**〕を取り上げる。

2. 選挙権

いま高2の僕の弟も「18歳になる来年は選挙に行ける！」ってはりきっているよ。大学の授業で，歴史的にみると，選挙権ははじめから広く認められていたわけではなくて，さまざまな制限があったって習ったけど，今の日本ではどんな問題があるのかな？

　近代憲法が展開しはじめた当初は，選挙権を行使できる人々の資格に制限があった。その後，社会が発達するにつれ，政治参加への要求が高まり，現代では，広く国民が

政治に参加する権利（参政権）の意義がますます大きくなっている。国民が政治に参加するには，①直接参加する方法（直接的参政権）と②間接的に参加する方法（間接的参政権）がある。

　①は，政治のあり方に国民が直接参加する場面である。憲法は，憲法改正国民投票の投票権（96条1項）を保障し，（条文上の根拠には議論があるが）公職（公務）就任権を保障していると解されている。②は，政治に携わる人を選出することを通じ，国民が間接的に政治に参加する場面である。憲法は，国民が公務員を選定する権利を保障し（15条1項），選挙について，成年者による普通選挙によることとし，人種・信条などによる差別的取扱いを禁止する（15条3項・14条1項・44条）。地方公共団体の長や議会議員については，住民による直接選挙が保障されている（93条2項）。一方，憲法は，公務員を罷免する権利を国民に認め（15条1項），最高裁判所裁判官の国民審査権が保障されている（79条2項・3項）。この章では，選挙権の制限が問題となった事例〔判例 37〕と，有権者の投票が選挙の結果に与える影響力の平等（投票価値の平等）が問題となった事例〔判例 38〕を取り上げる。

＊1

憲法はこのように定めているが，これは，およそ公務員は国民による終局的な選定・罷免の対象となる可能性があることを示しているにとどまり，すべての公務員が国民によって直接に選定・罷免されなければならないわけではない，と考えられている。

＊2

普通選挙とは，選挙権者の資格要件を，納税額や資産額などで差別しないことをいう（さらに，教育・信仰・性別などを資格要件としない選挙まで含めていう場合がある）。

3. 国務請求権

うちのおじいちゃんは農業をしているんだけど，おじいちゃんの田んぼの近くに大きな川があって，台風がくると大雨で氾濫しそうになるんだ。だけどこの夏，ついに川の堤防が決壊して，おじいちゃんの田んぼが水浸しになっちゃって，稲が全部ダメになっちゃったんだ……。堤防を管理するのは国や地方自治体って聞いたけど，国や地方自治体に責任を問えるのかなあ？

　憲法はさまざまな基本的人権を保障するが，これらの保障をより確実なものとするために保障される基本的人権がある。それが「国務請求権」と呼ばれるものであり，国民が，自身の基本的人権や法的利益の確保のため，国に対し一定の行為を要求する権利をいう。日本国憲法は，裁判を受ける権利（32条），国や地方公共団体の公務員による不法行為に対する国家賠償請求権（17条），そして，抑留・拘禁ののちに無罪の裁判を受けた場合に，一定の補償を請求する権利（刑事補償請求権。40条）を定めている。本章では，憲法17条に関して，国の損害賠償責任の免除・制限が問題となった事件〔判例 39〕をみておこう。

34

刑事手続の適正と告知・聴聞 第三者所有物没収事件

最高裁昭和37年11月28日大法廷判決（刑集16巻11号1593頁）　▶百選Ⅱ-107

👓 事案をみてみよう

　この事件は，第三者（他人）の所有物をその人の言い分を裁判官が聴かないで没収することが憲法 31 条に違反しないかが問題となったものである。

　X₁，X₂ は，1954（昭和 29）年，他人の洋服の生地などを船で韓国に密輸出しようとしたが，しけに遭遇したために失敗して，密輸出の容疑で逮捕，起訴された。第 1 審は，X₁ を懲役 6 か月，X₂ を懲役 4 か月（ただし，いずれも執行猶予 3 年）に処するとともに，関税法 118 条 1 項（当時）[*1] に基づき，付加刑[*2] として貨物と船を没収する判決を下した。しかし，この貨物は X₁ らの所有物ではなかった（X₁ らの弁護人はこの貨物の所有者は A だと主張したが，裁判所はこの主張を退け，所有者不明の貨物として没収を命じている）。X₁ らは，貨物を没収するにはその所有者である第三者に密輸出等の犯罪が行われると知っていたかどうかについて裁判の中で確認するべきなのにこれをしなかったとして上告した。そこで，第三者に所有権を守るための主張をする機会を事前に与えないままで貨物を没収したことが憲法 31 条・29 条に違反しないかが問題となった。

✓ 読み解きポイント

① 憲法31条・29条は，所有物を没収される者に対してどのような手続を保障しなければならないと述べているだろうか。

② Xらが第三者（他人）の憲法上の権利の侵害を主張することについてどう判断したか。

📖 判決文を読んでみよう

(1)　「関税法 118 条 1 項の規定による没収は，同項所定の犯罪に関係ある船舶，貨物等で同項但書に該当しないものにつき，被告人の所有に属すると否とを問わず，その所有権を剥奪して国庫に帰属せしめる処分であって，被告人以外の第三者が所有者である場合においても，被告人に対する附加刑としての没収の言渡により，当該第三者の所有権剥奪の効果を生ずる趣旨であると解するのが相当である。

　しかし，<u>第三者の所有物を没収する場合において，その没収に関して当該所有者に対し，何ら告知，弁解，防禦の機会を与えることなく，その所有権を奪うことは，著しく不合理であって，憲法の容認しないところである</u>といわなければならない。けだし，憲法 29 条 1 項は，財産権は，これを侵してはならないと規定し，また同 31 条は，

何人も，法律の定める手続によらなければ，その生命若しくは自由を奪われ，又はその他の刑罰を科せられないと規定しているが，前記第三者の所有物の没収は，被告人に対する附加刑として言い渡され，その刑事処分の効果が第三者に及ぶものであるから，所有物を没収せられる第三者についても，告知，弁解，防禦の機会を与えることが必要であって，これなくして第三者の所有物を没収することは，適正な法律手続によらないで，財産権を侵害する制裁を科するに外ならないからである。そして，このことは，右第三者に，事後においていかなる権利救済の方法が認められるかということとは，別個の問題である。然るに，関税法 118 条 1 項は，同項所定の犯罪に関係ある船舶，貨物等が被告人以外の第三者の所有に属する場合においてもこれを没収する旨規定しながら，その所有者たる第三者に対し，告知，弁解，防禦の機会を与えるべきことを定めておらず，また刑訴法その他の法令においても，何らかかる手続に関する規定を設けていないのである。従って，前記関税法 118 条 1 項によって第三者の所有物を没収することは，憲法 31 条，29 条に違反するものと断ぜざるをえない。」

(2)「そして，かかる没収の言渡を受けた被告人は，たとえ第三者の所有物に関する場合であっても，被告人に対する附加刑である以上，没収の裁判の違憲を理由として上告をなしうることは，当然である。のみならず，被告人としても没収に係る物の占有権を剥奪され，またはこれが使用，収益をなしえない状態におかれ，更には所有権を剥奪された第三者から賠償請求権等を行使される危険に曝される等，利害関係を有することが明らかであるから，上告によりこれが救済を求めることができるものと解すべきである。これと矛盾する昭和 28 年（あ）第 3026 号，同 29 年（あ）第 3655 号，各同 35 年 10 月 19 日当裁判所大法廷言渡の判例は，これを変更するを相当と認める。

　本件につきこれを見るに，没収に係る貨物が被告人以外の第三者の所有に係るものであることは，原審の確定するところであるから，前述の理由により本件貨物の没収の言渡は違憲であって，この点に関する論旨は，結局理由あるに帰し，原判決および第 1 審判決は，この点において破棄を免れない。」

Point

> #### ⇩ この判決が示したこと ⇩
>
> ① 憲法31条・29条から，所有物を没収される者には，告知，弁解，防御の機会を与えなければならないとした。そして，当時，所有物が没収される第三者に対してそのような機会を与える手続が存在していなかったので，当時の関税法118条1項により第三者（他人）の所有物を没収することは憲法31条・29条に違反するとした。
>
> ② 第三者（他人）の所有物の没収は，Xらに対する刑罰であり，またXらの占有権が剥奪されるなどXらが利害関係をもつことから，Xらが第三者（他人）の憲法上の権利に対する侵害を主張することができるとした。

解説

　憲法 31 条は,「何人も, 法律の定める手続によらなければ, ……刑罰を科せられ
ない」と定める。ここでいう「法律の定める手続」の内容について, 本判決は, 手続
がその内容はどのようなものであれ法律により制定されていればいいということだけ
を意味するのではなく, 手続の内容が適正でなければならないことをも意味として含
んでいること, そして「適正な法律手続」とは「告知, 弁解, 防御」の機会を与える
ことであることを明らかにした。「告知」とは, どのような理由でどのような不利益
を与えるのかを本人に知らせること,「弁解, 防御」とは, 告知された内容に対して,
本人が自分の権利, 利益を守るために反論などを行うことである。学説でいう「告知
と聴聞」に対応するものである。

　その上で, この判決は, 第三者の所有物を没収する場合には, その没収について所
有者たる第三者に告知, 弁解, 防御の機会を与えることが必要であり, これを行わな
いで第三者の所有物を没収することは, 適正な法律手続 (適正手続) によらないで財
産権を侵害することになるので, 憲法 31 条・29 条に違反すると結論づけた (判決文
(1))。

　また, この事件では, そもそも被告人が訴訟の中で自分の権利ではなくて第三者
(他人) の憲法上の権利に対する侵害を主張することが認められるのかも問題となっ
た (「第三者の違憲主張適格」という論点である)。この点, 以前の判例は許されないとし
ていたが (最大判昭和 35・10・19 刑集 14 巻 12 号 1574 頁および 1611 頁), 本判決は, こ
の従来の判例を変更して, 被告人に対する付加刑であること, 被告人は占有権を奪わ
れ, また所有者たる第三者から損害賠償請求を受ける可能性があること等から, 利害
関係を有するとして, 被告人による第三者の権利の主張を認めている (判決文(2))。

　これに対して, 学説には, 第三者の違憲主張適格が認められる場合を, ①第三者
がその訴訟の中でみずからの権利を主張することが不可能か極めて困難である場合,
②訴訟当事者が申し立てている損害が同時に第三者の憲法上の権利を奪うようなも
のである場合, ③たとえば医者と患者といったように, 訴訟当事者と第三者との間
に実質的な関係がある場合, の 3 つに整理をした上で, 本件では, むしろ①の事情
が大きかったのではないか, とする整理もある。

　なお, 憲法 31 条については, ①「法律の定める手続」の内容として, 手続の法
定・適正にとどまらず, 実体 (どのような行為をすればどのような刑罰〔不利益〕を受ける
のか) の法定・適正も要求されるのか, ②本条の適正手続の要請が刑罰だけでなく行
政処分などにも及ぶのか, といったことが問題となる。②については, 成田新法訴
訟 (最大判平成 4・7・1 民集 46 巻 5 号 437 頁〔[判例 35]〕) を参照してほしい。

<table>
<tr><td>**35**</td><td>**行政における適正手続**</td><td>成田新法訴訟</td></tr>
</table>

最高裁平成4年7月1日大法廷判決（民集46巻5号437頁）　　▶ 百選Ⅱ-109

 事案をみてみよう

　成田空港は 1978（昭和 53）年に開港した。しかし，その建設に際しては，土地の収用方法などを問題として，主に新左翼運動のいくつかの団体（警察白書では「極左暴力集団」，俗には「過激派」などと呼ばれる）によって，暴力を伴う激しい反対闘争が繰り広げられた。同年 3 月 30 日に予定されていた開港の直前には，過激派集団が空港内に火炎車を突入させ，空港内に乱入して火炎びんを投げるとともに，管制塔に侵入してレーダーなどの航空管制機器を破壊する事件が発生したため，開港は 5 月 20 日に延期された。そこで，このような暴力事件を刑罰で取り締まるだけではなく，活動そのものを阻止するため，空港に隣接して建てられていた過激派集団のアジト（活動拠点）の使用を禁止する行政処分を行うために，「新東京国際空港の安全確保に関する緊急措置法」（いわゆる成田新法。その後題名も変更され，現在は「成田国際空港の安全確保に関する緊急措置法」）が制定された。この法律の 3 条 1 項は，規制区域内の建物などの工作物について，多数の暴力主義的破壊活動者の集合のために用いること（1 号），暴力主義的破壊活動等に使用され，または使用されるおそれがあると認められる爆発物，火炎びん等の物の製造または保管の場所のために用いること（2 号）の禁止を命令することができると定める。運輸大臣（当時）は，これらの規定に基づき 1 年ごと 5 回にわたり，空港に隣接して建てられていた「横堀要塞」と呼ばれる建物の使用禁止命令を発した。この建物の所有者である X は，これらの規定が憲法 21 条 1 項，22 条 1 項，29 条 1 項・2 項，35 条に違反することのほか，同法 3 条が使用禁止命令を発するにあたり事前に相手方に告知，弁解，防御の機会を与える定めを置いていないことが憲法 31 条に違反するとして，使用禁止命令の取消しと損害賠償を求めて訴訟を提起した。第 1 審，控訴審ともに X は敗訴したので，上告した。

＊1｜

「火炎車」とは，この事件では，廃油が入ったドラム缶を荷台に積んでこれを炎上させたトラックのことのようである。

＊2｜

このほか，同法3条1項3号は，工作物を新空港またはその周辺における航空機の航行に対する暴力主義的破壊活動者による妨害のために用いることの禁止を命令できることも定めており，X は，この3号が憲法22条，29条に違反することも争ったが，最高裁は，3号はXに対する使用禁止命令とは関係ないとして合憲性を判断していない。

☑ **読み解きポイント**

① 憲法31条の適正手続の保障が，刑事手続だけでなく，行政手続にも及ぶと判断したか。

② 行政手続において，行政処分の相手方に告知，弁解，防御の機会を与えるべきか否かについてどのような規範で判断すると述べたか。

📖 判決文を読んでみよう

(1) 「憲法31条の定める法定手続の保障は，直接には刑事手続に関するものであるが，行政手続については，それが刑事手続ではないとの理由のみで，そのすべてが当然に同条による保障の枠外にあると判断することは相当ではない。」

(2) 「しかしながら，同条による保障が及ぶと解すべき場合であっても，一般に，行政手続は，刑事手続とその性質においておのずから差異があり，また，行政目的に応じて多種多様であるから，行政処分の相手方に事前の告知，弁解，防御の機会を与えるかどうかは，行政処分により制限を受ける権利利益の内容，性質，制限の程度，行政処分により達成しようとする公益の内容，程度，緊急性等を総合較量して決定されるべきものであって，常に必ずそのような機会を与えることを必要とするものではないと解するのが相当である。

本法3条1項に基づく工作物使用禁止命令により制限される権利利益の内容，性質は，前記のとおり当該工作物の三態様における使用^{*3}であり，右命令により達成しようとする公益の内容，程度，緊急性等は，前記のとおり，新空港の設置，管理等の安全という国家的，社会経済的，公益的，人道的見地からその確保が極めて強く要請されているものであって，高度かつ緊急の必要性を有するものであることなどを総合較量すれば，右命令をするに当たり，その相手方に対し事前に告知，弁解，防御の機会を与える旨の規定がなくても，本法3条1項が憲法31条の法意に反するものということはできない。また，本法3条1項1，2号の規定する要件が不明確なものであるといえないことは，前記のとおりである。」

> ⇩ **この判決が示したこと** ⇩
>
> ① 憲法31条の適正手続の保障は，刑事手続だけでなく，行政手続にも及ぶ可能性があることを認めた。
> ② 行政処分の相手方に告知，弁解，防御の機会を与えるべきかどうかは，行政処分により制限を受ける権利利益の内容，性質，制限の程度，行政処分により達成しようとする公益の内容，程度，緊急性等を総合較量して決定すべきだとした。

☝ 解説

憲法31条が，刑事手続との関係で，たんに手続を法律で定めるだけでなく，その手続の内容が適正なものでなければならないこと，具体的には告知，弁解，防御の機会を与えなければならないことは，第三者所有物没収事件（[判例**34**]）で明らかにされていた。刑事手続は，それによって有罪となれば死刑や懲役といった刑罰が科され，生命や自由といった権利に対する重大な制限をもたらすものなので，適正手続が要請される。しかし，それは刑事手続に限ったことではなく，行政処分の中にも，同じように，自由や財産に対する重大な制限を伴うものがある。成田新法事件は，建物の使用禁止命令について争われたが，これも刑罰ではなく，行政処分の一つである。それ

*3｜
成田新法3条1項に基づく使用禁止命令は「事案をみてみよう」と**＊2**で触れたように，1号から3号で定める三態様の使用を禁止するものであった。

ゆえ，憲法 31 条の適正手続の保障の要請は，行政手続の場合でも同様に当てはまるのではないかということが問題となる。この点，最高裁は，すでに，住居への侵入・捜索にあたり令状主義を定める憲法 35 条に関して，税務調査での立入りなどの合憲性が争われた川崎民商事件（最大判昭和 47・11・22 刑集 26 巻 9 号 554 頁〔百選Ⅱ-114〕）で「当該手続が刑事責任追及を目的とするものでないとの理由のみで，その手続における一切の強制が当然に右規定による保障の枠外にあると判断することは相当ではない」と述べていた。最高裁は，憲法 31 条についてもこれと同じような語句を用いて，同条の適正手続の保障が行政手続にも及ぶ可能性を認めた（判決文(1)）。

そこで，次に問題となるのは，どのような場合に事前の告知，弁解，防御の機会の付与が必要となるかである。本判決は，行政手続には多様なものがあるので，憲法 31 条による保障が及ぶ場合であっても常に事前の告知，弁解，防御の機会を与えることが必要となるわけではなく，行政処分により制限される権利・利益の内容，性質，制限の程度や，行政処分により達成しようとする公益の内容，程度，そして行政処分を行う緊急性といった諸要素を「総合較量」して決定すべきだとの判断枠組みを示した。そして，この判断枠組みを使って，成田新法については，使用禁止命令によって制限されるのは 3 条 1 項が定める 3 つの方法での建物の使用だけであり，制限の程度は小さいとし，他方で，命令によって達成しようとする公益は新空港の設置，管理等の安全であって重要なものであり，かつ，使用禁止命令を発する高度かつ緊急の必要性があると評価して，これらを総合較量すると，事前の告知，弁解，防御の機会の付与は不要だと結論づけた（判決文(2)）。

その後の判例でも，原子炉設置許可処分にあたり事前に周辺住民の意見を聴かないことや，教科書検定にあたり教科書執筆者の意見を聴かないことが憲法 31 条に違反しないかが争われたが，いずれも合憲とされている（最判平成 4・10・29 民集 46 巻 7 号 1174 頁〔伊方原発訴訟〕，最判平成 5・3・16 民集 47 巻 5 号 3483 頁〔第一次家永教科書裁判・百選Ⅰ-88〕，最判平成 9・8・29 民集 51 巻 7 号 2921 頁〔第三次家永教科書裁判〕）。

なお，本件で主張されていた他の憲法違反について，最高裁は，次のようにいずれも合憲とした。憲法 21 条 1 項違反の主張については，集会の自由に対する制限が必要かつ合理的なものとして是認されるかどうかは，「制限が必要とされる程度と，制限される自由の内容及び性質，これに加えられる具体的制限の態様及び程度等を較量して決めるのが相当である」と判断枠組みを示した上で，憲法 31 条違反の審査と同様の評価，当てはめをして合憲とした。憲法 22 条 1 項，29 条 1 項・2 項違反の主張については，いずれも「公共の福祉による必要かつ合理的な制限である」として簡単に合憲とした。憲法 35 条違反の主張については，前掲の川崎民商事件を引用して同条の行政手続への適用可能性を認めつつ，令状の要否は，「当該立入りが，公共の福祉の維持という行政目的を達成するため欠くべからざるものであるかどうか，刑事責任追及のための資料収集に直接結び付くものであるかどうか，また，強制の程度，態様が直接的なものであるかどうかなどを総合判断して……決める」とした。そして本件では，立入りの必要性は高いこと，刑事責任追及のための資料収集に直接結びつくものではないことなどから，裁判官の令状は不要であったと結論づけた。

GPS 捜査と憲法 35 条

最高裁平成29年3月15日大法廷判決（刑集71巻3号13頁）　　▶百選Ⅱ-112

*1|
GPS（Global Position-
ing System）とは、地球
上の現在の位置を知る
ためのシステムである。
地球の周囲を回ってい
る複数のGPS衛星から
発せられる電波をGPS
受信器が受信し、発信と
受信の時間差に光速を
かけた距離を組み合わ
せて計算することで、
GPS受信器の場所を測
定することができる、と
いうものである。

*2|
GPS捜査が「検証」（刑
訴218条1項）にあたると
して、令状（検証許可
状）を得てこれを行うこ
とも考えられた。「検証」
とは、「五官の作用によ
って対象の存否、性質、
状態、内容等を認識、保
全する」活動をいう。

*3|
違法収集証拠排除の法
則とは、捜査機関が違法
な方法により得た証拠
は刑事裁判において事
実認定のために使えな
い（これを「証拠能力が否
定される」という）という
ルールである。刑事訴訟
法は被疑者の人権を守
るため捜査のやり方を厳
格に規律している。その
規律を守らせるために、
これに違反して集めた
証拠の証拠能力が否定
される。

🔍 事案をみてみよう

　GPS 機能は、自動車のカーナビやスマートフォンなどにもついているが、専用の小型の GPS 端末も簡単に手に入る。このような GPS 端末は、外付けで自動車やバイクなどに（盗聴器のように）こっそりと簡単に取り付けることができてしまう。警察も、GPS 端末を容疑者の自動車やバイクに取り付ければ、多くの捜査員を使って尾行をしなくても、簡単かつ正確に容疑者の足取りを追うことができ捜査上便利なので、GPS 端末を使うようになってきている（GPS 捜査）。しかし、GPS 捜査について直接に授権、規律する刑事訴訟法の条文は存在しない。

　被告人 Y は、単独で行った傷害事件と、共犯者たちと共謀して行った連続窃盗事件とを合わせ、窃盗罪、傷害罪などの容疑で起訴された。連続窃盗は、自動車を次々窃盗して移動しながら店舗や郵便局からの窃盗を繰り返すというものであったので、警察は、この捜査にあたり、Y らに知らせることなく、また令状をとることもなく、Y とその共犯者、また Y の交際相手の女性の自動車やバイク合計 19 台に GPS 端末を装着して捜査を行っていた。GPS 端末はケースに入れられ、自動車の下部や、バイクの下のカバーを外して取り付けられ、充電が必要になる 3〜4 日ごとに交換していたという。Y の弁護人は、刑事裁判の中で、警察がこのような GPS 捜査を行っていたことを明らかにし、この捜査には重大な違法があり、この事件の証拠は違法収集証拠排除の法則に従い排除されるべきであるとして、Y の無罪を主張した。

　第 1 審判決は、GPS 捜査は重大な違法があるとして、一部の証拠を排除したものの、残りの証拠に基づいて全事件で Y を有罪と認定した。控訴審判決は、GPS 捜査には重大な違法があるとは解されないとして、第 1 審判決の結論を維持した。Y が上告。

☑ 読み解きポイント

① 憲法35条は何を保障しているとしたか。

② GPS捜査は特別の根拠規定がなければ行うことのできない強制処分か。また令状が必要な処分か。

📖 判決文を読んでみよう

(1)　「GPS 捜査は、対象車両の時々刻々の位置情報を検索し、把握すべく行われる

ものであるが，その性質上，公道上のもののみならず，個人のプライバシーが強く保護されるべき場所や空間に関わるものも含めて，対象車両及びその使用者の所在と移動状況を逐一把握することを可能にする。このような捜査手法は，個人の行動を継続的，網羅的に把握することを必然的に伴うから，個人のプライバシーを侵害し得るものであり，また，そのような侵害を可能とする機器を個人の所持品に秘かに装着することによって行う点において，公道上の所在を肉眼で把握したりカメラで撮影したりするような手法とは異なり，公権力による私的領域への侵入を伴うものというべきである」。

(2) 「憲法 35 条は，『住居，書類及び所持品について，侵入，捜索及び押収を受けることのない権利』を規定しているところ，この規定の保障対象には，『住居，書類及び所持品』に限らずこれらに準ずる私的領域に『侵入』されることのない権利が含まれるものと解するのが相当である。そうすると，前記のとおり，個人のプライバシーの侵害を可能とする機器をその所持品に秘かに装着することによって，合理的に推認される個人の意思に反してその私的領域に侵入する捜査手法である GPS 捜査は，個人の意思を制圧して憲法の保障する重要な法的利益を侵害するものとして，刑訴法上，特別の根拠規定がなければ許容されない強制の処分に当たる〔最決昭和 51・3・16 刑集 30 巻 2 号 187 頁参照〕とともに，一般的には，現行犯人逮捕等の令状を要しないものとされている処分と同視すべき事情があると認めるのも困難であるから，令状がなければ行うことのできない処分と解すべきである」。

Point

(3) 「GPS 捜査について，刑訴法 197 条 1 項ただし書の『この法律に特別の定のある場合』に当たるとして同法が規定する令状を発付することには疑義がある。GPS 捜査が今後も広く用いられ得る有力な捜査手法であるとすれば，その特質に着目して憲法，刑訴法の諸原則に適合する立法的な措置が講じられることが望ましい」。

(4) 「しかしながら，本件 GPS 捜査によって直接得られた証拠及びこれと密接な関連性を有する証拠の証拠能力を否定する一方で，その余の証拠につき，同捜査に密接に関連するとまでは認められないとして証拠能力を肯定し，これに基づき被告人を有罪と認定した第 1 審判決は正当であ」る。

⇩ **この判決が示したこと** ⇩

① 憲法35条は,「住居,書類及び所持品」に限らず,これらに準ずる私的領域に「侵入」されることのない権利を保障しているとした。

② GPS捜査は,個人のプライバシーを侵害しうる機器をその所持品に密かに装着することで,合理的に推認される個人の意思に反して私的領域に侵入する捜査手法で,憲法35条が保障する権利を侵害するものであり,それゆえ,特別の根拠規定がなければ許されない強制処分にあたり,また令状が必要な処分と解すべきだとした。

解説

　警察など捜査機関による捜査は，身体の拘束や家宅捜索，所持品の押収など個人の権利や自由を強く制限するもので，濫用されるおそれも高い。そこで，「強制の処分」は，刑事訴訟法に特別の定めがなければ行うことができない，という重要な原則（強制処分法定主義）が妥当する。この原則は，刑事訴訟法に定められており（刑訴197条1項ただし書），憲法でも明文の定めはないものの，一般的には憲法31条の適正手続の保障のひとつであると理解されている。

　問題は，何が「強制の処分」にあたるかである。最高裁は，本判決も引用する昭和51年の決定で，「有形力の行使を伴う手段を意味するものではなく，個人の意思を制圧し，身体，住居，財産等に制約を加えて強制的に捜査目的を実現する行為など」を意味すると述べていた。本判決では，「個人の意思を制圧して憲法の保障する重要な法的利益を侵害するもの」が「強制の処分」だと述べ，昭和51年決定が「身体，住居，財産等」という例を挙げていたのに対し，「憲法の保障する重要な法的利益」と一般化するとともに，意思の制圧とは実際にこれを行っているものだけでなく「合理的に推認される個人の意思に反し」て行うものも含むという考え方を示して，本件のGPS捜査は「強制の処分」にあたるとした。また，令状が必要な処分と解すべきだともしている（判決文(2)）。

　そしてその際，本判決では，「重要な法的利益」として，憲法35条が保障する権利を挙げた。憲法35条が保障する対象は，条文上は「住居，書類及び所持品」である。しかし，本判決では，同条は「これらに準ずる私的領域に『侵入』されることのない権利」をも保障しているのだと述べ，保障の対象を広げた（判決文(2)）。「私的領域」とは何なのか。同条は，条文上は，住居というプライベートな空間に侵入されないこと，そして書類や所持品というプライベートな物を捜索，押収されないことを保障しているので，その延長で，プライベートな場所，空間を意味するとするのが，ひとつの理解である。本判決でも「個人のプライバシーが強く保護されるべき場所や空間に関わるもの」「機器を個人の所持品に秘かに装着することによって行う」（判決文(1)）といった表現からは「私的領域」をこの意味で保障しているのだと読むことができる。しかし，この理解に対して，本判決が，「このような捜査手法は，個人の行動を継続的，網羅的に把握することを必然的に伴うから，個人のプライバシーを侵害し得る」と述べる点（判決文(1)）に着目して，「私的領域」を，「私」が何をしておりどういう人間であるのかというプライベートな情報を意味するとの理解も存在する。

　本事件はGPS捜査を行うのに令状も取っていなかったので，最高裁は，一部の証拠を違法収集証拠として排除した（が，結論は有罪とした）。しかし，もし検証許可状など現行の刑事訴訟法の規定に基づいて令状を取るならばGPS捜査が許されるのかについても触れており，それは許されず，立法によるべきだとしている（判決文(3)）。

＊4
刑事訴訟法197条1項「捜査については，その目的を達するため必要な取調をすることができる。但し，強制の処分は，この法律に特別の定のある場合でなければ，これをすることができない。」

＊5
この判決の後，GPS捜査を可能とする立法は行われていない。もっとも，逮捕した被疑者やその関係者から押収した携帯電話端末などから過去の位置情報を得たり，検証令状によって事業者から過去の位置情報を得たりする捜査手法は，位置情報の継続的，網羅的な把握を伴うものではなくこの判決の射程の外ということで，今も行われている。

37 選挙権行使の制限の違憲性 在外日本人選挙権規定違憲判決

最高裁平成17年9月14日大法廷判決（民集59巻7号2087頁） ▶ 百選Ⅱ-147

事案をみてみよう

　現在，満18歳以上の日本国民は選挙権を有する（公選9条1項）。しかし，18歳に達したとたんに，選挙権を行使できるわけではない。選挙（公職選挙）で投票するためには，「選挙人名簿」に登録されている必要がある。「選挙人名簿」とは，誰が選挙人であるかを確定しておくために用意される帳簿（公簿）である。選挙の当日，投票所に投票に来た人が，本当に投票することのできる選挙人であるかを確認するのを容易にするため，あらかじめ有権者を登録しておき，二重投票を防止することなどを目的としている。選挙人名簿に登録されるためには，18歳以上（平成28年までは20歳以上）の日本国民で，住んでいる市町村の住民票が作成された日から引き続き3か月以上居住していること（住民基本台帳に記録されている者であること）が必要である。

　一方，日本国外に居住している日本国民（在外国民）は，国内の市町村に居住していないため，選挙人名簿に登録されず，その結果，選挙権があるのにそれを行使することができなかった。1991（平成3）年頃から，在外国民に選挙権行使の機会を確保することを目指す運動が活発になり，1998（平成10）年，公職選挙法が改正され，在外選挙制度が創設されて「在外選挙人名簿」が作成（調製）されることとなった。これにより，衆議院・参議院の議員の選挙のうち，比例代表選出議員選挙については，在外国民も選挙権を行使することが可能となった。しかしながら，選挙区選出議員選挙（衆議院議員は小選挙区，参議院議員は選挙区）については，国外に住む日本人に候補者の政策などに関する情報を適正に伝達することは困難であると考えられたことなどから，見送られた。

　Xらは，日本国外に居住する20歳以上の日本国民であるが，在外国民であることを理由として選挙権の行使の機会を保障しないことは，憲法14条1項・15条1項などに反するとして，①平成10年改正前の公職選挙法が，Xらに衆議院議員・参議院議員選挙において選挙権の行使を認めていないのは違憲であること，②平成10年改正以降は，衆参各議員の選挙区選出議員選挙において選挙権の行使を認めていないのは違憲であること，の確認をそれぞれ求め，また，③国会は，Xらの在外国民が選挙権行使を可能にするための公職選挙法の改正を怠ったとして，国家賠償法に基づく損害賠償を請求する訴えを起こした。第1審はいずれもその主張を退け，Xらは控訴審で，①・②が退けられた場合の予備的な訴え（予備的請求）として，④Xらが衆参各議員の選挙区選出議員選挙において選挙権を行使する権利を有することの確認を求めた。しかし控訴審もこれらの主張を退けたため，Xらが上告した。

*1

一定の権利関係や法律関係の存否を裁判で主張し，その確認を求める請求を，「確認の訴え」と呼んでいる（たとえば，ある物が自分の所有に属することの確認や，一定の債務が存在しないことの確認などの訴え）。最高裁は，Xらの請求のうち④を，行政事件訴訟法にいう「当事者訴訟」（「公法上の法律関係に関する確認の訴え」。4条）ととらえ，訴えを認めた。

*2

ふつうの不法行為による損害賠償であれば，民法に基づき請求するが（民709条），国・地方公共団体等の公権力の行使に当たる公務員による不法行為などの場合，損害賠償請求は，国家賠償法に基づき請求する。〔判例**39**〕も参照。

📖 判決文を読んでみよう

(1) 「国民の代表者である議員を選挙によって選定する国民の権利は、国民の国政への参加の機会を保障する基本的権利として、議会制民主主義の根幹を成すものであり、民主国家においては、一定の年齢に達した国民のすべてに平等に与えられるべきものである。

　憲法は、前文及び1条において、主権が国民に存することを宣言し、国民は正当に選挙された国会における代表者を通じて行動すると定めるとともに、43条1項において、国会の両議院は全国民を代表する選挙された議員でこれを組織すると定め、15条1項において、公務員を選定し、及びこれを罷免することは、国民固有の権利であると定めて、国民に対し、主権者として、両議院の議員の選挙において投票をすることによって国の政治に参加することができる権利を保障している。そして、憲法は、同条3項において、公務員の選挙については、成年者による普通選挙を保障すると定め、さらに、44条ただし書において、両議院の議員の選挙人の資格については、人種、信条、性別、社会的身分、門地、教育、財産又は収入によって差別してはならないと定めている。以上によれば、<u>憲法は、国民主権の原理に基づき、両議院の議員の選挙において投票をすることによって国の政治に参加することができる権利を国民に対して固有の権利として保障しており、その趣旨を確たるものとするため、国民に対して投票をする機会を平等に保障しているものと解するのが相当である。</u>」

Point 😮

(2) 「憲法の以上の趣旨にかんがみれば、自ら選挙の公正を害する行為をした者等の選挙権について一定の制限をすることは別として、<u>国民の選挙権又はその行使を制限することは原則として許されず、国民の選挙権又はその行使を制限するためには、そのような制限をすることがやむを得ないと認められる事由がなければならないというべきである。</u>そして、そのような制限をすることなしには選挙の公正を確保しつつ選挙権の行使を認めることが事実上不能ないし著しく困難であると認められる場合でない限り、上記のやむを得ない事由があるとはいえず、このような事由なしに国民の選挙権の行使を制限することは、憲法15条1項及び3項、43条1項並びに44条ただし書に違反するといわざるを得ない。」

Point 😠

(3) ①平成10年改正前は、在外国民は選挙人名簿に登録されず、投票することができなかったが、1984（昭和59）年、内閣は、衆参各議員の選挙全般について在外国民の選挙制度創設を内容とする法改正案を国会に提出しており（その後廃案）、その後、「国会が、10年以上の長きにわたって在外選挙制度を何ら創設しないまま放置し、本件選挙において在外国民が投票をすることを認めなかったことについては、やむを得ない事由があったとは到底いうことができない」。また、②平成10年改正以降は、

比例代表選出議員の選挙についてのみ在外国民の投票が認められたが，「本件改正後に在外選挙が繰り返し実施されてきていること，通信手段が地球規模で目覚ましい発達を遂げていることなどによれば，在外国民に候補者個人に関する情報を適正に伝達することが著しく困難であるとはいえなくなったものというべきである」。本判決言渡し後に初めて行われる衆参各議員の選挙の時点においては，衆議院小選挙区選出議員の選挙および参議院選挙区選出議員の選挙について在外国民に投票をすることを認めないことについて，やむをえない事由があるということはできない。

⇩ **この判決が示したこと** ⇩

① 憲法は，国民主権原理に基づき，国政選挙において投票し，政治に参加する権利を国民固有の権利として保障し，投票の機会を平等に保障している，と判断した。

② ①の趣旨からすると，国民の選挙権とその行使を制限することは原則として許されず，制限が許されるためには，やむをえないと認められる事由がなければならない，と判断した。

✍ 解説

在外国民は国外に住んでいるため選挙人名簿に登録されず，その結果，国内の選挙で選挙権を行使できなかった。在外国民でも選挙権の行使を可能とする仕組みを設けていないことは，在外国民の選挙権を制約するものではないか——これが，本件での論点である。最高裁は，選挙権の重要性をふまえ，選挙権の制限は原則として許されず，許されるとしても，「やむを得ないと認められる事由」という強い根拠がなければならない，とした。また，Xらの訴え（「事案をみてみよう」の①〜④）のうち，③の国会の立法行為に関する損害賠償（国家賠償）請求（立法不作為。ここでは，在外国民の選挙権行使を可能とするよう公職選挙法を改正すべきであったのにしなかったこと）についても，踏み込んだ判断を示している。[*3]

本判決は，さまざまな影響を与えている。憲法は，最高裁裁判官の国民審査について，任命後初めて行われる衆議院議員総選挙の際に行うと定めている（憲79条2項〜4項）。衆議院議員の選挙権を有する者は審査権を有し，審査は，衆議院議員総選挙で用いられる「選挙人名簿」によるとされていたが（最高裁判所裁判官国民審査法4条・8条〔当時〕），在外日本人は，「在外選挙人名簿」には登録されているものの「選挙人名簿」には登録されていないので，審査権を行使することができなかった。この点について，最高裁は，「審査権が国民主権の原理に基づき憲法に明記された主権者の権能の一内容である点において選挙権と同様の性質を有する」から，憲法は，選挙権同様，国民に対し審査権を行使する機会を平等に保障しているとした上で，本判決とほぼ同じ枠組みで判断し，在外国民に審査権の行使を全く認めていない法制度は憲法15条1項，79条2項・3項に反するとした。[*5]

*3｜
かつての判例は，立法不作為の国家賠償請求の認容を厳しく限定していたが（最判昭和60・11・21民集39巻7号1512頁〔百選II-191〕），本判決は，①憲法上の権利を違法に侵害することが明白な場合や，②権利行使の機会確保のための立法措置が必要不可欠であることが明白にもかかわらず，正当な理由なく長期にわたりこれを怠った場合には違法の評価を受ける，とした。なお再婚禁止期間違憲判決（〔判例09〕）参照。

*4｜
最判平成18・7・13判時1946号41頁では，「ひきこもり」等の精神的原因で投票所に行くのが困難な者に対する選挙権行使の機会の確保のための立法措置が問題となった。最高裁は，本判決をふまえ，立法措置の検討の必要性を指摘しつつも，国家賠償法上の違法性を認めなかった。また，下級裁判所の判決ではあるが，公職選挙法で定められていた成年被後見人に対する選挙権制限規定が違憲とされた例もある（東京地判平成25・3・14判時2178号3頁。その後この規定は削除された）。

*5｜
最大判令和4・5・25民集76巻4号711頁。その後，在外投票を認める制度改正がなされた（令和4年法律第86号による改正後の最高裁判所裁判官国民審査法16条の4等）。

38

投票価値の平等

衆議院議員定数不均衡訴訟

最高裁昭和51年4月14日大法廷判決（民集30巻3号223頁）　　▶百選Ⅱ-148

🔍 事案をみてみよう

　Xは，1972（昭和47）年12月に行われた衆議院議員選挙の際，千葉県第1区（当時は千葉市・市川市などの地域）における選挙の選挙人（有権者）[*1]であった者である。Xは，次のように主張し，この衆議院議員選挙の千葉県第1区における選挙（本件選挙）は無効であるとして，選挙無効訴訟を提起した。[*2]つまり，憲法は14条で法の下の平等を定めるほか，選挙については，憲法15条3項・44条で，平等選挙を強く保障している。したがって，選挙においては，どの選挙人の一票も他の者の一票と同じ価値を与えられていなければならない。しかし，本件選挙は他の選挙区との間に「投票の価値」について大きな較差[*3]があり，それは，平等選挙において許される程度をはるかに超えている。したがって，本件の衆議院議員選挙について，選挙区ごとに議員定数を定めた公職選挙法の規定（別表第1など）[*4]は，合理的根拠に基づくことなく，住所（選挙区）によって一部の国民を不平等に扱ったもので，憲法14条に違反しており，これに基づいて行われた本件選挙は無効だ，という主張である。Xによれば，具体的には，議員1人当りの選挙人（有権者）数の比でいうと，最少の兵庫県第5区（豊岡市などの地域）と千葉県第1区との間で，4.81：1となっていた。第1審はXの主張を退けたため，Xは上告した。

✓ 読み解きポイント

① 憲法14条1項は，選挙人（有権者）が選挙の結果に及ぼす影響力の平等（投票価値の平等）を要求しているだろうか。

② 議員定数を配分する公職選挙法の規定は，どのような場合に憲法違反と判断されるだろうか。

📖 判決文を読んでみよう

(1) 「憲法は，14条1項において，すべて国民は法の下に平等であると定め，一般的に平等の原理を宣明するとともに，政治の領域におけるその適用として，……選挙権について15条1項，3項，44条但し書の規定を設けている。これらの規定を通覧し，かつ，右15条1項等の規定が……選挙権の平等の原則の歴史的発展の成果の反映であることを考慮するときは，憲法14条1項に定める法の下の平等は，選挙権に関しては，国民はすべて政治的価値において平等であるべきであるとする徹底した平

左側余白の注釈：

*1｜
選挙人とは，有権者のことを指し，具体的には，国会議員，地方公共団体の長・議会の議員などを選挙する者をいう。

*2｜
選挙無効訴訟（選挙訴訟）とは，行われた選挙について，その効力に異議がある選挙人が提起する訴えである（公選203条・204条）。この訴訟の第1審は高等裁判所となっている。

*3｜
「較差」とは，最高と最低の差を示すときに用いる（「格差」とは，格付け〔価格・等級・資格など〕の上での差を意味する）。

等化を志向するものであり，右15条１項等の各規定の文言上は単に選挙人資格における差別の禁止が定められているにすぎないけれども，単にそれだけにとどまらず，選挙権の内容，すなわち各選挙人の投票の価値の平等もまた，憲法の要求するところであると解するのが，相当である。」しかし，「憲法は，前記投票価値の平等についても，これをそれらの選挙制度の決定について国会が考慮すべき唯一絶対の基準としているわけではなく，国会は，衆議院及び参議院それぞれについて他にしんしゃくすることのできる事項をも考慮して，公正かつ効果的な代表という目標を実現するために適切な選挙制度を具体的に決定することができるのであり，投票価値の平等は，さきに例示した選挙制度〔特定の範ちゅうの選挙人に複数の投票権を与えたり，納税額ごとに選挙人数と不均衡な割合の数の議員を選出させたりするような制度〕のように明らかにこれに反するもの，その他憲法上正当な理由となりえないことが明らかな人種，信条，性別等による差別を除いては，原則として，国会が正当に考慮することのできる他の政策的目的ないしは理由との関連において調和的に実現されるべきものと解されなければならない」。

(2)　「衆議院議員の選挙における選挙区割と議員定数の配分の決定には，極めて多種多様で，複雑微妙な政策的及び技術的考慮要素が含まれており，それらの諸要素のそれぞれをどの程度考慮し，これを具体的決定にどこまで反映させることができるかについては，……結局は，国会の具体的に決定したところがその裁量権の合理的な行使として是認されるかどうかによって決するほかは」ない。「しかしながら，このような見地に立って考えても，具体的に決定された選挙区割と議員定数の配分の下における選挙人の投票価値の不平等が，国会において通常考慮しうる諸般の要素をしんしゃくしてもなお，一般的に合理性を有するものとはとうてい考えられない程度に達しているときは，もはや国会の合理的裁量の限界を超えているものと推定されるべきものであり，このような不平等を正当化すべき特段の理由が示されない限り，憲法違反と判断するほかはないというべきである。」

(3)　本件選挙当時においては，議員１人当りの選挙人数の最大値と最小値との開きは約５：１に達していた。このような事態は，国会による政策的裁量を考慮してもなお，一般的に合理性を有するものとはとうてい考えられない程度に達しているだけでなく，これをさらに超えており，この較差は，本件選挙当時，憲法の選挙権の平等の要求に反する程度となっていた。しかし，制定当時合憲だった法律が，その後の漸次的な事情の変化によって違憲の瑕疵〔違憲であるという欠陥がある状態〕を帯びることになる場合には，いつの時点で違憲の判断となったかに慎重な考慮が払われなければならない。人口異動は不断に生じ，議員定数の比率も絶えず変動するが，選挙区割と議員定数を頻繁に変更することは実際的でなく相当でもないことを考えると，「右事情によって具体的な比率の偏差が選挙権の平等の要求に反する程度となったとしても，これによって直ちに当該議員定数配分規定を憲法違反とすべきものではなく，人口の変動の状態をも考慮して合理的期間内における是正が憲法上要求されていると考えられるのにそれが行われない場合に始めて憲法違反と断ぜられるべきものと解するのが，相当である」。公職選挙法は，施行後５年ごとに直近の国勢調査によって更正するの

Chapter
一
Ⅳ
人身の自由・選挙権・国務請求権

＊４｜
公職選挙法は，国会議員などの選挙について定める法律である。国会議員の選挙については，選挙区選出と比例代表選出とに分けられている。衆議院議員選挙は，現在は289人が小選挙区選出，176人が比例代表選出となっており，選挙区選出は各選挙区から1名選出される（小選挙区制度。公選13条1項）。本判決当時は，中選挙区制と呼ばれる仕組みを採用しており，1つの選挙区から3人〜5人が選出される仕組みであった。

Point

Point

を例とすると規定したにもかかわらず，本件選挙時の議員定数配分規定は，1964（昭和39）年改正後8年余りにわたって何ら改正が施されておらず，憲法上要求される合理的期間内の是正がなされなかったものと認めざるをえない。

⬇ この判決が示したこと ⬇

① 憲法14条1項は，投票価値の平等を要求するが，それは，選挙制度を決める上での唯一絶対の基準とはいえず，国会が正当に考慮しうる他の政策的目的などとの関連で，調和的に実現されるべきものである，と判断した。

② 議員定数配分規定は，選挙区間で議員1人当りの選挙人（有権者）数の比率で大きな較差があり，投票価値の平等に反する程度となったとしても，すぐに違憲となるのではなく，合理的期間内にその是正が行われない場合に，はじめて違憲となる，と判断した。

☞ 解説

自分の住む地区の選挙区と他の地区の選挙区とで，人口数の差異などにより，議員1人が当選するために必要な選挙人（有権者）数に較差が生じている事態は，憲法14条1項に反するのか。反するとして，裁判所はどのように違憲と判断するのか。これが，本件で問題となった論点である。最高裁は当初，参議院議員選挙についてではあるが，極端な不平等を生じさせる場合を除き，議員定数の配分は国会の権限に属する立法政策の問題であるとする姿勢をみせていたが，本判決は，投票価値の平等が憲法14条1項の要請であることを明らかにし，議員定数配分規定の合憲性を判断する基本的な枠組みを示した。また，本判決は，議員定数配分規定を違憲としたが，選挙を無効にすると憲法が想定しない混乱が生じうること（すでに選出された議員が無資格となり，衆議院で議決した法律の効力にも問題が生ずるなど）から，本件選挙を違法とする旨判示しつつ，選挙無効の判決を求める原告の請求は退ける（棄却する）という手法をとった（事情判決の法理）。

最高裁はその後，多くの投票価値の平等をめぐる訴訟を扱うことになったが，その枠組みについて，次のように整理している（最大判平成25・11・20民集67巻8号1503頁）。つまり，①定数配分・選挙区割が投票価値の平等の要求に反する状態か，②反する場合，合理的期間内に是正がなされず，定数配分・選挙区割規定が違憲となっていたか，③違憲となっていた場合，選挙を無効とせずその違法を宣言するにとどめるべきか，というものである。

衆議院議員選挙については，最高裁は，中選挙区制度に関し，議員1人当りの選挙区間での選挙人（有権者）数の較差が最大3.94：1であった1980（昭和55）年選挙時の定数配分規定を違憲状態とし（最大判昭和58・11・7民集37巻9号1243頁），ただ，合理的期間内で是正されなかったものとはいえない，とした。その後さらに4.40：1となった1983（昭和58）年選挙時の定数配分規定について，合理的期間内に是正がなされなかったとして違憲とした（最大判昭和60・7・17民集39巻5号1100頁）。1994

*5
最大判昭和39・2・5民集18巻2号270頁。

*6
「事情判決」とは，行政事件において，行政処分などが違法でもこれを取り消すと公益に著しい障害が生じる場合，裁判所は，判決の主文で違法であることのみ宣言し訴えを棄却する仕組みである（行訴31条）。本件は公職選挙法の選挙無効訴訟であったが，実は，選挙という性格の特殊性から，公職選挙法は「事情判決」を選挙訴訟に適用することを認めていなかった（公選219条1項）。それにもかかわらず最高裁は，この「事情判決」の法理を，行政処分の取消しに限られない「一般的な法の基本原則」に基づくものとして，本件で適用した。

（平成 6）年に選挙制度改革がなされ，衆議院議員選挙については小選挙区制が導入され，その際，各都道府県にあらかじめ定数 1 人を配分した上で残りを人口に比例して定数配分を行う，「1 人別枠方式」が採用された（新しい制度を導入するため，人口の少ない地方の定数の急激な減少への配慮などがあったといわれる）。最高裁は当初この仕組みの下での較差を合憲としていたが（最大判平成 11・11・10 民集 53 巻 8 号 1704 頁〔百選 Ⅱ-152②〕。問題となった選挙の直近の国勢調査に基づくと，選挙区間の人口較差は 2.309：1 であった），その後，2009（平成 21）年の衆議院議員選挙について，その時点で小選挙区制度が定着したことから「1 人別枠方式」の合理性は失われたとして，その部分は違憲状態であったと判断している。[*7] 2016（平成 28）年 5 月，衆議院議長の諮問機関であった衆議院選挙制度に関する調査会の答申をふまえ，衆議院議員の定数を 10 減らし（465 人），議員定数配分のあり方も，都道府県の議席配分の方法などに変更が加えられた。[*8]

一方，参議院議員選挙について，最高裁は，①定数配分規定の下での選挙区間の投票価値の均衡が，違憲の問題が生ずる程度の著しい不平等状態に至っているか，②①に至っている場合に，その選挙までの期間内に是正されなかったことが国会の裁量権の限界を超え，定数配分規定が違憲となるに至っているか，という枠組みを示している（のちにふれる最大判平成 26・11・26 で，これまでの判例の枠組みがこのように整理されている）。最高裁は当初，参議院の特殊性（3 年ごとの半数改選制〔憲 46 条〕や参議院地方選出議員の都道府県〔地域〕代表的性格など）を指摘し，議員 1 人当たりの選挙人数で最大 5.26：1 の較差を合憲としたが（最大判昭和 58・4・27 民集 37 巻 3 号 345 頁），平成に入り，最大較差 6.59：1 を違憲状態（投票価値の著しい不平等状態）が生じていたものとした（最大判平成 8・9・11 民集 50 巻 8 号 2283 頁。ただし問題となった選挙までの間に是正措置を講じなかったことが国会の立法裁量権の限界を超えるものとはいえない，とした）。最高裁は，参議院議員の選挙区選出選挙について，当該事案の選挙における較差について違憲状態としつつ，都道府県を選挙区の単位とすることを見直すべきことを指摘したこともあった（最大判平成 24・10・17 民集 66 巻 10 号 3357 頁〔百選 Ⅱ-150〕〔最大較差 5.00：1 を違憲状態と判断〕，最大判平成 26・11・26 民集 68 巻 9 号 1363 頁〔選挙区間の最大較差 4.77：1 を違憲状態と判断〕）。国会は，2015（平成 27）年，一部の県で定数を削減し，その分を選挙人（有権者）数の多い都・道・県に加える一方，人口の少ない 4 県（鳥取・島根・高知・徳島）について，2 県ずつ選挙区を合わせる措置（合区）を講じた（最高裁は，この改正の下での選挙区間の人口の最大較差 3.08 倍を合憲とした〔最大判平成 29・9・27 民集 71 巻 7 号 1139 頁〕）。2018（平成 30）年には，較差是正のための定数増（比例＋4，選挙区＋2）と「特定枠」（各政党が比例選挙で優先的に当選人となるべき候補者を選定すること）の措置が講じられた（最高裁はこの制度の下の選挙区間の較差 2.99 倍を合憲にした〔最大判令和 2・11・18 民集 74 巻 8 号 2111 頁〕）。

このように，最高裁は，投票価値の平等について，より積極的な姿勢も示している。しかし，投票価値の不平等の是正は，現職国会議員の利害に直接かかわり，また，選挙制度の構築は基本的には立法府の責務であるため（憲法 47 条参照），「政治」の判断に，裁判所がどこまで踏み込めるか，という問題も含んでいる。

*7｜
最大判平成23・3・23民集65巻2号755頁〔百選Ⅱ-153〕。この判決を受けて国会は2012（平成24）年に，1人別枠方式を廃止するなどの内容の是正措置を講じたが，改正法成立と同時に衆議院が解散され，その総選挙は，新たな区割で選挙することができなかった。最高裁は，これについて，違憲状態にあったが合理的期間内に是正がなされなかったとはいえない，とした（前出の平成25・11・20判決）。平成24年の是正措置を受けて新たに区割がなされた上で行われた2014（平成26）年12月の総選挙について，新たな区割は「0増5減」（選挙区数を増やさず，議員1人当りの人口の少ない5県の選挙区数を1ずつ減ずる）を行うものであったが，最高裁は，その対象外の都道府県は見直しが行われていないなどとして，違憲状態と判断している（最大判平成27・11・25民集69巻7号2035頁〔百選Ⅱ-149〕。ただし合理的期間内に是正がされなかったとはいえない，とされた）。

*8｜
都道府県の議席配分については，人口比をより反映しやすくする方式（アダムズ方式）を，2020（令和2）年の国勢調査後に導入することとされた（平成28年法律第49号）。最大判平成30・12・19民集72巻6号1240頁は，その実施までの是正措置で生じた選挙区間の選挙人数の較差（1.979：1）を合憲とし，最大判令和5・1・25裁判所ウェブサイトも，同じ仕組みで次に実施された選挙（較差2.079：1）を合憲とした。なお2022（令和4）年には，アダムズ方式を採用した定数配分（10増10減）が実現した。

39

国家賠償責任の免除・制限と憲法 17 条

郵便法違憲判決

最高裁平成14年9月11日大法廷判決（民集56巻7号1439頁） ▶百選Ⅱ-128

👓 事案をみてみよう

SNS などの普及で，ふだん郵便を利用することは多くないかもしれない。大学入試も，ネット出願が多いが，関係する書類の提出など，重要な書類を相手に確実に配達してもらうためには，郵便は重要な手段である。このような重要な書類が，郵便局側のミスで，紛失・破損などされてしまうと，人生が大きく変わってしまうことにもなりかねない。郵便サービスについて定める郵便法は，こうした場合に，損害賠償を請求できると定めていた。具体的には，①書留とした郵便物の全部・一部を亡失（失いなくすこと）し，またはき損（壊すこと）したときなどの場合に，②郵便物の差出人かその承諾を得た受取人が請求できる，としていた。

X 会社は，A を相手に裁判を起こし，X に対し約 1 億 4000 万円の支払を命ずる判決を得た。そこで，その一部の弁済のため，B 銀行にある A の口座と，A の勤務先（C 会社）の給料を差し押さえるべく，B 銀行と C 会社に対し，それぞれ債権差押命令を裁判所に申し立て，これが認められた。裁判所は差押命令を発付し，郵便で送付されたが，しかしこれらの命令は，B 銀行と C 会社に同時に届かず，1 日ずれてしまった（B 銀行に 1 日遅れて届いた）。このため，A は，C 会社からの給料は差し押えられたものの，タッチの差で，B 銀行の口座から預金を引き出し，差押えを免れてしまった。X の主張によれば，B 銀行と C 会社は同一の郵便配達経路内にあり，所定の経路で配達されていれば B 銀行に先に送達されるはずであり，1 日も送達が遅れるということは通常ありえない。しかし，郵便局職員が，B 銀行あての債権差押命令を，誤って郵便局の私書箱に投函してしまったために，送達が 1 日遅れ，C 会社から債権差押命令のことを聞き及んだ A が，B 銀行から預金を全額引き出してしまい，X は，預金引出し相当額の損害を被った，というのであった。

そこで X は，当時，郵便事業を実施していた国に対し損害賠償を請求しようと考えたが，そこで郵便法の規定が立ちはだかった。上でみたように，当時の郵便法によれば，一定の場合にのみ損害賠償を請求することができるとされているが，X の損害は，その対象とならないものであった。このため X は，本来なら国家賠償法によって損害賠償の請求が認められるはずなのに，郵便法のこれらの規定（免責規定）がそれを妨げているため，郵便法の規定は憲法 17 条に反する，などとして，訴えを起こした。

＊6

憲法17条は、「何人も、公務員の不法行為により、損害を受けたときは、法律の定めるところにより、国又は公共団体に、その賠償を求めることができる。」と定めている。

読み解きポイント

① 憲法17条は、どのような趣旨の規定だろうか。
② 国の損害賠償責任を制限する法律の規定の合憲性は、どのように判断されるだろうか。

判決文を読んでみよう

(1) 憲法17条は、国または公共団体に対し公務員の不法行為による損害賠償を求める権利について、法律による具体化を予定している。「これは、公務員の行為が権力的な作用に属するものから非権力的な作用に属するものにまで及び、公務員の行為の国民へのかかわり方には種々多様なものがあり得ることから、国又は公共団体が公務員の行為による不法行為責任を負うことを原則とした上、公務員のどのような行為によりいかなる要件で損害賠償責任を負うかを立法府の政策判断にゆだねたものであって、立法府に無制限の裁量権を付与するといった法律に対する白紙委任を認めているものではない。そして、公務員の不法行為による国又は公共団体の損害賠償責任を免除し、又は制限する法律の規定が同条に適合するものとして是認されるものであるかどうかは、当該行為の態様、これによって侵害される法的利益の種類及び侵害の程度、免責又は責任制限の範囲及び程度等に応じ、当該規定の目的の正当性並びにその目的達成の手段として免責又は責任制限を認めることの合理性及び必要性を総合的に考慮して判断すべきである。」

(2) 郵便法68条（当時）は、書留とした郵便物の全部・一部を亡失・き損したときなどに限って、一定の金額の範囲内で損害を賠償することとし、同法73条（同上）は、損害賠償請求権者を当該郵便物の差出人またはその承諾を得た受取人に限定している。同法は、「『郵便の役務をなるべく安い料金で、あまねく、公平に提供することによって、公共の福祉を増進すること』を目的として制定されたものであり」（同法1条）、同法68条・73条が規定する免責・責任制限も、この目的達成のために設けられたものであると解される。仮に、郵便物に生じうる事故についてすべて損害賠償をしなければならないとすれば、それによる金銭負担が多額となる可能性があり、多くの労力と費用を要し、その結果、料金の値上げや上記目的の達成が害されるおそれがある。したがって、同法68条・73条が損害賠償の対象・範囲に限定を加えた目的は、正当なものであるということができる。

(3) 本件で問題とされた郵便物（債権差押命令）は特別送達郵便物であるが、その取扱いは、書留郵便物とされる。①書留は、郵便物の引受けから配達に至るまでを記録するなど、郵便物が適正な手順に従い確実に配達されるようにした特殊取扱いであるが、郵便法1条に定める目的を達成するため、郵便業務従事者の軽過失による不法行為に基づき損害が生じたにとどまる場合に、国の損害賠償責任を免除・制限することは、やむをえないものであり、憲法17条に違反するものではない。しかし、郵便業務従事者の故意または重大な過失による不法行為に基づき損害が生ずるようなこ

＊7

判決で後に述べられるように、民事訴訟法上、訴訟にかかる送達（令和4年法律第48号による民訴法改正の施行後は書類の送達）は基本的に郵便業務従事者または執行官によってなされ、郵便による場合には、同法の定めるところに従い、特別送達郵便物として扱われる（民訴99条・103条～106条・109条、郵便49条）。特別送達郵便物は、民訴法所定の方法により送達され、その事実が証明される（現在では日本郵便株式会社が行う。郵便49条1項）。

＊8

その人の職業や社会的地位等から考えて普通に要求される程度の注意を「善良な管理者の注意」というが（民400条・644条等）、この注意を欠く程度が著しい場合を「重大なる過失」（重過失）と呼び、それ以外の普通の過失（軽過失）とは区別される。

とは，ごく例外的な場合にとどまるはずであり，それは，書留制度に対する信頼を著しく損なうものといわなければならない。「そうすると，このような例外的な場合にまで国の損害賠償責任を免除し，又は制限しなければ法1条に定める目的を達成することができないとは到底考えられず，郵便業務従事者の故意又は重大な過失による不法行為についてまで免責又は責任制限を認める規定に合理性があるとは認め難い。」②一方，特別送達は，民訴法に定める訴訟法上の送達の実施方法であり，国民の権利を実現する手続の進行に不可欠なものであるから，特別送達郵便物については，適正な手順に従い確実に受送達者に送達されることが特に強く要請される。「これら特別送達郵便物の特殊性に照らすと，……特別送達郵便物については，郵便業務従事者の軽過失による不法行為から生じた損害の賠償責任を肯定したからといって，直ちに，〔郵便法1条〕の目的の達成が害されるということはできず，上記各条〔郵便法68条・73条〕に規定する免責又は責任制限に合理性，必要性があるということは困難であり，そのような免責又は責任制限の規定を設けたことは，憲法17条が立法府に付与した裁量の範囲を逸脱したものであるといわなければならない。」郵便法68条・73条のうち，特別送達郵便物について，郵便業務従事者の軽過失による損害賠償責任を免除・制限する部分は，違憲無効である。

⇩ **この判決が示したこと** ⇩

①　憲法17条は，国等が公務員の行為による不法行為責任を負うことを原則とした上，どのような要件で損害賠償責任を負うかについて立法府の判断にゆだねたものである，と判断した。

②　国等の賠償責任を免除・制限する法律の合憲性は，当該立法目的の正当性と，その目的達成手段として免責・責任制限を認めることの必要性・合理性について，総合的に判断すべきである，とした。

☞ **解説**

憲法17条は，たとえば表現の自由（憲21条1項）などとは異なり，それ自体で具体的権利が生じるというより，法律によって具体化される必要がある権利である。しかし本判決は，公務員の不法行為責任は国等が負うことを前提に，国家賠償制度を構築する立法府の裁量は無制限ではないとした。そして，国家賠償責任の免除・制限が許されるか否かは，当該公務員の行為の態様や侵害される法的利益の種類・侵害の程度，免責・責任制限の範囲・程度等をふまえ，当該立法の目的の正当性と目的達成のための手段の必要性・合理性を総合的に審査する，という枠組みを示している。[注9]

本判決は，郵便法の規定について，書留郵便物については故意・重過失から生じた責任を，特別送達郵便物については軽過失から生じた責任を，それぞれ免除・制限する限度で違憲とした。[注10]この点は，郵便法の特定の文言を違憲としたものではなく，郵便法の規定がもちうる意味の一部を違憲と判断したもの（法令の意味の一部違憲）として，憲法訴訟の観点からも注目されている。

＊9｜
この枠組み自体は，財産権制約立法に関するものと結果的に類似しているとされる（〔判例**29**〕参照）。

＊10｜
本判決直後，その趣旨に沿う法改正がなされたが，その規定は，日本郵便株式会社が郵便事業を行う現在も維持されている（郵便50条3項・4項）。

Chapter

V

統治機構

憲法は「国家の統治の基本的構造を定める法」である。憲法というと，権力から国民をどのように守るかに注目が集まりがちであるが，権力をどのように発動するか，その組織や手続をどのようなものとするかなどを定めるのも憲法の重要な役割である。憲法は多くの条文を割いて，この点に対処している。その中には，内閣や国会の組織方法と両者の関係，国会議員の地位や権限，国会や内閣の活動方法と権限，裁判所の組織と権限，財政，地方自治など多くの事柄が含まれる。

もっとも，この領域に関わる判例は，人権カタログに関わるものと比べると，それほど多くない。それは，違憲立法審査権の位置づけや日本国憲法が採用している違憲審査のあり方と関わっている。違憲立法審査権は，選挙で正当に選ばれた（はずの）国民の代表者から構成される国会や内閣によって定められた法令を，選挙で選ばれたわけではない裁判官が覆すという強大な権限である。言いかえれば，違憲立法審査権は民主制と緊張関係にあるのであって，その行使には，ある程度の慎重さが求められることがある。

以下では，平和主義の問題も含めて，統治機構に関わる判例をみてみよう。

Contents

Introduction

1. 国会

 国会でいちいち法律を決めるなんて，時間がかかって大変じゃない？その場その場で公務員がきちんとやれば済むんじゃないかなあ。それから，国会議員には，いろいろな特権があるって聞いたけど，ちょっとずるくない？

　国会は「国権の最高機関」(41条)であり，その名にふさわしく，憲法改正の発議など，国政上の重要な権限を行使することが予定されている。その中心となるのが，法律の制定（立法）である（41条）。法律は憲法の次に強い効力をもつが，憲法は国会だけが法律を制定できるとしている。もっとも，法律であまりに細かく決めることがふさわしくなく，それを執行する大臣などの命令で詳細を決めることをゆだねる場合もある（委任立法）。憲法は租税など一定の事項を法律で定めるよう要請している場合もある［→判例 47，判例 48］。ただし，地方公共団体は条例という形でルールを制定することができる［→判例 49］。

　国会は，衆議院と参議院から構成される（二院制〔両院制〕）。憲法は，それぞれの議院が独立して審議や議決を行うことを保障している。これを議院自律権という。［判例 41］は，議院の運営自律権が問題となった事案である。

　また，両議院はそれぞれの議員で組織される。国会議員は「全国民の代表」として活動するのであり，歳費受領権の保障や不逮捕特権，発言免責特権など（49条以下），その身分や活動につき，一定の保障がなされている。［判例 40］では，このうち発言免責特権が争われている。

2. 内閣

　国会が法律を定めるのに対して，内閣はその法律を執行するなどの行政を担当する（65条・73条）。内閣は，国会が指名し，天皇が任命する内閣総理大臣（6条1項・67条）のほか，内閣総理大臣が任命する国務大臣によって構成される（66条）。内閣の意思決定は，閣議によって行われる。

　内閣のリーダーは内閣総理大臣である。内閣総理大臣は，自分の意に沿わない国務大臣をクビにすることもできる（68条）。また，行政各部を指揮監督することも予定されている（72条）。さらに，内閣総理大臣は，閣議を主宰することにもなっている。このような権限を行使することで，内閣総理大臣は内閣においてリーダーシップをとることが予定されている。けれども，このようなリーダーシップは，内閣の意思決定が閣議で行われることと，一定の緊張関係にある。両者の関係が問題になったのが［判例 42］である。

3. 裁判所と違憲審査権

裁判所って，さまざまなもめ事を解決してくれるみたいだけど，どんなもめ事でも解決してくれるのかな？この間，テレビで，増税に反対の人と，賛成の人とがもめていたけれど，増税するべきかも裁判所で考えてもらうといいのかなあ。

　世の中にはたくさんのもめ事がある。裁判所というとあらゆるもめ事を公正に裁判してくれるところ，というイメージもあるかもしれない。けれども，そうではない。たとえば，増税すべきかどうかという問題のように，裁判所ではなく，選挙や国会の審議などを通じて解決すべきものがある。

　それでは，裁判所が解決すべき紛争とはなにか。この問題は，司法権の概念として論じられてきた。一般に，司法権とは，法律上の争訟の裁判を意味すると考えられている。ごく簡単に言うと，個人の権利や義務に関する紛争を，公正な裁判所が，法を適用して裁くというのがその内実である。

　これが裁判所の役割だとすると，たとえば，自分ではない赤の他人の権利や義務に関する紛争や，法では解決できない宗教団体などの自律的な解決にゆだねた方がよい事柄などをめぐる紛争は，裁判所の役割の範囲外ということになる（〔判例43〕）。もっとも，安易に裁判所による判断を放棄してはならない。その点で，バランスが求められる（〔判例44〕）。

　すでに説明したところであるが（→Chapter I Introduction），憲法が守られている状態を維持するために重要な役割を果たしているのが，違憲審査の仕組みである。わが国では，最高裁判所を頂点とする裁判所にこの権限がゆだねられているが，裁判所は通常の事件を裁判するにあたり，必要な限りで違憲審査をするものとされている〔→判例45〕。違憲審査権は，国権の最高機関である国会の判断を覆すほどの強大な権限であり，民主主義と一定の緊張関係に立っている。このことは，衆議院の解散の是非やわが国の安全保障の問題が裁判所に持ち込まれたときに最も問題になる〔→判例46，判例50〕。

4. 平和主義

いつの世の中も平和がいちばん。日本国憲法は，戦争もしちゃだめだし，戦力も持ってはいけないって定めているんでしょ。すばらしいことだよね。

　憲法は，平和主義の考え方のもと，戦争を放棄し，戦力を持たないことを定めている（前文，9条）。もっとも，現実には自衛隊が存在するほか，防衛力を駐留米軍という軍隊に頼っている。これらのことが憲法違反ではないかも裁判でたびたび争われてきた〔→判例50〕。

事案をみてみよう

　憲法51条によって，国会議員は「議院で行った演説，討論又は表決について，院外で責任を問はれない」とされる。この議員の免責特権の目的は，国会で質疑や発言を行う議員に最大限の言論の自由を保障することだとされる。国会議員には，政府（大臣や官僚）の政策や活動を監視し批判する役割が求められる。それゆえ，政府の問題点を鋭く追及する国会議員が，それを目障りだとする政府の側から，刑事責任や民事責任を求められることがあってはならないだろう。しかし，実際の議員活動においては，国会議員が選挙区の地元の問題を取り上げて行政を批判し説明を求める，といったことがよく行われ，その中で，特定の一般市民（私人[*1]）の名誉やプライバシーを侵害する内容の発言が行われることも生じる。国会議員は，この場合でも責任を負わないのだろうか。この事件は，まさにその点が問題となった。

　衆議院議員 Y_1 は，医療法の一部を改正する法律案の審議（地域医療における国の責任等についても議論になったとされる）の際に，この法律案の問題点を指摘するとともに，A市のB病院の問題を取り上げて質疑を行った。その質疑の中で，Y_1 は，B病院の院長であるCが女性患者に対して破廉恥な行為をした，Cは薬物を常用するなど通常の精神状態ではないのではないか，現行の行政の中ではこのような医師をチェックすることができないのではないか，という内容の発言をした。この発言は，患者の人権を擁護する見地から，問題のある病院に対する所管行政庁の十分な監督を求める趣旨のものであったが，この発言の翌日，Cは自殺してしまった。

　Cの妻（X）は，Y_1 の発言によってCの名誉が毀損され，Cが自殺に追い込まれたのだとして，Y_1 には民法709条・710条に基づき，国（Y_2）には国家賠償法1条1項[*2]に基づき，損害賠償の責任があるとして，両者を被告として訴訟を提起した。X側は，本件発言は，憲法51条の「演説，討論又は表決」にあたらず，あたるとしても，議員の免責特権は絶対的なものではなく，憲法上保障されている他の諸権利との調和が求められるもので，その内容が虚偽であることを知りながら，または虚偽か否かを考えもせずに発言した場合などには免責特権は妥当しないと主張した。

　第1審は，Y_1 について，憲法51条は議員の行った言論を絶対的に保障する趣旨に出たもの（絶対的免責特権）なので責任を負わないとし，Y_2 の責任についても，職務上の法的義務に反する事情は認められないとして，Xの請求を退けた。控訴審でもXが敗訴したため，Xが上告した。

*1
私人については，［判例03］*4を参照。

*2
国家賠償法1条1項は，「国又は公共団体の公権力の行使に当る公務員が，その職務を行うについて，故意又は過失によって違法に他人に損害を加えたときは，国又は公共団体が，これを賠償する責に任ずる。」と定めている。

① 本件発言について，Y₁個人の損害賠償責任は認められるか。
② 国会議員が国会の質疑等の中でした発言について，国家賠償法1条1項に基づく国の損害賠償責任が認められるのはどのような場合か。

📖 判決文を読んでみよう

(1) 「本件発言は，国会議員である Y₁ によって，国会議員としての職務を行うにつきされたものであることが明らかである。そうすると，仮に本件発言が Y₁ の故意又は過失による違法な行為であるとしても，Y₂ が賠償責任を負うことがあるのは格別，公務員である Y₁ 個人は，X に対してその責任を負わないと解すべきである〔最判昭和30・4・19民集9巻5号534頁，最判昭和53・10・20民集32巻7号1367頁参照〕。したがって，本件発言が憲法51条に規定する『演説，討論又は表決』に該当するかどうかを論ずるまでもなく，X の Y₁ に対する本訴請求は理由がない。」

(2) 「国会でした国会議員の発言が同項〔国家賠償法1条1項〕の適用上違法となるかどうかは，その発言が国会議員として個別の国民に対して負う職務上の法的義務に違背してされたかどうかの問題である。」

「質疑等は，多数決原理による統一的な国家意思の形成に密接に関連し，これに影響を及ぼすべきものであり，国民の間に存する多元的な意見及び諸々の利益を反映させるべく，あらゆる面から質疑等を尽くすことも国会議員の職務ないし使命に属するものであるから，質疑等においてどのような問題を取り上げ，どのような形でこれを行うかは，国会議員の政治的判断を含む広範な裁量にゆだねられている事柄とみるべきであって，たとえ質疑等によって結果的に個別の国民の権利等が侵害されることになったとしても，直ちに当該国会議員がその職務上の法的義務に違背したとはいえないと解すべきである。憲法51条は，『両議院の議員は，議院で行った演説，討論又は表決について，院外で責任を問はれない。』と規定し，国会議員の発言，表決につきその法的責任を免除しているが，このことも，一面では国会議員の職務行為についての広い裁量の必要性を裏付けているということができる。もっとも，国会議員に右のような広範な裁量が認められるのは，その職権の行使を十全ならしめるという要請に基づくものであるから，職務とは無関係に個別の国民の権利を侵害することを目的とするような行為が許されないことはもちろんであり，また，あえて虚偽の事実を摘示して個別の国民の名誉を毀損するような行為は，国会議員の裁量に属する正当な職務行為とはいえないというべきである。」

したがって，「国会議員が国会で行った質疑等において，個別の国民の名誉や信用を低下させる発言があったとしても，これによって当然に国家賠償法1条1項の規定にいう違法な行為があったものとして国の損害賠償責任が生ずるものではなく，右責任が肯定されるためには，当該国会議員が，その職務とはかかわりなく違法又は不当な目的をもって事実を摘示し，あるいは，虚偽であることを知りながらあえてその

事実を摘示するなど，国会議員がその付与された権限の趣旨に明らかに背いてこれを行使したものと認め得るような特別の事情があることを必要とする」。

⇩ この判決が示したこと ⇩

① 本件発言について，国家賠償法の法理を理由として，Y₁個人の損害賠償責任を否定した。

② 国の賠償責任は，議員が職務とは関わりなく違法または不当な目的で事実を示し，虚偽であることを知りながらあえてその事実を示すなど，議員が与えられた権限の趣旨に明らかに背いたといえる特別の事情がある場合に限り認められる。

解説

憲法51条で免責される行為は，議員の「議院で行った演説，討論又は表決」に限らず，議員の職務行為を広く含むと解されている。そしてまた，この免責特権は絶対的なものだと解されてきた。しかし，本件で問題とされた，私人の名誉やプライバシーを侵害するような場合でも同じなのか。学説は，職務行為である以上，当然に憲法51条により免責されるとする説（絶対的免責特権説）と，このような場合には私人を救済するべきであり免責されないとする説（相対的免責特権説）に分かれている。

本判決は，まず，Y₁個人が損害賠償責任を負うかについて，憲法51条により免責されるか否かということに立ち入らず，いわゆる国家賠償法の法理に基づいて，これを否定する結論を導いた。国家賠償法の法理とは，本判決が引用する昭和53年判決によれば，「公権力の行使に当たる国の公務員が，その職務を行うについて，故意又は過失によって違法に他人に損害を与えた場合には，国がその被害者に対して賠償の責に任ずるのであって，公務員個人はその責を負わないものと解すべき」とする国家賠償法1条1項の理解である。この法理により，Y₁個人がその職務上の行為である本件発言につき民事責任を負うことはない以上，憲法51条によりY₁の行為が免責されるか否かを論じるまでもない，というのである（判決文(1)）。

そこで次に，国が賠償責任を負うかが問題となる。本判決は，国家賠償法1条1項の適用上，国が責任を負うのは，議員が個別の国民に対して負う職務上の法的義務に反する場合であるとの前提に立つ。そして，国会議員にはさまざまな意見や利益を国政に反映させるためあらゆる点から質疑を行うことが求められるので，議員の発言により個別の国民の権利が侵害されても直ちに職務上の法的義務に反するわけではなく，国は特別な事情がなければ賠償責任を負わないとした。ここで特別な事情が認められるのは，議員が職務とは関わりなく国民の権利を侵害するなど違法または不当な目的で事実を示す場合や，虚偽であることを知りながらあえてその事実を示す場合などに限られる（判決文(2)）。議員が十分に調査せずに発言したらその内容が間違いであった，というような場合は「特別な事情」に当たらないので，実際に国に賠償責任が認められる場合はかなり限定されるわけである。本件でも，Y₁の発言について特別の事情は認められないので国も責任を負わないとされている。[*3]

*3
ここでも，国が賠償責任を負うかについて，国家賠償法という法律の問題として論じられている。その中で憲法51条も取り上げられているが，国会議員が個別の国民に対して負う職務上の法的義務に反するのはどのような行為か，という点を検討する際の参考材料としてにすぎない。しかし，国会議員が個別の国民に対して負う職務上の法的義務に反する発言を行い，国が賠償責任を負う場合は，本文のとおりかなり限定されている。このように国家賠償法が理解されているのは，憲法51条の免責特権が影響を与えているとみることもできる（もっとも，かなり限定された場合であれ，国会議員の発言について国が賠償責任を負う可能性があるということは，憲法51条について相対的免責特権説に立っているということになるのかは，すぐに解答を出すことのできない難しい問題である）。

41 議事手続の適法性と司法審査 警察法事件

最高裁昭和37年3月7日大法廷判決（民集16巻3号445頁） ▶ 百選Ⅱ-180

事案をみてみよう

　大阪府議会は，1954（昭和29）年6月30日に，Y（大阪府知事）の提出した追加予算を議決したが，その中に，警察費として9億円あまりが計上されていた。大阪府の住民であるXは，この警察費は同年6月8日に公布された警察法に基づくものであるところ，この警察法は法律として無効であり，それゆえこれに基づく支出も違法であると主張して，地方自治法243条の2第1項（当時）に基づいて大阪府監査委員に住民監査請求[*1]をしたが，違法性は認められないとされたので，同条4項（当時）に基づいて，Yを被告として警察費の支出禁止を求める住民訴訟[*2]を提起した。Xが警察法を無効だとする理由は，警察法は同年5月15日に衆議院，6月7日に参議院の議決を経て成立したものとされているが，この時の国会は6月3日に閉会となっていたので，6月7日の参議院の議決は無効だというものである。すなわち，6月3日に会期を2日間延長する議決が衆議院でなされた（その後，6月5日に再度の会期延長の議決がなされた）[*3]が，その議決は，当時の衆議院の本会議場が警察法案の審議未了廃案を狙い会期延長させまいとして議場を占拠した野党議員と，これを破って議長を議長席につかせようとする与党議員との乱闘で大混乱していたため，衆議院議長が議場の外から，議長席後方のドアを少し開いて2本の指を出し，2日間延長と叫んだものの，近くの数人にしか聞こえず，これを聞いた与党の自由党議員が拍手したので，同党の議員約20〜30人が拍手したというものであった。それゆえ，この会期延長の議決とされたものは議決としての効力を認められず，したがって会期は6月3日で終わり，警察法が議決された6月7日に国会は閉会となっていたというものであった。第1審，控訴審は，Xの請求を棄却したので，Xが上告した。

✓ 読み解きポイント

　法律の有効性を争う前提として，国会の両議院の議事手続の適法性について裁判所が審査することができるか。

判決文を読んでみよう

　「Xは，昭和29年法律162号警察法が無効である旨を主張し，無効な法律に基く支出なるが故に違法である旨を主張するのである。そしてXが右警察法を無効と主

*1

住民監査請求とは，住民が，その自治体の長や職員に違法・不当な財務会計上の行為（公金の支出や財産の管理などに関わる行為）・不作為があると思う場合に，監査委員に対して，監査を行い，その行為・不作為の是正，それによって自治体が被った損害の補てんのために必要な措置を求める制度である（なお，当時の制度は現在と少し異なり，本件の住民監査請求は，違法・不当な財務会計上の行為について，監査を行い，その行為の制限・禁止の措置を求めるというものであった）。

*2

住民訴訟とは，地方自治体の住民が，住民監査請求を行ったものの，監査委員の監査の結果・勧告やそれに基づく自治体の長等の措置に不服があるとき，または監査や措置が行われないとき，裁判所に対して，問題となっている自治体の長や職員による財務会計上の違法な行為・不作為につき，①差止め，②処分の取消し・無効確認，③怠る事実の違法確認，④その長等に対する損害賠償請求等を当該自治体の執行機関または職員が行うことを請求する裁判のことである（なお，当時の制度は現在と少し異なり，④ではなく，住民が，地方自治体に代わって直接に長等を相手に損害賠償等を求めることができた）。

張する理由は，同法を議決した参議院の議決は無効であって同法は法律としての効力を生ぜず，また，同法は，その内容において，憲法92条にいう地方自治の本旨に反し無効であるというのである。しかしながら，同法は両院において議決を経たものとされ適法な手続によって公布されている以上，裁判所は両院の自主性を尊重すべく同法制定の議事手続に関する所論のような事実を審理してその有効無効を判断すべきでない。従って所論のような理由によって同法を無効とすることはできない。」[4]

⇩ この判決が示したこと ⇩

　法律が国会の両議院で議決を経たものとして適法な手続で公布されている以上，裁判所は，両議院の自主性を尊重して，その議事手続の適法性について審査できないとした。

解説

　国会の各議院（衆議院，参議院）は，それぞれ独立して審議，議決を行うのであり，内閣や裁判所，他方の議院の干渉を受けることなく内部の事項について決定し活動できることが前提とされている。これを議院自律権という。議院自律権は，議院の内部組織のあり方について自主的に決定できる組織自律権（憲法55条の議員の資格争訟の裁判権[5]や，憲法58条1項の役員選任権などが含まれる），議院内の議事手続や内部規律について自主的に決定できる運営自律権（憲法58条2項の議院規則制定権や議員懲罰権などが含まれる），議院の組織，運営に必要な経費を確保できる財務自律権（財政法17条以下の二重予算制度などに表れている）からなるとされている。

　この事件で問題となったのは，このうち運営自律権である。法律を制定する議事手続のルールについては，国会法や両議院の規則で定められている。実際の議事手続がこれらのルールに従って適法に行われていたかどうかについて，議院自身が議決を有効だと考えているにもかかわらず，裁判所が議事手続に関する事実を審理してそれが有効か無効かの審査をするならば，議院の議事運営の自主性，自律性が貫徹できないことになる。

　この点，学説では，①議院自律権を理由に司法審査は原則として認められないとする説が通説的だとされるが，②明白な憲法違反があれば司法審査が認められるとする説もある。また，違う角度から，③司法審査が（①説において）「原則として認められない」とは，裁判所は両議院の議事録に記録された事実を確定したものと扱わなければならないことを意味するのだと理解する説もある（この説に立てば，裁判所が，議事録に記録された事実に基づいて司法審査を行うことは必ずしも排除されないことになるので，この説は②説とも両立する）。本判決において，警察法が「両院において議決を経たものとされ適法な手続によって公布されている以上」と述べる部分を，議事録の記録に基づき確定した事実として裁判所が認定したのだととらえるならば，本判決が③説に立っていると理解することも可能である。

42 内閣総理大臣の権限

ロッキード事件

最高裁平成7年2月22日大法廷判決（刑集49巻2号1頁）　▶百選Ⅱ-174

 事案をみてみよう

　1972（昭和47）年，当時の内閣総理大臣であった田中角栄（X₁）に対して，アメリカ合衆国の航空機メーカー・ロッキード社の日本の販売代理店であった商社の取締役社長（X₂），取締役（X₃，X₄）が，ロッキード社の大型ジェット機（A型機）を選定購入するよう全日空（B）に行政指導をするよう運輸大臣を指揮し，またはX₁が直接Bに働きかけるよう依頼し，その成功報酬として5億円の支払を約束した。その後，BがA型機の購入を決定したので，X₁は，X₃から5億円を受け取った。そこで，X₁は受託収賄罪等，X₂〜X₄は贈賄罪等で起訴された。

　第1審，控訴審はともにX₁〜X₄を全員有罪とした。X₃を除く3名が上告したが，上告審の審理中にX₁，X₄が死亡したため，最高裁は，X₂の罪についてのみ判断した。この事件が憲法に関係するのは次の事情からである。X₁らの贈収賄罪が成立するためには，賄賂の受渡しがX₁の「職務に関し」行われる必要がある。しかし，航空会社に対して各種の許認可の権限をもつのは運輸大臣である。また運輸大臣が航空会社に対して特定機種の航空機を購入するよう勧める権限をもっているのかも，定かでない。それゆえ，X₁が内閣総理大臣として運輸大臣に対しA型機の購入をBに勧めるよう働きかける行為が内閣総理大臣の「職務に関し」ての行為だと認められるためには，第1に，BにA型機の購入を勧める行為が運輸大臣の職務権限に属し，第2に，BにA型機の購入を勧めるよう運輸大臣に働きかけることが内閣総理大臣の職務権限に属していなければならない。この第2の点が，憲法72条の解釈に関係することになる。

☑ **読み解きポイント**

　BにA型機の購入を勧めるよう運輸大臣に働きかけることは内閣総理大臣の職務権限に属するか。

📖 判決文を読んでみよう

(1)　「民間航空会社が運航する航空路線に就航させるべき航空機の機種の選定は，本来民間航空会社がその責任と判断において行うべき事柄であり，運輸大臣が民間航空会社に対し特定機種の選定購入を勧奨することができるとする明文の根拠規定は存

*1

田中角栄（1918〜93）は，新潟県の高等小学校（現在の中学校に相当）卒業後，上京，起業して，工場建設に関連する事業を拡大させた実業家だったが，1947年の総選挙で衆議院議員に当選し，政治家としても頭角を現し，郵政大臣，大蔵大臣（それぞれ当時）などを経て1972年に内閣総理大臣となった人物である。新幹線や高速道路網の整備，地方での工業団地の建設などを通じて全国を豊かにする「日本列島改造論」を唱えた。他方で，豊富な政治資金の出所に疑いが持たれ，1974年，『文藝春秋』に立花隆の「田中角栄研究──その金脈と人脈」が掲載されたことで首相を辞職することになった。1976年2月，アメリカ上院の外交委員会でロッキード社が自社の旅客機を日本に売り込むために賄賂を贈ったことが暴露されたため，東京地検特捜部が捜査を開始して立件したのがロッキード事件である。

*2

受託収賄罪を定める当時の刑法197条1項は，「公務員又ハ仲裁人其職務ニ関シ賄賂ヲ収受シ又ハ之ヲ要求若クハ約束シタルトキハ3年以下ノ懲役ニ処シ請託ヲ受ケタル場合ニ於テハ5年以下ノ懲役ニ処ス」というものであった。

在しない。しかし，一般に，行政機関は，その任務ないし所掌事務の範囲内において，一定の行政目的を実現するため，特定の者に一定の作為又は不作為を求める指導，勧告，助言等をすることができ，このような行政指導は公務員の職務権限に基づく職務行為であるというべきである。」「〔定期航空運送事業者に対する免許権限や事業計画変更の認可権限といった〕運輸大臣の職務権限からすれば，航空会社が新機種の航空機を就航させようとする場合，運輸大臣に右認可権限を付与した航空法の趣旨にかんがみ，特定機種を就航させることが……認可基準に照らし適当であると認められるなど，必要な行政目的があるときには，運輸大臣は，行政指導として，民間航空会社に対し特定機種の選定購入を勧奨することも許されるものと解される。したがって，特定機種の選定購入の勧奨は，一般的には，運輸大臣の航空運輸行政に関する行政指導として，その職務権限に属するものというべきである。」

(2) 「内閣総理大臣は，憲法上，行政権を行使する内閣の首長として（66条），国務大臣の任免権（68条），内閣を代表して行政各部を指揮監督する職務権限（72条）を有するなど，内閣を統率し，行政各部を統轄調整する地位にあるものである。そして，内閣法は，閣議は内閣総理大臣が主宰するものと定め（4条），内閣総理大臣は，閣議にかけて決定した方針に基づいて行政各部を指揮監督し（6条），行政各部の処分又は命令を中止させることができるものとしている（8条）。このように，内閣総理大臣が行政各部に対し指揮監督権を行使するためには，閣議にかけて決定した方針が存在することを要するが，閣議にかけて決定した方針が存在しない場合においても，内閣総理大臣の右のような地位及び権限に照らすと，流動的で多様な行政需要に遅滞なく対応するため，内閣総理大臣は，少なくとも，内閣の明示の意思に反しない限り，行政各部に対し，随時，その所掌事務について一定の方向で処理するよう指導，助言等の指示を与える権限を有するものと解するのが相当である。したがって，内閣総理大臣の運輸大臣に対する……働き掛けは，一般的には，内閣総理大臣の指示として，その職務権限に属することは否定できない。」なお，この部分には3つの補足意見と1つの意見がある。

*5
所掌事務とは，ここでは，
国の行政機関（省，庁，
委員会）に，それぞれが
担当するべく配分される
課題，仕事のことである。
国家行政組織法2条1
項は，「国家行政組織は，
内閣の統轄の下に，
……任務及びこれを達
成するため必要となる明
確な範囲の所掌事務を
有する行政機関の全体
によって，系統的に構成
されなければならない」
と定めており，各省の設
置法が，その省の所掌事
務を列挙する。たとえば，
財務省設置法4条1項
は，「国の予算，決算及
び会計に関する制度の
企画及び立案並びに事
務処理の統一に関する
こと」（1号）をはじめ，
65の所掌事務を列挙し
ている。

*6
補足意見，意見につい
ては，〔判例**18**〕＊4を参
照。

⇩ この判決が示したこと ⇩

　内閣総理大臣は，少なくとも，内閣の明示の意思に反しない限り，行政各部に対し，随時，その所掌事務について一定の方向で処理するよう指導，助言等の指示を与える権限を有するとして，本件で，BにA型機の購入を勧めるよう，運輸大臣に働きかけることも，内閣総理大臣の職務権限に属することを認めた。

☞ 解説

　この判決では，BにA型機の購入を勧める行為が運輸大臣の職務権限に属することを明らかにした上で（判決文**(1)**），運輸大臣に対して内閣総理大臣が働きかけることが内閣総理大臣の職務権限に属するかの検討を行っている（判決文**(2)**）。

　ここで関係するのは，憲法72条である。同条は，「内閣総理大臣は，内閣を代表

して議案を国会に提出し，一般国務及び外交関係について国会に報告し，並びに行政各部を指揮監督する」と定める。行政各部とは各省庁などのことなので，内閣総理大臣は，各省のトップである各省大臣（この事件でいえば運輸大臣）を指揮監督する（たとえば何かを行うように強制的な命令を出す）ことができることになりそうである。しかし，従来の政府の憲法解釈・通説的見解は，憲法72条を，「内閣総理大臣は，内閣を代表して……行政各部を指揮監督する」と読み，指揮監督権をもつのは内閣総理大臣ではなく，大臣の集まりである内閣であると理解してきた。この憲法解釈によれば，内閣総理大臣が行政各部を指揮監督するには必ず内閣の意思決定（閣議決定）がなければならないことになる（内閣法6条は，「内閣総理大臣は，閣議にかけて決定した方針に基いて，行政各部を指揮監督する」と定めるが，この解釈によれば，内閣法6条は憲法72条と同じ意味だということになる）。

しかし，内閣総理大臣が指揮監督を行うにはそのつど個別・具体的な閣議決定が必要であるならば，指揮監督ができる場合は限られてくるだろう。この事件でも，A型機を選定購入すべきだとの閣議決定は行われていないので，本判決の個別意見の中には内閣総理大臣が指揮監督を行う根拠となる閣議決定はなかったとする裁判官もいた。[*7]これに対し，根拠となる閣議決定は一般的な方針で十分であるとの解釈もあり，個別意見の中には，この解釈に立った上で機種選定に関し指揮監督権を行使する根拠となる閣議決定があったことを認める裁判官もいた。[*8]このように，この事件でX1がA型機をBに勧めるよう運輸大臣を指揮監督する根拠となる閣議決定があったかなかったかについては，裁判官の中でも意見が分かれていた。

そこで，本判決は，X1に（閣議決定に基づいて）A型機をBに勧めるよう運輸大臣を指揮監督する職務権限をもっていたかについては取り上げず，別の筋道で議論を進めている。すなわち，内閣総理大臣には，指揮監督権とは別に，閣議決定に基づかずに，単独で，指導，助言等の指示を与える権限（指示権）が認められることを示したのである。指示権とは，いわば，強制力のない指図を行う弱い権限である。判決文**(2)**の下線部に「右のような地位及び権限に照らすと」とあって判決文**(2)**の冒頭を指し示しているとおり，憲法上の各種の権限を合わせてみると内閣総理大臣は「内閣を統率し，行政各部を統轄調整する地位」にあること，また内閣法上も内閣総理大臣はさまざまな権限をもつことから，内閣総理大臣には，内閣の明示の意思に反しない限り，単独で指示を与える権限が認められるとした。[*9]そして，本件でのX1による運輸大臣への働きかけはこの指示権に基づくものとしてX1の職務権限に属するとした。こうして，（X1は上告審の審理中に死亡したためその受託収賄罪の成否については判断していないが）X2の贈賄罪が認められた。

*7｜
草場良八裁判官らの意見を読んでほしい。

*8｜
可部恒雄裁判官らの補足意見を読んでほしい。

*9｜
もっとも，この指示権が，憲法72条に基づくものなのか否かは明確でない。園部逸夫裁判官等補足意見，尾崎行信裁判官補足意見はこれを肯定するのに対し，草場裁判官等意見はこれを否定する。より深く理解したいという読者は，これらの個別意見を読み比べてみてほしい。

👓 事案をみてみよう

Xらは，宗教団体Yの信者であった。あるとき，Yは，①本尊（板まんだら）を安置する正本堂を建立する，②正本堂の建立は，Yにおいて悲願とされていた「広宣流布」（Yの開祖である僧侶の教えがすみずみまで行きわたること）達成の時期にあたるとして，建設費用の寄付を信者に募ったので，Xらはこれに応じた。

しかしながら，その後，Xらは，本尊とされた板まんだらが偽物であると判明したこと，正本堂建立後も，Yが広宣流布は達成されていないと述べていることを理由に，建設費用の寄付が錯誤によってなされた無効なものだと主張して，Yに対して寄付金の返還を求めた。

> ☑ **読み解きポイント**
>
> ① 裁判所が審判することができる紛争とはなにか。
> ② 本件が裁判所の審判の対象とならないとされたのはなぜか。

📖 判決文を読んでみよう

「裁判所がその固有の権限に基づいて審判することのできる対象は，裁判所法3条[*1]にいう『法律上の争訟』，すなわち当事者間の具体的な権利義務ないし法律関係の存否に関する紛争であって，かつ，それが法令の適用により終局的に解決することができるものに限られる」。「したがって，具体的な権利義務ないし法律関係に関する紛争であっても，法令の適用により解決するのに適しないものは裁判所の審判の対象となりえない，というべきである。」

本件において「Xらが主張する錯誤の内容は，(1) Yは，戒壇の本尊を安置するための正本堂建立の建設費用に充てると称して本件寄付金を募金したのであるが，Yが正本堂に安置した本尊のいわゆる『板まんだら』は，日蓮正宗において『日蓮が弘安2年10月12日に建立した本尊』と定められた本尊ではないことが本件寄付の後に判明した，(2) Yは，募金時には，正本堂完成時が広宣流布の時にあた……ると称していたが，正本堂が完成すると，……広宣流布はまだ達成されていないと言明した，というのである。要素の錯誤があったか否かについての判断に際しては，右(1)の点については信仰の対象についての宗教上の価値に関する判断が，また，右(2)の点

*1
裁判所法3条1項は，「裁判所は，日本国憲法に特別の定のある場合を除いて一切の法律上の争訟を裁判し，その他法律において特に定める権限を有する」と定めており，ここにいう「一切の法律上の争訟」を裁判する権限は憲法76条にいう「司法権」の内容を確認していると理解されている。

についても……，『広宣流布の達成』等宗教上の教義に関する判断が，それぞれ必要であり，いずれもことがらの性質上，法令を適用することによっては解決することのできない問題である。本件訴訟は，具体的な権利義務ないし法律関係に関する紛争の形式をとっており，その結果信仰の対象の価値又は宗教上の教義に関する判断は請求の当否を決するについての前提問題であるにとどまるものとされてはいるが，本件訴訟の帰すうを左右する必要不可欠のものと認められ，また，記録にあらわれた本件訴訟の経過に徴すると，本件訴訟の争点及び当事者の主張立証も右の判断に関するものがその核心となっていると認められることからすれば，結局本件訴訟は，その実質において法令の適用による終局的な解決の不可能なものであって，裁判所法 3 条にいう法律上の争訟にあたらないものといわなければならない」。

↓ この判決が示したこと ↓

① 裁判所が審判できる紛争は「法律上の争訟」でなければならない。
② 本件は，具体的な権利義務や法律関係に関する紛争ではあるものの，その解決には，宗教上の教義に立ち入った判断が本質的に求められることから，法律上の争訟ではないとした。

解説

日本国憲法は 76 条で，最高裁判所および下級裁判所が「すべての司法権」を担うこととしている。これは，国会に立法権を担わせる憲法 41 条や，内閣に行政権を担わせる 65 条とならんで，国家作用を分けて各国家機関に配るもの，すなわち権力分立に関わる規定だということができる。

そうすると，憲法が裁判所に担わせている「司法権」とは何かが問題となる。わが国では，通常，その中心に，「法律上の争訟」を裁判することが含まれていると理解されている。法律上の争訟とは，①当事者の具体的な権利や義務に関わる紛争で，かつ，②法令の適用により終局的な解決が可能な紛争という 2 つの性質を満たすものだとされる。

したがって，①や②の性質を満たさない紛争の裁判は，裁判所の権限の範囲外ということになる。これが司法権の限界という論点である。このような理由から裁判所が判断を行わない場面として，宗教上の教義や学問上の真理をめぐる紛争，法令の合憲性を抽象的に確認する紛争（警察予備隊違憲確認訴訟〔[判例 45]〕参照）などがあげられる。本判決は，本件が宗教上の教義に関わる問題であって，②の性質を満たさないことから，本件を裁判することができないとした。

地方議会の内部紛争と司法権

岩沼市議会事件

最高裁令和2年11月25日大法廷判決（民集74巻8号2229頁）

 事案をみてみよう

地方自治体には，都道府県議会や市町村議会といった議会が置かれている（憲93条1項。以下「地方議会」）。議員は，地方公共団体の住民による直接選挙によって選出される（同条2項）。議員は，所属する政党など，政策や考えが一致する他の議員と活動を共にすることが多く，これを「会派」というが，多数会派と少数会派とが，地方議会の中で激しく対立することがある。地方議会は，地方自治法や条例等に違反した議員に対し議決により懲罰を科すことができるので（自治134条1項），多数会派が，少数会派に属する議員を懲罰の対象とすることもあり，それをめぐる争いが，裁判所に持ち込まれることがある。

Xは，宮城県岩沼市の市議会議員選挙で当選した議員であり，議員Aらと共に会派を構成していた。Aは，海外渡航のため，2016（平成28）年4月に行われた岩沼市議会の教育民生常任委員会を欠席したため，同市議会は，同年6月，定例会において，Aに対し，委員会の欠席について陳謝の懲罰処分を議決し，Aは懲罰特別委員会が作成した陳謝文を読み上げた。これに対しXは，Aが陳謝文を読み上げたことについて，議会運営委員会において，「読み上げたのは，事実です。しかし，読み上げられた中身に書いてあることは，事実とは限りません」，「仮に読み上げなければ，次の懲罰があります。こういうのを，政治的妥協といいます」と発言した（本件発言）。市議会は，本件発言について，Xを23日間の出席停止処分とした（本件処分）。この懲罰の議決は，市議会の定例会の冒頭でなされ，また，その会期は23日間とされていたので，Xはその定例会の出席ができないことになってしまった。さらに，議員報酬は，出席停止の懲罰を受けた場合，その日数分を日割計算により減額するとされていたので，Xの報酬は，出席停止とされた23日間分が減額されて支給された。そこでXは，本件処分の取消しと減額された議員報酬等の支払を求めて，訴えを提起した。

しかし，最高裁の判例によると，地方議会の懲罰処分のうち，出席停止については司法審査が及ばないとされていた。というのも，「自律的な法規範をもつ社会ないしは団体に在っては，当該規範の実現を内部規律の問題として自治的措置に任せ」るべきであり，議員の権利行使の一時的制限にすぎない出席停止の懲罰はこれに該当する，というのであった（その一方，除名は「議員の身分の喪失に関する重大事項」であるため司法審査の対象となるとして区別した）。第1審はこの判例に従って訴えを却下したが，控訴審は，出席停止であっても議員報酬の減額につながる場合には司法審査の対象となるとして，第1審判決を取り消し仙台地方裁判所に差し戻した。そこでY（岩沼市）が

上告した。

☑ 読み解きポイント

① 地方議会における出席停止の懲罰は，どのような性質の紛争か。
② 地方公共団体の議会の議員に対する出席停止の懲罰は，司法審査の対象となるか。

📖 判決文を読んでみよう

(1) 「出席停止の懲罰を科された議員がその取消しを求める訴えは，法令の規定に基づく処分の取消しを求めるものであって，その性質上，法令の適用によって終局的に解決し得るものというべきである。」

(2) 「憲法は，地方公共団体の組織及び運営に関する基本原則として，その施策を住民の意思に基づいて行うべきものとするいわゆる住民自治の原則を採用しており，普通地方公共団体の議会は，憲法にその設置の根拠を有する議事機関として，住民の代表である議員により構成され，所定の重要事項について当該地方公共団体の意思を決定するなどの権能を有する。そして，議会の運営に関する事項については，議事機関としての自主的かつ円滑な運営を確保すべく，その性質上，議会の自律的な権能が尊重されるべきであるところ，議員に対する懲罰は，会議体としての議会内の秩序を保持し，もってその運営を円滑にすることを目的として科されるものであり，その権能は上記の自律的な権能の一内容を構成する。」他方，「議員は，憲法上の住民自治の原則を具現化するため，議会が行う〔条例の制定・改廃等の議決等の〕各事項等について，議事に参与し，議決に加わるなどして，住民の代表としてその意思を当該普通地方公共団体の意思決定に反映させるべく活動する責務を負うものである」。

(3) 「出席停止の懲罰は，上記の責務を負う公選の議員に対し，議会がその権能において科する処分であり，これが科されると，当該議員はその期間，会議及び委員会への出席が停止され，議事に参与して議決に加わるなどの議員としての中核的な活動をすることができず，住民の負託を受けた議員としての責務を十分に果たすことができなくなる。このような出席停止の懲罰の性質や議員活動に対する制約の程度に照らすと，これが議員の権利行使の一時的制限にすぎないものとして，その適否が専ら議会の自主的，自律的な解決に委ねられるべきであるということはできない。」「そうすると，出席停止の懲罰は，議会の自律的な権能に基づいてされたものとして，議会に一定の裁量が認められるべきであるものの，裁判所は，常にその適否を判断することができるというべきである。」「したがって，普通地方公共団体の議会の議員に対する出席停止の懲罰の適否は，司法審査の対象となるというべきである。」「これと異なる趣旨をいう……当裁判所大法廷昭和35年10月19日判決〔*3の判決〕その他の当裁判所の判例は，いずれも変更すべきである。」

☝ 解説

　団体の内部紛争については,仮にそれが「法律上の争訟」(裁3条1項)の要件(板まんだら事件〔判例**43**〕参照)を満たすものであっても,団体の内部的措置に任せ,司法審査を及ぼさないとする考えは,「部分社会」論と呼ばれ,その後の判例でも踏襲された。[*4]

　もっとも,団体の内部紛争について裁判所が判断できないということになると,その紛争は解決されないままとなってしまう。学説からは,団体の内部紛争が裁判所に持ち込まれた場合,「部分社会」であればおよそ司法審査が及ばないとするのではなく,結社は結社の自由(憲21条1項),大学は学問の自治(憲23条),労働組合は労働基本権(憲28条),といったように,団体の憲法上の根拠を明らかにした上で,当事者の権利・自由なども勘案しながら,個別具体的に検討すべきであるといった指摘がなされてきた。

　本判決は,こうした批判を受け止め,地方議会の議員に対する懲罰の取消しを求める訴えが「法律上の争訟」であることを確認した上で(判決文(1)),憲法の掲げる「地方自治の本旨」(憲92条)の内容とされる「住民自治の原則」が,地方議会の懲罰に関する自律権を根拠づけるとともに,議員の活動をも支えるものであるが(判決文(2)),[*5]出席停止の懲罰は議員の「中核的な活動」を制限する点で,議会の自律的解決にゆだねることはできず,出席停止については「常に」司法審査が及ぶとした(判決文(3))。以上からは,包括的な「部分社会」論に依拠した考えから距離を置こうとする,現在の最高裁の姿勢がうかがえる。

<table>
<tr><td>45</td><td>違憲審査権の性格</td><td>警察予備隊違憲確認訴訟</td></tr>
</table>

最高裁昭和27年10月8日大法廷判決（民集6巻9号783頁）　▶百選Ⅱ-187

 ## 事案をみてみよう

　第二次大戦終了後，日本は防衛や治安維持のための兵力を自前で保持せず，日本に駐留するアメリカ軍に依存していた。ところが，1950（昭和25）年に朝鮮戦争が勃発し，アメリカ軍が日本に駐留していた部隊を朝鮮半島に出動させることとなった。このことから，日本における防衛兵力・治安維持兵力をどうするかが問題になった。そこで，同年7月8日，マッカーサー連合国軍最高司令官は吉田茂首相に対し，「日本警察力の増強に関する書簡」を提示し，これを受けて，警察予備隊令（昭和25年政令第260号）が制定され，警察予備隊が発足した。

　日本社会党委員長であった鈴木茂三郎（X）は，最高裁は違憲立法審査権をもっているのだから，警察予備隊の発足に関わる行為が憲法9条違反だと判断できるはずだと考えた。そこで，国が1951（昭和26）年4月1日以後になした警察予備隊に関わる一切の行為が無効であることの確認を求めて，直接，最高裁判所に訴状を提出した。

 読み解きポイント

　最高裁は，憲法81条を根拠に，国会議員や政党，議会などから提起された法令の違憲性の訴えを審査（抽象的な違憲審査）できるか。

判決文を読んでみよう

　諸外国の制度には，「司法裁判所に違憲審査権を行使せしめるもの以外に，司法裁判所にこの権限を行使せしめないでそのために特別の機関を設け，具体的争訟事件と関係なく法律命令等の合憲性に関しての一般的抽象的な宣言をなし，それ等を破棄し以てその効力を失はしめる権限を行わしめるものがないではない。しかしながらわが裁判所が現行の制度上与えられているのは司法権を行う権限であり，そして司法権が発動するためには具体的な争訟事件が提起されることを必要とする。我が裁判所は具体的な争訟事件が提起されないのに将来を予想して憲法及びその他の法律命令等の解釈に対し存在する疑義論争に関し抽象的な判断を下すごとき権限を行い得るものではない。けだし最高裁判所は法律命令等に関し違憲審査権を有するが，この権限は司法権の範囲内において行使されるものであり，この点においては最高裁判所と下級裁判

*1
占領下の日本では，いわゆる「ポツダム緊急勅令」（昭和20年勅令第542号）が発せられ，政府がポツダム宣言の受諾に伴い連合国軍最高司令官のなす要求事項を実施するために特に必要がある場合には，法律の根拠なく，命令をもって所要の定めをし，かつ，罰則を定めることができる旨が定められた。このような制度は，日本国憲法施行後も，サンフランシスコ平和条約が発効するまで残され，これに基づいて発せられた命令等は，ポツダム命令と呼ばれる。警察予備隊令もこのようなポツダム命令の一つとして制定された。平和条約発効後，ポツダム命令は，法律に置き換えられるなどして順次廃止されたが，中には物価統制令のように，法律としての効力が与えられ，現在も残っているものもある。

 Point

＊2

警察予備隊は，警察力の不足を補うための組織として位置づけられ，その装備もその限りのものとされていたが，戦車（「特車」と呼んでいた）なども保有するものであった。その後，1952（昭和27）年に保安隊へと組織が変更され，さらに，1954（昭和29）年の自衛隊発足とともに陸上自衛隊になった。

＊3

「けだし」は，物事を確信をもって推定することを意味するが，ここでは，「（なぜなら）〜と考えるべきだからだ」というくらいの意味で用いられている。

所との間に異るところはないのである（憲法76条1項参照）。Xは憲法81条を以て主張の根拠とするが，同条は最高裁判所が憲法に関する事件について終審的性格を有することを規定したものであり，従って最高裁判所が固有の権限として抽象的な意味の違憲審査権を有すること並びにそれがこの種の事件について排他的すなわち第1審にして終審としての裁判権を有するものと推論することを得ない」。

「なお最高裁判所がXの主張するがごとき法律命令等の抽象的な無効宣言をなす権限を有するものとするならば，何人も違憲訴訟を最高裁判所に提起することにより法律命令等の効力を争うことが頻発し，かくして最高裁判所はすべての国権の上に位する機関たる観を呈し三権独立し，その間に均衡を保ち，相互に侵さざる民主政治の根本原理に背馳するにいたる恐れなしとしない」。

「要するにわが現行の制度の下においては，特定の者の具体的な法律関係につき紛争の存する場合においてのみ裁判所にその判断を求めることができるのであり，裁判所がかような具体的事件を離れて抽象的に法律命令等の合憲性を判断する権限を有するとの見解には，憲法上及び法令上何等の根拠も存しない。そして弁論の趣旨よりすれば，Xの請求は右に述べたような具体的な法律関係についての紛争に関するものでないことは明白である。従って本訴訟は不適法であって，かかる訴訟については最高裁判所のみならず如何なる下級裁判所も裁判権を有しない。この故に本訴訟はこれを下級裁判所に移送すべきものでもない。」

⇩ この判決が示したこと ⇩

憲法81条は，抽象的な違憲立法審査権を最高裁判所に付与したものではなく，裁判所が裁判を行うには，「具体的な争訟事件が提起されること」が必要であり，違憲審査も，そのような具体的な争訟事件を解決するために必要な限りで行いうる，という立場を示した。

解説

憲法81条は，最高裁判所に，法律などが憲法に適合するかどうかを決定する権限（＝違憲立法審査権）を与えている。もっとも，世界的にみてみると，このような違憲立法審査権のあり方が，各国さまざまであり，日本国憲法がどのようなあり方を目指しているのかが問題となる。この点，通説は，日本国憲法が採用しているのは，付随的審査（司法審査）であると理解する。すなわち，裁判所は，基本的には，国民の具体的な権利や利益の侵害が裁判で争われるような場合に，その事件の解決に必要な限度で違憲審査を行うものだとされている。この判決も，通説同様の理解を示している。これに対して，憲法81条は，最高裁判所に憲法裁判所という地位を与えたものであるという説も有力である。このような立場からは，最高裁判所が具体的な事件と関係なく国会議員や政党などから提起された法令の違憲性の訴えを審査（抽象的違憲審査）しても憲法違反となるとは限らないとされる。実際，Xはこのような解釈を主張していた。

　また，通説やこの判決が示した理解には別の角度からの疑問もある。じつは，裁判所が行っている裁判は，つねに国民の具体的な権利や利益に関わるものであるとは限らない。たとえば地方自治法上の住民訴訟のような訴訟がその例である。この判決の立場からすると，このような裁判は問題にならないのだろうか。このような問題を考えるにも，この事案は重要な素材を提供してくれており，この判決は，違憲立法審査権の性質という論点だけでなく，司法権の本質という論点においても重要判例に位置づけられる。

　さらに，この判決では，抽象的違憲審査を最高裁判所が行いうるとすると，権力分立や民主政治の根本原理との関係で困難が発生するとも指摘されている。違憲立法審査権は，国民の代表者である議員によって構成される議会がつくった法律を，国民から直接選ばれているわけではない裁判官によって構成される裁判所が法の論理に基づいて無効にするという極めて強力な権限である。国民から支持されている法律が違憲無効とされた場合，そのような判断をした裁判所に批判が集中することもあるかもしれない。この判決は，そのような問題意識の下で，日本国憲法は最高裁判所をすべての国権の上に位する機関として位置づけているのではないという理解に立っている。最高裁判所が違憲審査を行うにあたって，政治部門の意思決定とどのように向き合うかは，さまざまな局面で問題となる。

46 衆議院の解散と違憲審査　苫米地事件

最高裁昭和35年6月8日大法廷判決（民集14巻7号1206頁）　▸百選Ⅱ-190

事案をみてみよう

憲法 69 条は，内閣は，衆議院が内閣の不信任案を可決したとき，または，信任案を否決したときは，10 日以内に衆議院が解散されない限り，総辞職しなければならないと定める。しかし，第 3 次吉田茂内閣が 1952（昭和 27）年 8 月 28 日に行った衆議院の解散は，憲法 69 条が定める衆議院による内閣の不信任案の可決も，信任案の否決もなく，吉田首相が政局の打開を図るために側近と相談した上で決めたものであった。そこで，当時衆議院議員だった苫米地義三（X）は，この解散が憲法に違反し無効だから，自らは解散後も衆議院議員としての身分を失わないと主張して，衆議院議員の任期が満了する 1953（昭和 28）年 1 月分までの衆議院議員としての歳費の支払を求めて訴えた。

読み解きポイント

衆議院の解散の合憲性を裁判所は判断できるか。

判決文を読んでみよう

Point

「わが憲法の三権分立の制度の下においても，司法権の行使についておのずからある限度の制約は免れないのであって，あらゆる国家行為が無制限に司法審査の対象となるものと即断すべきでない。直接国家統治の基本に関する高度に政治性のある国家行為のごときはたとえそれが法律上の争訟となり，これに対する有効無効の判断が法律上可能である場合であっても，かかる国家行為は裁判所の審査権の外にあり，その判断は主権者たる国民に対して政治的責任を負うところの政府，国会等の政治部門の判断に委され，最終的には国民の政治判断に委ねられているものと解すべきである。この司法権に対する制約は，結局，三権分立の原理に由来し，当該国家行為の高度の政治性，裁判所の司法機関としての性格，裁判に必然的に随伴する手続上の制約等にかんがみ，特定の明文による規定はないけれども，司法権の憲法上の本質に内在する制約と理解すべきである。」

「衆議院の解散は，衆議院議員をしてその意に反して資格を喪失せしめ，国家最高の機関たる国会の主要な一翼をなす衆議院の機能を一時的とは言え閉止するものであり，さらにこれにつづく総選挙を通じて，新な衆議院，さらに新な内閣成立の機縁を

為すものであって，その国法上の意義は重大であるのみならず，解散は，多くは内閣がその重要な政策，ひいては自己の存続に関して国民の総意を問わんとする場合に行われるものであってその政治上の意義もまた極めて重大である。すなわち衆議院の解散は，極めて政治性の高い国家統治の基本に関する行為であって，かくのごとき行為について，その法律上の有効無効を審査することは司法裁判所の権限の外にありと解すべきことは既に前段説示するところによってあきらかである。そして，この理は，本件のごとく，当該衆議院の解散が訴訟の前提問題として主張されている場合においても同様であって，ひとしく裁判所の審査権の外にありといわなければならない。」

⇩ この判決が示したこと ⇩

裁判所に持ち込まれた紛争が司法審査の対象となる場合であっても，それが，直接国家統治の基本に関する高度に政治性のある国家行為の場合には，裁判所は審査ができないとした。

☝ 解説

憲法69条が定める場合以外にも，政局の打開を図りたいなどの理由で，ときの内閣が衆議院を解散することがある。このような解散は，実務上は，憲法7条が天皇の国事行為として衆議院の解散を挙げていることを根拠として行われている。すなわち，内閣が天皇に衆議院を解散するよう助言し，承認すれば，衆議院を解散することは可能だというわけである。これは，言い換えれば，内閣（もっといえば内閣のリーダーである内閣総理大臣）は，必要だと思えばいつでも衆議院を解散できるということでもある。実は，日本国憲法下の衆議院解散の多くが憲法69条に基づかないこのような解散である。いまとなっては当たり前のように行われているこの解散が，日本国憲法下で初めて行われたのが，本件の前提となっている1952年の解散（一般に「抜き打ち解散」と呼ばれている）であった。

しかしながら，憲法上明確にされていないのだから，このような解散が本当に許容されるのかは，議論の余地がある。そこで，この点の違憲性が争われたのが本件である。

もっとも，裁判所に対して，単純に本件解散の違憲を確認するよう求めるのが難しいのは，先に見た警察予備隊違憲確認訴訟（［判例 **45**］）の考え方からしても当然に予測された。というのも，衆議院の解散の合憲性を問題にするだけでは，誰かの権利や義務が問題になっているとはいいにくく，その意味で法律上の争訟といえない可能性があるからである。この点Xは，本件解散によって衆議院議員という自らの地位が失われ，その結果，解散がなければ受け取ることができたであろう歳費を受け取れなかったのだと主張した。このような主張によって，この問題を，Xの具体的な権利や利益に関する紛争（法律上の争訟）として構成したのである。

このように構成されれば，裁判所が司法審査を行わない理屈はないはずであった。しかしながら，本件で最高裁は，「直接国家統治の基本に関する高度に政治性のある

国家行為」に関することは，たとえ紛争が法律上の争訟だとしても，裁判所の審査権の範囲外だから，判断できないとした。

　このような考え方は「統治行為論」と呼ばれ，すでに砂川事件判決（[判例 **50**]）でもよく似た考え方が示されていた。しかし，砂川事件で示された考え方は，安保条約が違憲かどうかという判断は，国会や内閣の「高度の政治的ないし自由裁量的判断」だとした上で，「一見極めて明白に違憲無効」な場合には裁判所の審査が及ぶ余地を残していたのに対して，本判決では，高度に政治性のある国家行為に関する審査は，司法権の範囲外であり，いっさい行うことができないものとされた。それゆえ，本判決は，「統治行為の純粋型」をとったものといわれている。

　本判決については，そもそも統治行為論を持ち出すべき事案だったのか，統治行為論は裁判所が違憲審査権を放棄するに等しいのだから用いるべきではないのではないかといった批判がなされてきた。最高裁も，本件ののち，統治行為論を持ち出した判決をしたことはない。したがって，ここで言われた統治行為論は，すでに過去のものとなったと考えることもできよう。

　ともあれ，裁判所は，この種の衆議院の解散の合憲性を判断しなかった。それでは，結局，本件の解散は合憲なのか違憲なのか。この点，一致した見解があるわけではないが，多くの学説は，内閣総理大臣が憲法 69 条に基づかないで行う解散にも，前の総選挙の際には議論されていなかった重要な政治問題が新しく生じているなど一定の理由が必要だと考えている。

47 **租税立法の不平等**　　　サラリーマン税金訴訟

最高裁昭和60年3月27日大法廷判決（民集39巻2号247頁）　　　▶百選Ⅰ-31

事案をみてみよう

　わが国の税制度では，納めるべき税額を確定するための手続の一つとして，申告納税方式という仕組みが採用されている。これは，納めるべき税額が，税を納める人（納税義務者）の申告によって確定することを原則とするものである。所得税などでは，確定申告という手続が用いられている。確定申告とは，納税義務者がその年の実績に基づいて，所得金額や税額について行う申告をいう。自営業者の人であれば，その年の所得や必要経費などを計算し，税務署に申告することで，その年に納めるべき税額が決まることになる。給与所得者の場合，基本的には，勤務先の会社が行う年末調整等により税額が確定されるが，年収が一定額を超える人や，勤務先以外の場所からの所得がある場合には，自分で確定申告をしなければならない。

　私立大学商学部教授（文学・スペイン語を担当）であったＸは，1964（昭和39）年度分の所得について，勤務先の大学と他大学の非常勤講師の給与所得，そして雑所得があり，当時の所得税法上，確定申告の義務があったが，確定申告をしなかったため，Ｙ（左京税務署長）は，納付すべき税額を算出した所得税を決定し，さらに，無申告加算税（申告納税をすべき者が期限内に申告をしなかったことによって課される税）も課した。Ｘは，次のように主張し，この課税処分を争った。つまり，この課税処分の根拠となっている所得税法の規定は，他の所得者に比べ，給与所得者（サラリーマン）[*1]に対し著しく不公平な所得税を課しており，憲法14条1項に反する，というのである。具体的には，①当時の所得税法では，収入金額から，それを得るために実際にかかった必要経費を控除するという方法（実額控除）ではなく，収入に応じた一定額を控除する（概算控除）という制度を採用しており，しかもその控除額は実際に要した経費額を著しく下回っているため，実額控除が認められている自営業者など他の所得者（事業所得者等）に比べて不利に扱われている。②当時の所得税法では，自営業者などの他の所得者に比べ，所得の補捉率[*2]が極めて高くなっている（その分，給与所得者は所得税負担の不当なしわよせを被っており，著しく不利益な取扱いを受けている），などというものであった。第1審・控訴審ともＸの主張を退けたため，Ｘは上告した。

✓ **読み解きポイント**

① 税法上の不平等が問題となる場合，裁判所は，どのような姿勢で判断するべきだろうか。

*1 |
当時，給与所得者のことを「サラリーマン」と呼んだ。典型的には会社員だが，私立大学の先生も学校法人などに採用され，毎月給与が支払われる点で，「サラリーマン」である。

*2 |
ある所得に対し，税務署側が実際に把握できた所得の比率のこと。給与所得者の場合，給与についての納税は会社などが給与から天引きする形で徴税される（源泉徴収制度）ため，課税所得の捕捉率は，給与所得者は90％，事業所得者は60％，農業所得者は40％という違いがある，などといわれてきた（9・6・4の各割合なので，「クロヨン」と呼ばれた）。

② 給与所得者と，それ以外の所得者との間の区別は，憲法14条1項に反しない
だろうか。

📖 判決文を読んでみよう

(1) 憲法14条1項の平等の保障は，「憲法の最も基本的な原理の一つであって，課税権の行使を含む国のすべての統治行動に及ぶものである。しかしながら，国民各自には具体的に多くの事実上の差異が存するのであって，これらの差異を無視して均一の取扱いをすることは，かえって国民の間に不均衡をもたらすものであり，もとより憲法14条1項の規定の趣旨とするところではない。すなわち，憲法の右規定は，国民に対し絶対的な平等を保障したものではなく，合理的理由なくして差別することを禁止する趣旨であって，国民各自の事実上の差異に相応して法的取扱いを区別することは，その区別が合理性を有する限り，何ら右規定に違反するものではないのである」。

(2) 「思うに，租税は，今日では，国家の財政需要を充足するという本来の機能に加え，所得の再分配，資源の適正配分，景気の調整等の諸機能をも有しており，国民の租税負担を定めるについて，財政・経済・社会政策等の国政全般からの総合的な政策判断を必要とするばかりでなく，課税要件等を定めるについて，極めて専門技術的な判断を必要とすることも明らかである。したがって，租税法の定立については，国家財政，社会経済，国民所得，国民生活等の実態についての正確な資料を基礎とする立法府の政策的，技術的な判断にゆだねるほかはなく，裁判所は，基本的にはその裁量的判断を尊重せざるを得ないものというべきである。そうであるとすれば，<u>租税法の分野における所得の性質の違い等を理由とする取扱いの区別は，その立法目的が正当なものであり，かつ，当該立法において具体的に採用された区別の態様が右目的との関連で著しく不合理であることが明らかでない限り，その合理性を否定することができず，これを憲法14条1項の規定に違反するものということはできないものと解</u>するのが相当である。」

(3) ①当時の所得税法が，給与所得に係る必要経費を実額控除ではなく概算控除とした目的は，給与所得者と事業所得者等との租税負担の均衡に配意しつつ，給与所得者については，必要経費と家事上の経費[*3]とを区分するのは困難であること，実額控除を行うことは技術上困難を招き，税務執行上混乱が生じうることなどの弊害を防止することにあるが，「租税負担を国民の間に公平に配分するとともに，租税の徴収を確実・的確かつ効率的に実現することは，租税法の基本原則であるから，右の目的は正当性を有するものというべきである」。また，給与所得者の職務上必要な諸設備，備品等に係る経費は使用者が負担するのが通例であり，また，職務に関し必要な旅行や通勤の費用に充てるための金銭給付などがおおむね非課税所得として扱われていることを考慮すれば，「給与所得者において自ら負担する必要経費の額が一般に〔当時の〕所得税法所定の前記給与所得控除の額を明らかに上回るものと認めることは困難であ

*3｜
家事費とは，衣服費・食費・住居費など，個人の消費生活上の費用のことをいう。所得税法上，必要経費に算入されない（所税45条1項1号）。

って，右給与所得控除の額は給与所得に係る必要経費の額との対比において相当性を欠くことが明らかであるということはできないものとせざるを得ない」。②補捉率の差については，事業所得等の補捉率が長期にわたり給与所得の補捉率を下回っていることは認められないではないが，「このような所得の捕捉の不均衡の問題は，原則的には，税務行政の適正な執行により是正されるべき性質のものであって，捕捉率の較差が正義衡平の観念に反する程に著しく，かつ，それが長年にわたり恒常的に存在して租税法制自体に基因していると認められるような場合であれば格別……，そうでない限り，租税法制そのものを違憲ならしめるものとはいえないから，捕捉率の較差の存在をもって本件課税規定が憲法14条1項の規定に違反するということはできない」。

⇩ この判決が示したこと ⇩

① 租税負担のあり方については，政策判断や専門技術的判断を必要とするので，立法府の判断にゆだねるほかはなく，裁判所は，その裁量的判断を尊重し，区別の目的が正当なものであり，区別の態様が目的との関係で著しく不合理であることが明らかでない限り，憲法14条1項違反ということはできない，と判断した。

② 給与所得者と他の所得者との間で，実額控除について区別が生じていても，合理的なものであるから，憲法14条1項に反するとはいえず，捕捉率の較差についても，その差が著しく，かつ，長年にわたって存在し，その原因が租税法にあるような場合を除き，憲法14条1項に反するとはいえない，と判断した。

 解説

憲法14条1項が合理的な理由のない差別を禁止するものであるという趣旨は，これまでの判例でも確認されてきた（[判例06]～[判例10]参照）。本件での問題は，租税立法における区別（ここでは所得の性質の違い等を理由とする取扱いの区別）について憲法14条1項違反が問題となったとき，裁判所はその合憲性をどこまで，そしてどのように審査できるのか，という点であった。

最高裁は，租税立法についても，ほかの事案同様，区別についての「合理性」の有無がポイントになるとしたが，租税立法については，財政・経済・社会政策などの政策判断が必要となり，かつ，これについては専門技術的判断も求められることから，合理性があるか否かについての判断は，こうした事柄を判断するのに適している国会（立法府）を尊重する姿勢を強く示した。

問題となる立法などが社会経済政策に関わる場合，裁判所が国会の判断を尊重する例は，他の事案でもみられる（たとえば小売市場事件[[判例27]，堀木訴訟[[判例31]]など）。これらの例と同じように，本件では，裁判所によって租税法上の不平等を是正するのは難しいものとされたが，本判決は，社会的にも関心を広く集め，その後の税制改革などにも影響を与えるなど，政治的なインパクトは大きかった。また，本判決には，租税立法であってもすべて立法府の判断が尊重されるわけではない点を指摘する裁判官の意見も付されている。

＊4｜伊藤正己裁判官は，補足意見で，租税立法の分野であっても，たとえば性別のような憲法14条1項後段の事由による差別は，裁判所は厳格な基準で審査すべきであり，また，課税規定そのものは合憲でも，その規定を適用した具体的な課税処分については，場合によっては違憲となりうる（その規定が適用される限度において違憲となる）と述べている。

事案をみてみよう

　わが国では，国民のすべてが公的な医療保険制度に加入することとされている（「国民皆保険」と呼ばれ，強制加入制を採用している）。公的医療保険制度は，会社員などを対象とする健康保険制度（「被用者保険」と呼ばれる）や，主に自営業者等を対象とする国民健康保険制度など，いくつかの制度に分立している。このうち国民健康保険制度は，健康保険制度などに加入しておらず，地方自治体に住所を有する者を対象とし，加入者（被保険者）の病気の治療などにかかった医療費をカバーする（一部自己負担がある）。運営主体（保険者）は地方自治体などである。自治体は，国民健康保険の運営に必要な財源として，加入者から保険料を徴収する。北海道旭川市（Y）も国民健康保険事業を運営しており，国民健康保険法と，Yが制定した「Y市国民健康保険条例」に基づき，加入者に対し，国民健康保険料を徴収していた。

　Xとその妻は，Yが運営している国民健康保険の加入者であった。Yは，1994（平成6）年7月，Xに対し，同年度に納付すべき国民健康保険料を決定した（保険料賦課処分）が，Xは，自身の収入が乏しく，生活保護基準を下回ることから，国民健康保険料の減免を申請した。しかし，こうしたXの申請理由は，Yの条例が定めていた減免事由（災害によって生活が苦しくなったり，生活保護を受けている者など。Xは生活保護を受けていなかった）に該当しなかったため，Yは，減免に該当しない旨の通知（処分）をした。

　Xは，保険料の賦課処分と，この減免に該当しないという処分を争おうとした。その際主張したのは，次の点であった。つまり，国民健康保険における保険料は，市民から強制的に徴収される点では税金（租税）と同じである。税金であるのなら，憲法84条が定めるところに従って，保険料率などをきちんと定率・定額で，条例に明示しておかなければならない。しかしながら，Yが制定している条例は，保険料率を定率・定額で定めておらず，保険料の決定の告示（＊5参照）をY市長にゆだねている。これは，憲法84条に反する無効な条例ではないのか。したがって，Xに保険料を賦課したことも違法である。こうしてXは，保険料賦課処分の取消し等を求めて訴えを起こした。第1審はXの主張を認め，保険料賦課処分を取り消したが，控訴審はXの主張を退けたため，Xは上告した。

＊1｜
かつては市町村・特別区の区域を単位としていたが，制度改正により，2018（平成30）年度からは都道府県を単位とする区域になった（国民健康保険法5条）。医療保険制度には，健康保険・国民健康保険等のほか，75歳以上の者（後期高齢者）等を対象とした制度もある。

＊2｜
国民健康保険の保険者は，これに要する費用に充てるため，加入者から保険料を徴収することとされているが，国民健康保険税による徴収も認められている（国民健康保険法76条1項）。Yは保険料による徴収を選択していた。

📖 判決文を読んでみよう

(1) 「国又は地方公共団体が,課税権に基づき,その経費に充てるための資金を調達する目的をもって,特別の給付に対する反対給付としてでなく,一定の要件に該当するすべての者に対して課する金銭給付は,その形式のいかんにかかわらず,憲法84条に規定する租税に当たるというべきである。」国民健康保険の保険料は,被保険者において保険給付を受けうることに対する反対給付として徴収されるものであり,また,国民健康保険が強制加入とされ,保険料が強制徴収されるのは,保険給付を受ける被保険者をなるべく保険事故を生ずべき者の全部とし,保険事故により生ずる個人の経済的損害を加入者相互において分担すべきであるとする社会保険としての国民健康保険の目的および性質に由来する。「したがって,上記保険料に憲法84条の規定が直接に適用されることはないというべきである」。

(2) もっとも,憲法84条は,課税要件や租税の賦課徴収手続を法律で明確に定めるべきことを規定し,国民に対して義務を課し,権利を制限するには法律の根拠を要するという法原則を,租税について厳格化した形で明文化したものというべきである。「したがって,国,地方公共団体等が賦課徴収する租税以外の公課[*3]であっても,その性質に応じて,法律又は法律の範囲内で制定された条例によって適正な規律がされるべきものと解すべきであり,憲法84条に規定する租税ではないという理由だけから,そのすべてが当然に同条に現れた上記のような法原則のらち外[*4]にあると判断することは相当ではない。そして,租税以外の公課であっても,賦課徴収の強制の度合い等の点において租税に類似する性質を有するものについては,憲法84条の趣旨が及ぶと解すべきであるが,……租税以外の公課は,租税とその性質が共通する点や異なる点があり,また,賦課徴収の目的に応じて多種多様であるから,賦課要件が法律又は条例にどの程度明確に定められるべきかなどその規律の在り方については,当該公課の性質,賦課徴収の目的,その強制の度合い等を総合考慮して判断すべきものである。」

(3) 国民健康保険は,賦課徴収の強制の度合いにおいて租税に類似する性質を有するから,憲法84条の趣旨が及ぶと解すべきであるが,国民健康保険料条例において賦課要件がどの程度明確に定められるべきかは,賦課徴収の強制の度合いのほか,社会保険としての国民健康保険の目的,特質等をも総合考慮して判断する必要がある。

本件条例は,Y市長に対し,保険料率を決定し,保険料率を告示[*5]により公示することを委任している。本件条例は,賦課総額[*6]の算定基準を明確に定め,その算定に必要な費用・収入の見込額等を,Y市長の合理的な選択にゆだねたものであり,見込額等の推計については,国民健康保険事業特別会計の予算等の審議を通じ,議会による民

Point

*3│
公課とは,国・地方公共団体が公の目的のために課す金銭負担のうち,租税以外のものをいう。

*4│
「らち(埒)」は「物事のくぎり・秩序」といった意味がある。ここで「らち外」とは,本判決が述べる法原則の範囲外にあるということを意味している。

*5│
「告示」とは,公の機関が,一定の事項などについて,公式に広く一般に知らせる行為をいう。

*6│
ここでは,加入者(被保険者)全員に課すべき保険料の総額のこと。

主的統制が及ぶものということができる。そうすると，本件条例が賦課総額の算定基準を定め，Y市長に保険料の決定や告示による公示を委任したことをもって，憲法84条の趣旨に反するということはできない。

> ⬇ **この判決が示したこと** ⬇
>
> ① 国などが，課税権に基づき，特別の給付に対する反対給付としてではなく，一定の要件に該当するすべての者に対して課する金銭給付は，その形式のいかんにかかわらず，憲法84条に規定する「租税」にあたる，と判断した。
>
> ② 国などが徴収する「租税」以外でも，賦課・徴収の強制の度合いなどの点で，「租税」に類似する性質を有するものについては，憲法84条の趣旨が及ぶと解すべきである，と判断した。

☝ 解説

　憲法84条は，租税法律主義を定めたものと解されている。これは，法律に基づかなければ，国家は，租税を賦課・徴収することができず，国民は租税の納付を要求されない，という原則である。[*7] 租税法律主義は，①課税要件法定主義（納税義務者や課税標準〔一定期間の所得金額など，税額を決定するための基礎となる課税対象の価格などのこと〕等，課税の要件と賦課・徴収の手続はすべて法律で定められていなければならない），②課税要件明確主義（課税の要件と賦課・徴収の手続は一義的で明確でなければならない），といった要請を含むと解されている（地方自治体による課税の場合，ここにいう「法律」は，地方議会が制定する「条例」〔憲94条〕となる）。国民健康保険料が，強制的に賦課・徴収される点で「租税」と同視できるものだとすると，これら①・②の要請が当てはまるはずなので，Y市の条例のように，納付すべき保険料の率や額がきちんと定められていないのは，憲法84条に反するのではないか。Xが提起したのはこうした問題であり，ひるがえって，そもそも憲法84条の意味はどのようなものであるのかが問われることになった。

　本判決は，憲法にいう「租税」を判決文(1)のようにとらえ，国民健康保険料は，医療サービス（保険給付）を受けることへの対価（「反対給付」）として徴収されるので，憲法84条が対象とする「租税」にはあたらないとした。ただし，84条は，国民に対し義務を課し，権利を制限するには法律の根拠を要する，という法原則を租税について明らかにしたものであるから，租税以外の賦課徴収金であっても，84条の「趣旨」[*8]は及ぶ，とした。ここには，法律の根拠がなければ行政権は発動できず，国民の権利・自由を侵害する場合には法律の根拠を要するという，「法律の留保」原則が示されている。[*9]

*7|
憲法84条は，国民代表である立法府（議会）の同意がなければ課税してはならない（「代表なければ課税なし」），という，近代憲法が成立する上で重要な役割を果たした原則に通ずる。憲法30条が「法律の定めるところ」による「納税の義務」を定めていることにも注意しよう。

*8|
最高裁は，しばしば「憲法第〇〇条の精神に照らし」ある権利や自由が尊重されると述べ（たとえば〔判例**19**〕の取材の自由など），ある憲法の条文の「精神」や「趣旨」がその事件にあてはまると述べることがある。その意味は，実はそれほど明確であるとはいえない。おそらく，問題となる憲法の条文がストレートに妥当するとはいえないが，その理念をふまえて，規制の合理性などを審査することを指しているのであろう。

*9|
さらに最高裁は，84条は，課税関係における法的安定性を確保する趣旨を含むものと解している（最判平成23・9・22民集65巻6号2756頁〔百選II-197〕）。

49 条例制定権の範囲

徳島市公安条例事件

最高裁昭和50年9月10日大法廷判決（刑集29巻8号489頁）　　▶百選Ⅰ-83

 事案をみてみよう

　安全保障政策など，特定の政策への賛否を表明して，大勢の人々が街中を練り歩くデモ行進（集団示威行進）がなされることがある。一般に，デモ行進をしようとするときは，行進を主催する代表者などは，その行進をする場所を管轄する警察署長や公安委員会などに対し，法令に従い，許可を受け，あるいは届出をする必要がある。たとえば，徳島市でデモ行進を行おうとすると，次の二つの条例と法律が関係する。一つは，①徳島市公安条例（集団行進及び集団示威運動に関する条例）である。この条例によれば，道路その他の公共の場所で集団行進などをする場合，公安委員会に届け出なければならない（同条例1条・2条）。集団行進などを行おうとする者には，「交通秩序を維持すること」といった一定の遵守事項が課され（同条例3条），これに違反した行進があった場合，それをあおった者（せん動者）などは処罰される（同条例5条）。もう一つは，②道路交通法である。同法によれば，交通に支障を及ぼすような道路の使用をする場合，その地を管轄する警察署長の許可を受けなければならない。警察署長は，デモ行進の許可に際して一定の条件を付することができる（77条1項4号・3項）。このように二つの規制が関係するのは，道路における危険防止や交通安全，道路交通上の障害防止を目的とする道路交通法と，社会公共の秩序を保ち，社会の安全・平穏を維持することを目的とする公安条例との間で，道路に関わる部分において規制が重複するためであった。

　Xは，1968（昭和43）年12月，徳島県反戦青年委員会主催の，「安保推進内閣打倒」などを表明する，徳島市内の繁華街を行路とするデモ行進に，労働者・学生ら約300名とともに参加した。このデモ行進について道路の使用を許可する際に，管轄する徳島東警察署長は，ジグザグ行進（蛇行進）をしてはならないなど，道路交通法に基づき，一定の条件を付していた[*1]。しかしこのデモ行進の先頭集団約80名は，行進中に蛇行進を行った。Xは，(1)この先頭集団付近に位置して，蛇行進を行い，さらに，(2)先頭集団付近にいて，笛を吹き，両手を挙げて前後に振り，行進者が蛇行進をするようあおった（せん動した）。これらのうち，(1)の行為が，道路交通法上警察署長が付した許可条件に反し，(2)の行為が，徳島市公安条例が定める「交通秩序を維持すること」という集団行進に関する遵守事項に反する行為をせん動するものであったとして，Xは起訴された。第1審は，道路交通法と公安条例の関係を問題にした。つまり，条例は法律（法令）の範囲内で制定できるから[*2]，法律と条例の規制が重複し，両者が抵触することになれば，法律が優位し条例は無効になってしまう。そこで，両

*1

それは，「蛇行進，うず巻行進，ことさらなかけ足又はおそ足行進，停滞，すわり込み…等交通秩序を乱すおそれがある行為をしないこと」というものであった。

*2

憲法94条は，「地方公共団体は，その財産を管理し，事務を処理し，及び行政を執行する権能を有し，法律の範囲内で条例を制定することができる。」と定めている。また，地方自治法14条1項は，「普通地方公共団体は，法令に違反しない限りにおいて第2条第2項の事務〔地方公共団体が処理する事務〕に関し，条例を制定することができる。」と定める。

者が抵触しないようにするためには，条例の規制を限定する必要がある。このため，公安条例が定める「交通秩序〔の〕維持」に関する条件とは，道路交通法が規制するものを除く行為を対象とするものと解する必要がある。しかし，公安条例では，いかなる行為がこれに該当するか不明確であって，これは罪刑法定主義[*3]の原則に背き憲法31条に反するとして，Ｘの行為のうち(2)の条例違反の部分については無罪とした。[*4]控訴審もこれをおおむね支持したため，検察側が上告した。

☑ **読み解きポイント**

法律と条例の関係はどのように考えるべきだろうか。

📖 判決文を読んでみよう

(1) 道路交通法は道路交通秩序の維持を目的とするのに対し，公安条例は道路交通秩序の維持にとどまらず，地方公共の安寧（あんねい）と秩序の維持という，より広範かつ総合的な目的を有するから，両者は規制目的をまったく同じくするものではない。もっとも，地方公共の安寧と秩序の維持という概念は広いものであり，道路交通法の目的である道路交通秩序の維持をも内包するものであるから，公安条例のいう「交通秩序を維持すること」という遵守事項が，単純な交通秩序違反行為をも対象としているものとすれば，道路交通法の規制と部分的に共通する点がありうる。「しかし，そのことから直ちに，〔公安条例〕の規定が国の法令である道路交通法に違反するという結論を導くことはできない。」

(2) 地方自治法14条1項によれば，「普通地方公共団体の制定する条例が国の法令に違反する場合には効力を有しないことは明らかであるが，条例が国の法令に違反するかどうかは，両者の対象事項と規定文言を対比するのみでなく，それぞれの趣旨，目的，内容及び効果を比較し，両者の間に矛盾牴触があるかどうかによってこれを決しなければならない。例えば，〔①〕ある事項について国の法令中にこれを規律する明文の規定がない場合でも，当該法令全体からみて，右規定の欠如が特に当該事項についていかなる規制をも施すことなく放置すべきものとする趣旨であると解されるときは，これについて規律を設ける条例の規定は国の法令に違反することとなりうるし，逆に，〔②〕特定事項についてこれを規律する国の法令と条例とが併存する場合でも，〔②-1〕後者が前者とは別の目的に基づく規律を意図するものであり，その適用によって前者の規定の意図する目的と効果をなんら阻害することがないときや，〔②-2〕両者が同一の目的に出たものであっても，国の法令が必ずしもその規定によって全国的に一律に同一内容の規制を施す趣旨ではなく，それぞれの普通地方公共団体において，その地方の実情に応じて，別段の規制を施すことを容認する趣旨であると解されるときは，国の法令と条例との間にはなんらの矛盾牴触はなく，条例が国の法令に違反する問題は生じえないのである」。道路交通法は全国一律に規制することを避け，各地方公共団体が，同法とは別個に，交通秩序の維持の見地から一定の規制を施すこ

左側欄外：

と自体を排斥する趣旨まで含むものではない。本件公安条例は，地方公共の安寧と秩序の維持のための特別かつ総体的な規制を定めたものであり，道路交通法とは別個にそれ自体として独自の目的・意義を有しており，合理性を肯定することができるから，本件条例は道路交通法に違反しない。

⇩ **この判決が示したこと** ⇩

地方公共団体の制定する条例が国の法令に違反するかどうかは，両者の対象事項と規定文言を対比するだけでなく，それぞれの趣旨・目的・内容・効果を比較し，両者の間に矛盾抵触があるかどうかによって判断されなければならない，と判断した。

 ## 解説

憲法94条によれば，地方公共団体は法律の範囲内で条例を制定することができる。しかし，たとえば，公害規制が国の法律で定められたが，ある地域ではそれでは不十分であるとして，地方公共団体が，条例で，国の法律よりも厳しい規制をしたり（これを「上乗せ」条例という），国の法律では規制の対象としていない事項を規制したり（これを「横出し」条例という）することがある。このように，法律と条例とが同じ事柄について規制する場合，両者の関係をどのように考えるべきだろうか。本件では，道路交通法と公安条例をめぐって問題となった。

最高裁は，法律と条例とが規制目的・対象において部分的に共通する場合であっても，直ちに条例が法律に違反することにはならず，その趣旨・目的・内容・効果をふまえて検討すべきものとした。具体的には，①ある事項について法律全体から見て規制すべきでないとする趣旨であると解されるときは，それを規制している条例は国の法律に違反することとなるが，②ある事項について両者が併存する場合に，②-1 それぞれ別の目的に基づく場合や，②-2 同じ目的に基づく場合でも，国の法律が全国一律な規制をする趣旨でなく，地方公共団体に別の規制をすることも容認する趣旨であると解される場合には，条例は法律に反するとはいえない，とした。「上乗せ」・「横出し」条例について，法律は全国を通じた最低限の規制を定めており，地方公共団体が必要に応じて異なる規制をすることは違法とはいえない，との説明がされることがあるが，それは，②-2 の考え方によっている（本判決も，道路交通法と公安条例の関係を，②-2 の観点を中心に検討しているように思われる）[*5]。本判決の考え方は，法律と条例の関係を考える基本的な枠組みとして，その後の判例や実務にも大きな影響を与えている[*6]。

*5 |
法律そのものが，地方公共団体による「上乗せ」「横出し」規制を認めている例がある。大気汚染防止法4条1項・32条などがその例として挙げられる。

*6 |
たとえば，地方税法と地方公共団体が制定した地方税条例との関係も，両者の趣旨・目的・内容・効果を比較検討する枠組みを基本に判断される。最判平成25・3・21民集67巻3号438頁（神奈川県臨時特例企業税条例事件〔百選II-201〕）。

日米安保条約と憲法9条

砂川事件

最高裁昭和34年12月16日大法廷判決（刑集13巻13号3225頁）　▶百選Ⅱ-163

 事案をみてみよう

　東京都立川市には現在も飛行場があるが，現在の立川飛行場とその一帯は，戦前から軍用飛行場として利用されていた。戦後は，在日米軍の基地として使用され，朝鮮戦争時には極東最大の輸送基地となった。

　立川基地の滑走路は，大型ジェット機を運用するには短く，1954（昭和29）年に在日米軍は日本政府に対して立川基地を含むいくつかの基地の拡張を要求した。これに応じて，政府は立川基地に隣接する砂川町（現在の立川市の一部）の土地を収用することに決めた。

　砂川町では町ぐるみの反対運動が起こり，労働組合や学生団体，社会党などもこれを支援した。1956（昭和31）年10月，激しい反対運動の中，収用のための測量が行われ，地元反対派や学生，労働者などと警官隊が衝突し，流血の惨事にまで至った（「流血の砂川」）。これを受けて日本政府は測量を一時中断した。

　翌1957（昭和32）年7月8日，政府は再び測量を開始し，これに反対する学生，労働者，地元住民らが，警官隊との間で小ぜりあいを起こした。その際，測量阻止のデモ隊の一部が立入禁止の境界柵を壊し基地内に数メートル立ち入ったとして，同年9月22日に学生や労働者23人が検挙された。Xらはこのとき検挙された学生や労働者のうちの7名である。Xらは，日米安全保障条約に基づく刑事特別法（以下，「刑事特別法」という）2条違反（正当な理由のない立入の禁止）の罪に問われ起訴された。

　第1審判決（裁判長の名前をとって伊達判決と呼ばれている）はXらを無罪とした。その理由は，①刑事特別法2条は，駐留米軍を特に保護するために，同様の行為を処罰の対象としている軽犯罪法1条32号に比べて重い刑罰を科しているところ，米軍の駐留が憲法違反であるならば，そのような加重は許されない，②米軍の駐留は憲法9条2項に反し，戦力に該当するので，刑事特別法2条も違憲無効である，というものであった。そこで，検察側が跳躍上告した。[*1]

*1｜
地方裁判所や簡易裁判所がした第1審判決で法律等が憲法違反だとされた場合などに，直ちに最高裁判所へ上告することができる制度。刑事訴訟法406条，刑事訴訟規則254条以下。

☑ **読み解きポイント**

① 憲法9条はわが国の自衛権を否定しているか。

② わが国に駐留する外国軍隊は憲法9条2項の「戦力」にあたるか。

③ 条約に対して裁判所の司法審査権は及ぶか。

④ 日米安保条約は一見明白に違憲無効と認められるか。

判決文を読んでみよう。

憲法9条は、「同条にいわゆる戦争を放棄し、いわゆる戦力の保持を禁止しているのであるが、しかしもちろんこれによりわが国が主権国として持つ固有の自衛権は何ら否定されたものではなく、わが憲法の平和主義は決して無防備、無抵抗を定めたものではない」。「憲法前文にも明らかなように……わが国が、自国の平和と安全を維持しその存立を全うするために必要な自衛のための措置をとりうることは、国家固有の権能の行使として当然のことといわなければならない。すなわち、われら日本国民は、憲法9条2項により、同条項にいわゆる戦力は保持しないけれども、これによって生ずるわが国の防衛力の不足は、これを憲法前文にいわゆる平和を愛好する諸国民の公正と信義に信頼することによって補ない、もってわれらの安全と生存を保持しようと決意したのである。そしてそれは、必ずしも原判決のいうように、国際連合の機関である安全保障理事会等の執る軍事的安全措置等に限定されたものではなく、わが国の平和と安全を維持するための安全保障であれば、その目的を達するにふさわしい方式又は手段である限り、国際情勢の実情に即応して適当と認められるものを選ぶことができることはもとよりであって、憲法9条は、わが国がその平和と安全を維持するために他国に安全保障を求めることを、何ら禁ずるものではないのである。」

憲法9条2項が「その保持を禁止した戦力とは、わが国がその主体となってこれに指揮権、管理権を行使し得る戦力をいうものであり、結局わが国自体の戦力を指し、外国の軍隊は、たとえそれがわが国に駐留するとしても、ここにいう戦力には該当しないと解すべきである」。

アメリカ合衆国軍隊の駐留が憲法9条、98条2項および前文の趣旨に反するかどうかの判断には、「駐留が本件日米安全保障条約に基くものである関係上、結局右条約の内容が憲法の前記条章に反するかどうかの判断が前提と」なる。

「安全保障条約は……主権国としてのわが国の存立の基礎に極めて重大な関係をもつ高度の政治性を有するものというべきであって、その内容が違憲なりや否やの法的判断は、その条約を締結した内閣およびこれを承認した国会の高度の政治的ないし自由裁量的判断と表裏をなす点がすくなくない。それ故、右違憲なりや否やの法的判断は、純司法的機能をその使命とする司法裁判所の審査には、原則としてなじまない性質のものであり、従って、一見極めて明白に違憲無効であると認められない限りは、裁判所の司法審査権の範囲外のものであって、それは第一次的には、右条約の締結権を有する内閣およびこれに対して承認権を有する国会の判断に従うべく、終局的には、主権を有する国民の政治的批判に委ねられるべきものであると解するを相当とする。」

「アメリカ合衆国軍隊の駐留は、憲法9条、98条2項および前文の趣旨に適合こそすれ、これらの条章に反して違憲無効であることが一見極めて明白であるとは、到底認められない。」

① 憲法9条がわが国の平和と安全を維持しその存立を全うするために必要な自衛のための措置をとりうることまで否定したものではなく，そのような措置として国連以外にも他国に安全保障を求めることも許される。
② わが国に駐留する外国の軍隊は，わが国が主体となって指揮・管理するものではないから，9条2項にいう戦力にはあたらない。
③ 日米安保条約はその高度の政治性ゆえに，一見極めて明白に違憲無効でない限りは，裁判所の司法審査権が及ばない。
④ 日米安保条約に一見極めて明白に違憲無効となる事情は見当たらないので，合憲だと判断した。

解説

　砂川闘争は戦後の平和護憲闘争の中でも最も激しかったものの一つである。第1審の伊達判決は，米軍の駐留が憲法9条2項にいう戦力の保持にあたり違憲だという踏み込んだ判断を行った上で，刑事特別法2条を違憲無効とし，Xらを無罪とした。

　上告審であるこの判決では，まず，わが国には固有の権利としての自衛権があって，憲法9条もこれを否定するものではないことが指摘され，そのため，他国に安全保障を求めることも一般的には禁止されていないことが示された。この点，近年，安全保障法制との関連で，この判決によれば集団的自衛権の行使も認められるという見解が注目されたが，この判決では，9条によってわが国の防衛力が不足することを前提に，国連だけでなく他国にも安全保障を求めることができると述べているにすぎず，少なくともこの判決をそのように理解するのは無理がある。

　さらに，この判決は，伊達判決とは異なって，駐留米軍は憲法9条2項が禁止した「戦力」ではないとも指摘している。

　また，この判決は，日米安保条約に対して司法審査が及ぶかという点についても判断を示しており，興味深い。この点，日米安保条約は，高度の政治性を有するものだから，一見極めて明白に違憲無効でない限り違憲判断を下さないという。これは，①日米安保条約を含めた条約にも違憲審査が及ぶことを前提に，②高度に政治的な問題については違憲審査を差し控えるという，内容の異なる2つの判断から成り立っている。教科書などでは，前者が条約に対する違憲審査という論点として，後者は「政治問題の法理」とか「統治行為論」と呼ばれる論点として，取り扱われる。後者の点が問題になったものとして苫米地事件（[判例46]）がある。

最高裁判所

INDEX

地方裁判所

\ START UP /

憲法判例 50！
第 3 版

2016年12月25日	初版第1刷発行
2020年 3 月25日	第2版第1刷発行
2023年 4 月 1 日	第3版第1刷発行
2024年 6 月30日	第3版第3刷発行

著者	上田健介
	尾形　健
	片桐直人
発行者	江草貞治
発行所	株式会社有斐閣
	郵便番号　101-0051
	東京都千代田区神田神保町2-17
	https://www.yuhikaku.co.jp/
デザイン	堀 由佳里
印刷・製本	大日本法令印刷株式会社

©2023, Kensuke Ueda, Takeshi Ogata, Naoto Katagiri.
Printed in Japan